遇见"生本阅读", 还原学生本真

钟燕霞 ◎ 著

东北师范大学出版社
长　春

图书在版编目（CIP）数据

遇见"生本阅读"，还原学生本真 / 钟燕霞著. —长春：东北师范大学出版社，2021.9
ISBN 978-7-5681-7597-5

Ⅰ.①遇… Ⅱ.①钟… Ⅲ.①阅读课—教学研究—小学 Ⅳ.①G623.232

中国版本图书馆CIP数据核字（2021）第195825号

□责任编辑：石　斌　　　　□封面设计：言之凿
□责任校对：刘彦妮　张小娅　□责任印制：许　冰

东北师范大学出版社出版发行
长春净月经济开发区金宝街118号（邮政编码：130117）
电话：0431-84568023
网址：http：//www.nenup.com
北京言之凿文化发展有限公司设计部制版
北京政采印刷服务有限公司印装
北京市中关村科技园区通州园金桥科技产业基地环科中路17号（邮编：101102）
2021年9月第1版　　2022年3月第1次印刷
幅面尺寸：170mm×240mm　印张：16.25　字数：293千

定价：45.00元

前 言
FOREWORD

《朗读者》的主持人董卿说过:"世间一切,都是遇见。就像冷遇见暖,就有了雨;春遇见冬,有了岁月;天遇见地,有了永恒;人遇见人,有了生命。"笔者觉得,我们践行"生本阅读"的过程中所见、所闻、所感、所悟、所得就是种种遇见:我们遇见"生本阅读",有了追求;学生遇见"生本阅读",有了发展;课堂遇见了"生本阅读",有了本真。

回想起我们走过的"生本阅读"教学历程,至今还历历在目:

广州市从化区小学语文学科教研员马水莲老师到我校听课调研后,指出我校语文教学的现状:教师强势,课堂教学呈现一言堂的局面;教师解读教材不到位,教学目标把握不准确;课堂教学随意性大,教师讲课就像踩西瓜皮——滑到哪儿就讲到哪儿,课堂效率低下;学生不自信,扭扭捏捏,声音小,表达不流畅。如何去改变这种现状呢?我们在不断思考、实践、研磨中找到了"生本阅读"这种教学模式。实践证明,这种教学模式是可行的、有效的。

只有教师的教学观念改变了,"生本阅读"才能萌芽,得到推广、发展。我们意识到,要让教师接受"生本阅读",必须让他们和"生本阅读"来个"亲密接触",让"生本阅读"看得见、摸得着,这样才能触动教师的心,从而促使他们发自内心地去实践。因此,我们以生为本,开启了"生本阅读"研究之旅。

一、到市级实验校观摩,吸收

我们派出四位骨干教师到广州市骏景小学观摩该校"生本阅读"的教学,并要求他们回来后在语文科组会议上向其他教师汇报学习心得。四位骨干教师在汇报中很明确地传达了一个信息:"生本阅读"的课堂以生为本,把大量的信息融入其中，学生学得活，学得深，教师不再是教学的主体，学生才是学习的主人。这就在观念的转变上给老师一个指引：只有教师"让位"，退出"历史的舞台"，学会放手，学会"闭嘴"，学生才有可能"重出江湖"，奠定自己"主人翁"的地位。因此，老师们听完四位骨干教师的汇报后，都有跃跃欲跃试的冲动。

二、区级名师点拨，引领

深入名师的"生本阅读"课堂，笔者认为是"生本阅读"培训行之有效的方法。在实践"生本阅读"之初，笔者就组织全体语文教师深入广州市从化区实施"生本阅读"教学的先行者——河滨小学袁晓霞老师的课堂进行深入的学习探讨。结合观摩的课例，老师们还与袁老师进行了面对面的交流。袁老师不厌其烦地给我们讲述了她是如何开展"生本阅读"的，开展"生本阅读"对学生的影响，家长对"生本阅读"的接纳等，并把学生一系列的"生本阅读"学习成果展示给我们看，让老师们切身感受到"生本阅读"的"口碑"。老师们由一开始闻说"生本阅读"的"神奇"，到亲身感受"生本阅读"的奇妙，由衷地认为要给学生减压，给自己减压，"生本阅读"的教学方式能很好地承担此重任。

为了让"生本阅读"更好、更快地在我校语文科萌芽，我们成立了"生本阅读"实验小组，由主抓语文科的行政领导、语文科组长、每个年级的备课组长、语文科骨干教师组成。实验小组成立的宗旨就是"走好生本路，抱团求发展"。我们率先让实验小组的教师分批到袁老师所在的河滨小学进行跟岗学习，给他们压担子：完成"实践生本阅读六个一"任务，撰写一篇论文，承担一节示范课，参加一项课题研究，编写相应年级的一册"先学小研究"，撰写一篇学习心得，结对指导一位老师。在跟岗学习期间，两位科长率先用"生本阅读"的理念参加了广州市从化区的常态课比赛，并获得了一等奖的好成绩。这样，以名师为引领，构建"生本阅读实验联盟"，以团队带领团队，以团队推动团队，以团队促进团队，为"生本阅读"助力，就有了一个好的开端，让我们在"生本阅读"的实践中少走了许多弯路。

三、实验教师展示，修订

在广州市从化区小学语文学科组织开展"生本阅读"的启动仪式中，我们派出了八位实验教师观摩了当天的两节"生本阅读"课，大家都豁然开朗。因为这两节课的授课对象是一所偏僻的农村小学的学生，他们的视野、知识面相对于城镇学生而言，狭窄一些。其中一位执教老师是当天上课时才与学生见面的，只是交代学生用"先学小研究"进行预习，其余的教学行为都是在上课时进行的。本以为，学生很难接受"生本阅读"这种教学方式，可两节课上完后，学生用他们的表现告诉我们："生本阅读"不仅改变城镇的学生，也能改变农村的学生。那一天，学习归来后，笔者兴致勃勃，早上学生的表现不停地在笔者脑海中闪过。笔者想，一所农村小学的学生都能适应"生本阅读"的教学方式，作为广州市从化区百年老校的流溪小学的学生怎么能接受不了呢？笔者无法抑制内心的激动，因为笔者认为"生本阅读"是改变我校语文科教学现状的一个通途，是转变教师教学观念的一个平台，是促进学生发展的一个契机。于是，笔者组织了"生本阅读"实验小组，开展了第一次研磨活动，并确定了由"生本阅读"实验教师叶惠珍老师承担"生本阅读"教学任务，以此给老师们一个范式，让全科老师都有意识地开启"生本阅读"教学之路。

一个星期后，叶惠珍老师用"生本阅读"的教学理念执教了《冬阳·童年·骆驼队》一课，全体语文老师进行了听课观摩。虽然学生接触"生本阅读"仅仅一个星期，但是学生在课中的表现深深震撼了在场的每一位老师：课前五分钟，一个小主持像模像样地组织全体学生走进"《城南旧事》阅读会"，她抛出"《城南旧事》记录了作者童年生活的点点滴滴，大家一定有很多想法，请大家各抒己见"这个导语后，学生进行了大面积的互动交流，并灵活地用上交际式的导语"我的发言完毕，谁与我交流""你的发言让我们感受了作者童年的喜怒哀乐，还有谁补充""大家都能认真阅读《城南旧事》这本书，谁来评评他的发言"。学生汇报完后马上就变成主持人接力组织交流，一个一个接下去，短短的五分钟，学生都变成了能说会道的小主持人以及能言善辩的"小演说家"。课中，学生围绕"我最感兴趣的画面：_____。请大家看第_____自然段（读该句子），我从句子_____中的_____等词语感受到了_____，由此我想到了童年生活的_____（一个人、一本书、一篇文章、一件事、一个画面)"这个主问题开展互动交流。一名学生发表观点后，就说："谁与我交流？"接着，他就像一位将军，下面的都是他的士兵，他从容不迫地指挥"作战"——组织学生围绕主问题补充、完善、读句子、评价他人的优点与缺点；其他学生不甘落后地"迎战"——结合文本内容畅谈感受、辨析、理解重点词句、归纳观点、赏识他人观点，"展开联想"谈到童年生活的方方面面。合作、互动、探讨的和谐状态使得整个课堂时而掌声阵阵，时而书声琅琅，时而理解分析妙语连珠，时而课内外融合引经据典。老师们都疑惑：学生怎么像变了样似的，这么会说、敢说，又这么能说、善说，没有谁扭扭捏捏，没有谁嘻嘻哈哈，没有谁敷敷衍衍，都是全神贯注地听、一丝不苟地写、精思细想地说。叶惠珍老师告诉我们：自从用了"生本阅读"这种教学方式，学生都舍不得下课，每次都问她什么时候上语文课；晚上，学生首先做的是语文作业，特别是搜集资料，他们已找到门道；课外，再也不用家长督促他们看课外书，他们会主动坚持去看。

在叶惠珍老师开了一个好头后，语文科组长纪雅萍、陈淑萍两位老师也在本班尝试"生本阅读"的教学。因为同在一个年级，所以更便于交流。每次上课前，她俩都会一同研究，编写"先学小研究"，解读教材，认真备课；每次上完课，她俩就会一起讨论，总结得失，后续修订；每次有什么好点子，她们马上互相告知；每次课堂上学生有一丁点儿的进步，她俩都会津津乐道。就这样，通过三位实验教师的先行摸索，然后经过实验小组的反复完善，我们慢慢摸索出"生本阅读"教学的实施流程，为"生本阅读"的研究打下了坚实的根基。

四、同级全面铺开，提高

紧接着，我们为每位语文教师购买了郭思乐教授的《教育走向生本》《教育激扬生命——再论教育走向生本》以及荆志强老师的《幸福地做老师——我的生本教育实践之路》，要求教师深入学习郭思乐教授的生本教育理论，认真解读荆志强老师生本教育的操作、班级管理、小组建设及管理，撰写学习心得；每周进行一次"生本教育阅读沙龙暨生本阅读总结会"，每位语文教师轮流发言，交流阅读心得。各年级语文备课组长总结本级"生本阅读"开展、落实情况；主抓行政的领导、语文科组长不定时、不定人地巡课，对巡课情况及时总结反馈，大力表扬"生本阅读"开展得好的教师，对存在的问题想方设法解决；开展"生本阅读教学技能比赛""生本阅读实践经验评比""生本阅读微课展示"等活动，切实提高教师的理论水平及实践能力。

然后，各个年级依据语文科组提供的教学流程、本年级学生的年龄特点以及学生的实际情况，循序渐进地开展各个年级的"生本阅读"教学研磨活动，通过一步步的研磨，制定出各个年级"生本阅读"的课堂实施流程以及课前"先学小研究"的编写细则。各个班再根据本年级的"生本阅读"教学流程，结合本班的实际，有的放矢地灵活运用，从而形成适合本班实际的"生本阅读"教学方式，实现"学科—年级—班级"的层级范式和要求，力求更好地为学生的学习服务、为学生的发展服务。

同时，各个年级充分发挥团队精神：从"先学小研究"的设计到课前三分钟的管理，从"先学小研究"的批阅到"先学小研究"的运用，从"先学小研究"的宣讲到课堂互动交流的展示，从争取家长对"生本阅读"教学的支持到小组文化的建设，从"生本阅读"教学流程的实施到"生本阅读"成果的推广。所有"工序"，级组都有一个明确的指引，形成一股绳，集级组的力量，集每一位语文教师的智慧，真真正正地与"生本阅读"来一场轰轰烈烈的"约会"：课前"备"生本，年轻的教师承担"先学小研究"的修改，骨干教师在"生本阅读"策略上做指导，年长的教师献言献策。上课"用"生本，交流互动做推动，教师"退到一边"，学生走上"学习舞台"。课间"说"生本，学生组织课前五分钟越来越有条理，都争着出来交流；学生围绕文本品词析句，有自己的想法，读得很有感情；学生根据主问题展开联想，说得很多、很深，视野开阔，知识面广；之前不怎么敢说的学生慢慢话语多了，而且一说就没完没了……每次上完课回到办公室，老师们都情不自禁地"大说特说"，说得很激动、很由衷、很深入、很动人。这一切的一切，源于"生本阅读"真的为教师卸下了很多负担，源于"生本阅读"改变了教师的思想，源于"生本阅读"让学生越发进步，源于"生本阅读"让每节课都变得惊喜连连，源于"生本阅读"让不同程度的学生都得到了长足的发展。

五、结对送教研讨，促进

2017年5月11日，在广州市从化区小学语文学科教研员马水莲老师的带领下，叶惠珍、潘慧群、韩燕芳三位教师到广州市从化区鳌头镇水西小学进行送教活动。没有充分的课前预设，都是课堂即时生成；没有课前与学生充足的交流，都是一到学校就上课；没有过多的课前准备，都是按照常规的"生本阅读"教学流程进行。可三节课上下来，学生的自信、积极参与让我们欣喜；学生的表达、交流让我们不敢相信是农村的学生的表现程度；学生的视野、知识面颠覆了老师们的固有认知。此行，三位教师运用生本教育的理念进行上课，很好地诠释了生本教育的精粹，也掷地有声地告诉听课的教师"生本阅读"的实施是不择生源的，只要教师愿意去改变，学生的学习方式就能得到改变，就能为学生的成长带来一片广阔的天空。

六、课题同步引领，发展

我们把"生本阅读"提到科研的高度来研究，使教研和科研两者紧密结合、相得益彰。语文科围绕"生本阅读"建构了总课题《基于统编版教材的小学语文生本阅读教学实践研究》，低、中、高三个年段围绕总课题分别开展子课题的研究：《低年段"生本阅读"教学的策略研究》《中年段"生本阅读"教学的策略研究》《高年段"生本阅读"教学的策略研究》。在课题的研究中，我们形成了一个研究链：三个年段的子课题紧紧围绕总课题展开研究，总课题是三个子课题的"方向标"，为子课题的开展保驾护航，而三个子课题则是总课题的"成果袋"，它们的成果奠定了总课题成果的基础。因此，我们以课题为抓手，以课堂为落脚点，把课题研究与课堂教学紧密结合，深入开展"生本阅读"教学的研究。同时，我们多方整合资源，整理课题成果。教师方面，如"生本阅读"实施流程、教学录像、教学设计集；学生方面，如导图导读本、"先学小研究"小册子、学生感言集、家长感言集等。通过一年多的积累，现阶段，我们已经在各年级分门别类进行积累，这些成果有力地推动了我们的课题研究。在后续的研究中，我们将开展"生本阅读深度"的研究，贯穿统编版教材"三位一体"的理念，立足于课堂，课内精读课文得法，自读课文用法，课外阅读创法，课内课外融会贯通，坚持贯彻"生本阅读"这一研究的理念，挖深"生本阅读"的内涵，与广州市从化区小学语文学科研究的"主题阅读"建构成研究联盟，与本校的市级研究课题《全科主题阅读活动的设计、组织、评价的实践研究》形成一个研究体系，有计划地推广教师、学生的研究成果。

七、承担"生本阅读"现场会,推动

2017年12月8日,广州市从化区小学语文学科第一个"生本阅读"开放日在流溪小学举行,来自全区各个小学语文学科的负责行政的领导、科组长、骨干教师共三百多人观摩了八节"生本阅读"推荐课。因为这八节推荐课分布一至六年级,因此课堂呈现的师生"生本阅读"的状态就颇有说服力:一是教师转变了观念,从主导者变为引导者、服务者;从一言堂变为学会闭嘴,适当点拨;从课堂什么都想要到懂得整合教材;从局限于文本到引领学生开展课内课外阅读的融合。二是学生从被动接受、附和课堂变成主动学习、主宰课堂;从怯怯生生、慢慢吞吞变得自信十足、从容大方;从语言匮乏、词不达意变得滔滔不绝、能说善变;从孤军作战、画地为牢变得善于合作、抱团成长;从忠于文本、孤陋寡闻变得多方涉纳、见多识广;从学习生厌、满脸愁容变得喜好上进、乐此不疲。这从与会教师的听课感言可见一斑:听了一年级的两节课,我惊叹于一年级的学生竟然能像小主持那样有条不紊地组织课堂,互动交流无缝对接,生本的力量真的可以改变学生、改变课堂。第一次听"生本阅读"实施模式的课,真的刷新了自己的观念,几十年的传统教学让老师吃力不讨好,老师讲得眉飞色舞,学生无动于衷。生本理念下的阅读教学颠覆了传统教学,学生成了主唱,学得兴趣盎然,唤醒了课堂的生机。"生本阅读"教学也太神奇了,教师退到了一边,学生则能像老师那样组织教学,滔滔不绝,都成了"小老师"。学生的互动交流,全员参与发挥到了极致,真的实现了真做、实说、会学。感动于教师完全放手,学生成为课堂的主人。这样的课堂才是学生真正需要的课堂,这样的课堂才是培养人才的课堂,这样的课堂才是彰显生命力的课堂。听了一百多节课,从来没有像今天这样触动我的心,"生本阅读"的教学方式真的是教师迫切需要的方式,教师减负,学生增效……从与会教师的反响来看,本次的开放日让他们切实感受到"生本阅读"给师生带来的影响之大,令他们惊讶,也令他们大开眼界,找到了课程改革的春天。

2018年12月29日,广州市从化区中小学第二届"阅读文化节"现场研讨会在流溪小学隆重召开,本次现场会是流溪小学"生本阅读"成果的推广和展示,是生本教育理念在课外阅读的深化和提升。可以说,生本教育的理念已在流溪小学生根、发芽、结果,这体现为几个"度"。

1. 自主建构，凸显生本理念的"温度"

本次现场会的一大亮点就是学生自主搭建"书窝"，自主阅读：从"书窝"小组的组建到搭"书窝"的前期准备，如搭建"书窝"的材料、"书窝"的名称、"书窝"的形状、"书窝"的装饰、"书窝"的宣传，都是学生自主完成的，充分体现了学生的个性创意；从"书窝"的搭建到开展阅读，学生会根据自己的喜好，开展全科阅读，阅读的内容不局限于语文科，而是涉及其他科目，阅读范围广；从利用"书窝"进行阅读成果的展示到邀请与会教师参与阅读，学生都是自发地进行，他们的展示与宣传并不是简单的、流于形式的，而是有计划、有准备、有效的实践。学生的"书窝"宣传口号富有童真、童趣；学生邀请与会教师观摩"书窝"的画面充满温情；学生"躲"在"书窝"里读书有滋有味，让人感觉温馨、和谐。放眼望去，一个个形态各异、鲜艳夺目的"书窝"整齐划一而又错落有致地散落在校园的各个角落，成为一道亮丽的风景线。一名学生一句悦耳而悠长的"书窝日开始啰，大家一起来看书"，传遍了校园，传到现场每一位教师、学生、嘉宾的心坎里。顷刻，教师、学生轻轻地翻开书本，静静地阅读，这美好的一刻镌刻着生本理念的印记，镌刻着学生自主发展的路程，镌刻着"生本阅读"的"温度"，从学生的角度出发，从"书窝"的阅读进行延展，发挥了学生的个性，凸显了学生自主阅读的能力，促进了学生的自主发展。

2. 课型多样，彰显生本理念的"深度"

这次现场会，我们展示了八节"生本阅读"课，不仅涉及精读课文的教学，还涉及课外阅读、口语交际、习作的教学。这是继第一次"生本阅读"开放日后，对生本理念的进一步深化。全体语文教师在"生本阅读"教学的历练中形成了以生为本的教学思想，从课前指导学生先学到课中根据学生的学情进行适时、适度的指导、点拨，充分地把学生推向学习中央，让他们成为学习的主体，以此构建了不同课型"先学小研究"的设计框架以及课堂教学的实施流程。这八节课淋漓尽致地展现了"生本阅读"的教学思想：同样让学生根据"先学小研究"进行自学，课上依据主问题进行小组合作学习后进行全班的互动交流，让"生本"理念在不同的课型中"全盘开花"，让"生本阅读"得到传承与发展。

3. 导图助攻，体现生本理念的"厚度"

在开展"生本阅读"教学以来，思维可视化工具的辅助得到了充分的体现，学生不仅在课前借助思维可视化工具完成"先学小研究"，而且课中对文本的理解，以及课后作业的完成都借助思维可视化工具辅助完成。本次现场会，思维可视化工具除了在不同课型中应用，还在课外阅读的展示和推广中起了很大的作用。一名学生在升旗台上利用大屏幕向与会嘉宾介绍思维导图的制作以及思维导图对课外阅读的影响。她手拿教鞭，镇定自若地讲解，让与会领导频频点赞。台下的"学校课外阅读推广小组"成员则利用一块块活动黑板，一边绘制思维导图，一边展示课外阅读的成果：有整本书阅读的介绍，有读书感悟的讲解，有字词句的推敲，有某个阅读情节的解读，有主题阅读的整合，有阅读成果的分享……学生借助思维导图娓娓道来，与会来宾听得聚精会神，他们在感叹学生在生本理念的熏陶下自我的飞跃与发展的同时，还感受到生本理念不仅体现在多媒体的呈现上，还能借助思维导图实现可视化，实现生本理念的厚度彰显。

4. 全科阅读，突显生本理念的"宽度"

我们在语文科开展阅读素养工程取得一定成效的基础上，把"生本阅读"的理念推广到全科阅读中去，主要研究的任务有三个：一是加大对各科实验教师的指导；二是在"生本阅读""深度"的基础上，加强对阅读"宽度"的研究，培养学生良好的阅读兴趣、习惯与方法；三是加强"小组自主阅读"在"生本阅读"课堂教学中所起作用的研究，力求研究出一条行之有效的学生"自主阅读"的路径。

八、全面巡课，深化

2019年5月29日，广州市从化区小学语文学科教研员马水莲老师对流溪小学践行"生本阅读"课堂教学两年多来的情况进行了一次回访巡听。这次她一共巡听了六节"生本阅读"课，包括一至六年级，总的感觉就是"生本进行时，课改步更勤"。截取她的反馈情况，具体如下。

1. 生本意识深入师心

从六节"生本阅读"课来看，教师已经从传统的"师本"课堂转向了"生本"课堂，做到了心中有学生、眼中有学情，课堂上能放下身段，"闭嘴"放手让学生自学、自悟、互教、互动，真正做到了把课堂还给学生、把时间还给学生，让每一个学生都有参与学习的机会，有表现自我的平台，有进步成长的过程。所以，学生学习的过程是有序的，状态是积极的，效果是令人满意的。这样的课堂，教师是轻松的，学生是愉悦的，收获是"双赢"的。由此可见，流溪小学的"生本阅读"课堂教学研究已深入师心。

2. 互动交流已成常态

正如"一棵树摇动另一棵树，一朵云推动另一朵云，一个灵魂唤醒另一个灵魂"那样，"生本阅读"课堂倡导的是让学生做"小主持""小老师"，以一个带动几个，以一个撬动全班，以"兵教兵"促进互动，落实互补，形成一个生态的课堂。所听的课里几乎每节课都流动着这样鲜活的互动交流的学习活动，涌动着生成的鲜活，学生落落大方、能言善辩、各抒己见，无不彰显着流溪小学作为广州市从化区第一"窗口学校"的大气与大度。这样的互动交流就如一泓清泉、一股活水，让课堂演变成了学生成长的天堂，让学生演绎着别样的精彩，学生的发展与成长就这样发生了。

3. 小组学习渐成习惯

从小组的成员组合到小组角色分工，从学习前的口令对呼到学习中的有序进行，从听说读写的坐姿表现到"靠、轮、摆、析、赏、辩、记"七字诀的践行，还有小组汇报展示……无不体现了师生共同努力的可喜改变。对于学生来说，这样的小组学习已成常态，如何进行小组学习也已成为习惯，其中个别班整齐、干脆、爽朗的口令对呼，让人马上精神振奋，为课堂、为学习带来了不一样的感觉。

4. 思维导图助力生本

思维导图在"生本"课堂中就如一颗璀璨的明珠，熠熠生辉、异彩绽放。五（2）班学生的思维导图做得很好，也很有个性，但无论是简单的，还是复杂的，无论是精美的，还是粗糙的，都是学生自己学习的真实表现，是学生思维现状的表现。这样的思维导图体现了学生的个性与差异，学生可以根据自己的情况来选择不一样的思维导图，符合"跳一跳，摘得到"和"让每一个学生都有进步的机会"的教学理念。而且，这样的思维导图也为学生的学习提供了"支架"，增添了趣味性，彰显了思维，更为"生本阅读"课堂增添了异彩。学生借助思维导图向小组和全班展示，这是一份自信，更是一份荣耀。

5. "生本阅读"已初见其形

"T"形座位、背手坐立、口令对呼、七字诀的践行等,随时可见"生本阅读"的影子,这也为"生本阅读"课堂注入了新的元素、活的血液。两者的融合,相得益彰,这是一种可行、有效的融合。

任何一项教学改革,只有对课堂有促进,服务于教学,服务于课堂,让课堂教学有效,才能称之为有效。因此,在实践"生本阅读"的教学中,我们仅仅以它服务于课堂为出发点,以课堂的研磨为抓手,在不断"实践—研磨—反馈—改进—修订"的过程中,形成了"生本阅读"教学的"五部曲"。

目 录
CONTENTS

理论研究篇

第一章 "生本阅读"教学的理论视点 ·············· 2

　　第一节 "生本阅读"教学的概念诠释 ··············· 3
　　第二节 "生本阅读"教学的课堂特征 ··············· 6
　　第三节 "生本阅读"教学实施的要素 ·············· 13
　　第四节 "生本阅读"教学实施的原则 ·············· 21

方法策略篇

第二章 导学案的设计是实践"生本阅读"的基础 ·············· 26

　　第一节 探寻导学案设计的误区，对症下药 ··············· 27
　　第二节 构建导学案设计的框架，搭桥铺路 ··············· 30
　　第三节 摸索导学案设计的门道，提纲挈领 ··············· 40
　　第四节 确立导学案设计评价的标准，保驾护航 ············53

第三章　导学案的使用是实践"生本阅读"的保障……63
第一节　抓自学——让学生在自悟自得中形成研读能力……64
第二节　抓评价——让学生在互动探究中碰撞思维火花……79
第三节　抓展示——让学生在信息延展中提升阅读素养……80

第四章　课前交流是实践"生本阅读"的动力……82
第一节　课前导读，实现交流的"有米之炊"……83
第二节　形式多样，实现交流的如鱼得水……90

第五章　课堂教学是实践"生本阅读"的关键……93
第一节　教学范式，搭建"生本阅读"实施的支架……94
第二节　小组合作，构筑"生本阅读"实施的桥梁……179
第三节　互动交流，打开"生本阅读"实施的通途……185
第四节　信息延展，开启"生本阅读"实施的屏障……201
第五节　语言训练，嵌入"生本阅读"实施的内涵……207

第六章　课外阅读是推进"生本阅读"的深化……223
第一节　基于"生本理念"的课外主题阅读推进课范式……224
第二节　基于"生本理念"的课外主题阅读推进课范式概述……225
第三节　教学案例……227

参考文献……237
后　　记……238

理论研究篇

"生本阅读"教学的理论观点是在教学实践中提炼形成的,既源自教学实践,又指导教学实践,搭建了一座连通教与学的桥梁,为教师的"教"指明了方向,为学生的"学"提供了论证,是论述教学改革的一个走向,又是阐述教学本质的回归。

第一章

"生本阅读"教学的理论视点

何谓生本？何谓"生本阅读"？笔者在研究的路上蹒跚而行，虽然一路荆棘，但是一路芬芳，从懵懂、不知所措到身心得到滋养，从身心得到滋养到逐渐热爱不舍，从逐渐热爱不舍到繁花一路相送，从繁花一路相送到幸福浸润心田，对生本的解读，对"生本阅读"的理解，慢慢有了自己的感悟，从中探索出"生本阅读"教学实践的要素与原则，一步一步地前行，为自己走过的"生本阅读"教学之路描上一笔又一笔瞬间，留下一行又一行足迹，"生本阅读"教学之路就此一条一条地开启。

第一节 "生本阅读"教学的概念诠释

一、解读生本

1. 什么是生本

《辞海》对"生本"的解释是生命的根本。《吕氏春秋·情欲》:"其於物也,不可得之为欲,不可足之为求,大失生本。"简而言之,生本就是"以学生为本"。"以学生为本"的基本内涵有:尊重学生的存在;尊重并落实学生学习的主体性地位;以学生的发展为根本;全面理解学生,增强人文关怀;由衷地热爱学生,建立良好的师生关系;尊重学生的身心发展规律;尊重学生的学习权;做学生学习的引导者、促进者、合作者和管理者。

2. 生本理念

生本理念(又称生本教育理念)指"真正以学生为主的,为学生好学而设计的教育"。生本教育的理念是一切为了学生、高度尊重学生、全面依靠学生。

(1)一切为了学生

学生是学习过程的终端,是教育的本体。生本教育的特征之一就是真正认识和把握学生这个本体,把一切为了学生作为教育原则。

(2)高度尊重学生

笔者认为"高度尊重学生"有三层含义:一是公平公正地对待每一个学生,不带任何杂念,不因为学生的主观和客观原因而改变对学生的看法,不以教师的权威去"压倒"学生,以赏识性的标准去评价每一个学生;二是不把学生当作"准成人"看待,放下身段,从学生的角度去思考问题,尊重学生的认知水平和个人能力,允许学生表达个人的意愿,张扬学生的个性;三是关注学生中的"弱势群体",不歧视,不放弃,使他们都能得到不同程度的发展。

（3）全面依靠学生

全面依靠学生要做到相信学生，相信学生的潜能，相信学生与生俱来的学习天性。要全面依靠学生，根本性的认识有三点：①资源论，学生是教育教学活动的重要资源；②生态论，学生将在某种教育生态环境中蓬勃发展；③现状论，现今的学生状态发生了巨大的变化。

3. 为什么要倡导生本

倡导生本理念，有两个突出理由：一是不管教师如何教，生本学习都反映了学生真实的学习情况。认知心理学家斯滕伯格等的研究表明，通过向学生灌输知识来完成教学任务（师本教学）的成效是短期的，只能达到浅层学习的目的。想要实现深层学习，学生需要积极地自主建构知识体系，将所知与新学相联系，建立新的理解。二是我们要面向未来，重视能帮助学生实现美好未来的学习方式。社会越来越多元，学生获取知识的途径越来越多样，我们更应重视培养学生形成终身学习的学习方式，如重思维技能、自主学习、小组合作、生生互动等。

二、解读"生本阅读"教学

1. "生本阅读"教学的内涵

"生本阅读"教学就是在"一切为了学生、高度尊重学生、全面依靠学生"理念的支撑下，以学生发展为本，以先学后教为手段，以讨论交流为形式，以推动阅读为机制，充分体现语文课堂的开放性，把大阅读的思想贯穿其中，达到实现阅读的广度和深度的目的。阅读的广度指阅读信息的延展，指学生在课中由文本想到相关的文章、故事、新闻、古诗、名言……这些信息上下延展，构成了一个立体的阅读单元；阅读的深度指在教学中要进行语言文字的训练，通过对重点句进行字词的推敲，围绕阅读主题实现一篇带多篇的训练，从而拓展阅读的深度。"生本阅读"的课堂教学基本体现为"阅读—交流—语用—表达"等流程。阅读是根本，交流、语用、表达建立在阅读之上。所以，"生本阅读"教学强调重视学生的阅读，要推进海量阅读的开展，循序渐进地提高学生的思维能力和感悟能力，让学生在大阅读中开阔视野，提升语文素养。

2. "生本阅读"教学与传统阅读教学的区别

（1）主体地位不同

"生本阅读"教学以学生为中心，课堂的主角是学生，教师是引导者，引领学生找到适合其成长的方法与手段。"教"为"学"服务，主动权在学生手里，教师是帮助者、服务者。传统阅读教学以教师为中心，"学"被"教"牵引，受限于"教"，缺乏主动性，主动权在教师手里。

（2）教学手段不同

"生本阅读"教学以"先学后教—以学定教"为教学手段，以学生为中心、为主角，强调的是"学"，以学生的"学"调整教师的"教"；传统阅读教学以"单向灌输—被动接受"为教学手段，以教师为中心、为主角，强调的是"教"，以教师的"教"引领学生的"学"。前者以团队学习为教学模式，后者以个体学习为教学模式；前者的教学环境是开放灵活的，后者的教学环境是封闭枯燥的；前者的教学评价是多元透明的、以过程为导向的，后者的教学评价是单一主观的、以结果为导向的。

（3）学习方式不同

"生本阅读"教学中学生的学习方式以"合作交流—互动探究"为主，强调"学生课前先行学习，注重学生学习的自主性；课中以讨论、交流的方式实践学习的多元互动，全员参与学习；全面依靠学生，学生提出问题，自己解决问题"，学生的学习氛围是活跃的、灵动的、生成性的。传统阅读教学中学生的学习方式以"单向学习，配合教学"为主，强调"教师充分准备课前预设；课中以教师的讲解、分析为主，学生的合作交流为辅；教师以问题引领课堂，学生按部就班地配合教师完成问题的解答"，学生的学习是单一的、单调的、缺乏活力的，学习氛围不活跃。

第二节 "生本阅读"教学的课堂特征

一、"大自主"特征

《义务教育语文课程标准（2011年版）》明确指出：学生是学习的主体。语文课程必须根据学生身心发展规律和语文学习的特点，爱护学生的好奇心、求知欲，鼓励学生自主阅读、自由表达，充分激发他们的问题意识和进取精神，关注个体差异和不同的学习需求，积极倡导自主、合作、探究的学习方式。"生本阅读"教学正是遵循"学生是学习的主体"这一教学理念，高度尊重学生，在学习内容、学习方法、学习评价上立足于学生的发展，有助于学生的学习。

"生本阅读"教学强调学生自主先学、自主习得、自主内化知识、自主呈现知识，把学习的主动权交还给学生。教师是引导者、协助者，也是"放牧者"，指引学生到水源充足的"草地"，因为水源充足，"绿草如茵"，学生有广袤的空间可以自由地驰骋、奔跑、生长。

课前的自主学习，学生需要自主提取信息、概括与整合、分析与推论。在"先学小研究"的辅助下，学生自觉地思考，通过方法的引领，学会内化成自己的学习方式，并培养分析归纳的能力，知道哪些已学懂，哪些知识需要在老师的点拨下学会，最终形成自愿、自发的学习动机，形成学习的内驱力。

课前五分钟的主题交流是学生自主学习的最佳展现环节。在这一环节的操作中，交流板块由学生自主确定，交流主题由学生自主选择，交流的方式由学生自行调配，交流的内容由学生自行调整，交流的对象由学生自主挑选。在这个"舞台"上，学生的主体作用发挥到极致，学生自由支配这个"舞台"。

课中的交流互动立足于主问题，在主问题的"带领"下，采用同桌、小组合作、全班互动的方式开展群体性的全员参与式学习。依靠小组的力量，学生实现小组学习的"七字诀"——靠、轮、摆、记、赏、辩、析——自愿、自发、自觉地发现问题，并形成学习的策略，尝试自主解决问题。通过小组学习形成的问题，借助老师的引领、同伴的互动交流得以落实解决。

课后的拓展阅读，学生在"主题阅读"或"一日一话"的推动下，对课中习得的阅读方法，进行迁移运用，阅读同一主题的更多书目，自主形成自身的阅读素养；学生通过"一日一话"书写自己的"生本阅读"实践故事，形成一日三省的习惯，内化成自己的思想、风格、品质。

二、"大互动"特征

"生本阅读"注重开放式教学，课堂犹如广阔的天空，可谓"天高任鸟飞"。在这个广阔的天空中，支撑学生飞翔的动力便是"大互动"的学习方式：有同桌的互动，有小组的互动，有组与组的互动，有师与生的互动，有全班同学的互动。学生的学习不再是单一的、孤立的、局限的，而是群体式的、互助式的、多元式的、生成式的。

"生本阅读"的"大互动"特征在教学的各个环节都有呈现：课前的互动主要体现在"先学小研究"的评价反馈上，教师让较好地完成"先学小研究"的学生在班上宣讲是如何完成的，并与同学们进行互动交流，解答同学们的问题。同时，教师让这些学生到本年级或其他年级进行宣讲互动，通过群体互动，使交流的效益最大化。课中的互动主要体现为"渔夫撒网式、将军点兵式、群体互助式、媒体介入式、星星之火燎原式"五种方式，实施生与生的多元互动。这样的互动是跨时间、跨空间、跨地域、跨学科的，形成一个纵横交叉、相互促进、相互填补的互动网络。课后的互动则体现为学生与教师、学生与学生、学生与家长、学生与社会、教师与家长的互动，以网络作为支撑，以学习主题为立足点，把互动从课堂延伸到家庭、社会，从课内拓展到课外。

三、"大阅读"特征

"大阅读"指的是广泛阅读。语文本身就是一个"大世界"，它不仅仅是在教材里、课堂上，更在生活中、社会里，在浩瀚的书海里。因此，"生本阅读"教学就不仅仅是学习教材、掌握生字、背诵课文，更应该发挥"课文只是个例子"的作用，以点带面，学一读十，把学生引向更广阔、更浩瀚的课外阅读的书海里。

《义务教育语文课程标准（2011年版）》关于阅读教学提出：要重视培养学生广泛的阅读兴趣，扩大阅读面，增加阅读量，提高阅读品位。提倡少做题，多读书，好读书，读好书，读整本的书。关注学生通过多种媒介的阅读，鼓励学生自主选择优秀的阅读材料。加强对课外阅读的指导，开展各种课外阅读活动，创造展示与交流的机会，营造人人爱读书的良好氛围。

"大阅读"理念在"生本阅读"中体现为四个"读"：一是课前荐读。教师或者学生根据单元的主题进行推荐阅读，包括整本书的阅读或是大量主题信息的搜集。针对单元的主题或课文内容，学生通过互联网搜索或是整本书的阅读，为课前交流做好充分的准备，这是课前交流的关键环节。二是教读，指的是精读课文的教读。教师紧紧围绕单元的语文要素，根据课时的目标，把教给学生阅读的方法放在首位，通过小组的合作学习、互动交流，探究阅读策略，明晰阅读方法，让学生在不断自读自悟、检测练习中习得阅读方法。三是自读，指的是在略读课文的教学中，学生自主运用在精读课中习得的阅读方法进行自主研读，通过阅读的专项检测、文本以及课外短文的融合，让学生运用阅读方法自主学习，自主建构语言。四是课外阅读，指的是教师引导学生运用精读课文学到的阅读方法，通过略读课文懂得如何进行自主阅读，在课外阅读中不断地修正完善阅读方法，从而逐渐形成自己的阅读能力。学生从单元的主题出发延展课外阅读，把精读、略读和课外阅读有机融合，形成一个整体，最后汇集成一个合力，激发阅读兴趣，扩大阅读面，增加阅读量，提升阅读素养。

四、"大积累"特征

《义务教育语文课程标准（2011年版）》强调：语文教学应注重语言的感悟、积累和运用，从整体上提高学生的语文素养。杜慧明认为，语文教学担负着语言积累的任务，应包括语言材料、语言范例、语言知识三方面的积累。语言材料主要是指汉字和词语，语言范例是指好词佳句、名段名篇名作，语言知识是指同语言材料、语言范例的掌握密切相关的字词句篇、语法逻辑等知识。语言积累的方式各不相同，包括读中积累、学中积累、说中积累、用中积累、课外阅读中的积累等。

"生本阅读"教学在语言积累的落实中，很好地诠释了以上观点：课前，学生根据教师推荐的书目进行阅读，涉猎广泛的阅读资源；课中，学生根据主题进行联想，引发更多的思考，积累更多的名言警句、文章、诗歌、故事等信息；课后，学生将课中习得的阅读方法进行迁移运用，积累更丰富的信息。"生本阅读"教学具体指依托文本，从单元的阅读主题入手，依据精读课文的教学指导学生习得阅读方法，并在教学自读课文时指引学生自主阅读，巩固阅读方法，课后围绕单元主题开展课外阅读，进行大量的主题阅读。此时，学生的阅读积累是有方法的、高效的。同时，学生能举一反三阅读更多的同一主题或不同主题的书籍，信息量随即猛增。

五、"大语用"特征

小学语文教学是让学生在听说读写的训练中运用祖国的语言文字，全面提升学生的语文核心素养。"语言文字运用"（语用）的教学并非单列出来的，它渗透到各个教学环节中去。在传统的阅读教学中，因为语言文字的运用涉及听说读写等训练。因此，教师花了大量的时间和精力去研究、去实践，虽然取得了一定的成效，但还存在以下问题：语言文字运用局限于课堂，缺少课前的指引；语言文字运用目标繁多，缺少精准的提炼；语言文字运用流程不分明，缺少层级的呈现；语言文字运用环节琐碎，缺少方法的指引。

如何解决以上的问题呢？"生本阅读"教学利用语用"三简"和语用"三详"策略，简化了课前的预习、语用的教学流程以及语用的教学环节，并辅以详尽的语用检测、方法指引，使得语用课堂从以往的师本课堂转变为生本课堂。学生在大量的听说读写语用实践场中自主习得语言的表达形式，感悟语言的精妙和特点，并迁移运用语言的表达方法，变得善于表达和乐于表达，实现了语用能力的提升。

所谓语用"三简"，就是教师在"生本阅读"教学中要立足于给学生减负增效的目的，在听说读写的训练中实现课前预习简单、语用流程简化、语用环节简约，把语用的实践全方位交给学生，让学生自主发现语言的表达形式及特点，教师做适时、适度的点拨和引领，让学生对字词进行充分的推敲，对句子进行充分的品悟，对篇章的写法进行充分的迁移，从而提升学生的语用能力。

所谓语用"三详"，就是在"生本阅读"教学中建立在"三简"策略上的辅助手段，具体体现为：语用自学评价详尽，是对学生自学情况的一个巩固提高；语用方法指引详细，指在简化的语用流程之上，教师适时适度地搭起支架，让学生的语言文字运用有章可循；语用实践翔实，指的是在语用环节简约的环境下，学生有更多语用的实践场，延展了信息的广度和深度。可见，在"生本阅读"教学中，语言文字运用的主角是学生，他们有充分的语言文字运用的时间和空间，教师只在其中做适时、适度点拨，这就造就了语言文字运用的"三简"，同时更需要"三详"的辅助。可以说"三简"是"三详"的基础，"三详"是"三简"的完善和提升。

六、"大思维"特征

《义务教育语文课程标准（2011年版）》在总体目标和内容中明确指出：在发展语言能力的同时，发展思维能力，学习科学的思想方法，逐步养成实事求是、崇尚真知的科学态度。同时，《义务教育语文课程标准（2011年版）》在具体建议中强调：在理解课文的基础上，提倡多角度、有创意的阅读，利用阅读期待、阅读反思和批判等环节，拓展思维空间，提高阅读质量。这些观点都告诉我们一个信息，语文教学既要发展学生的语言能力，又要发展学生的思维能力。因此，我们在进行"生本阅读"教学时，切记课程标准的观点，注重训练学生的高阶思维，提高学生的思辨能力。

"生本阅读"的"大思维"体现在两个层面：一是在全面依靠学生的理念中产生。学生在先学、同伴学习、小组合作、交流互动的环节中不断思考，产生问题，碰撞思维火花，从而不断地解决问题。多元的训练平台改变了学生的思辨性，让他们学会一分为二地看待问题、剖析问题。二是思维可视化工具在"生本阅读"教学中的应用。学生的课前预习、课中互动交流、课外阅读的推动借助思维可视化工具培养学生的思维品质，不失为一个好策略。

通过理论学习以及专家的引领，我们根据本校学生的实际情况及教师的业务能力，对现有的思维可视化工具进行分析比对，取其精华，去其糟粕，确定了适合我校"生本阅读"教学的思维可视化工具，如思维导图、韦恩图、鱼骨图、蝴蝶图、概念图、棒棒形导图等。可视化的"思维"更有利于理解和记忆，能有效提高信息加工及信息传递的效能，帮助学生将其思想、问题及相关信息进行表征，培养学生的思维品质。

在"生本阅读"教学中利用思维可视化工具培养和发展学生的思维品质，就是通过思维可视化工具引导学生观察语言与文化现象，分析和比较其中的异同，归纳语言及语篇特点，辨识语言形式和语篇结构的功能，分析和评价语篇所承载的观点、态度、情感和意图等语文学习活动和实践运用途径，帮助学生学会观察、比较、分析、推断、归纳、建构、辨识、评价、创新等思维方式，增强思维的逻辑性、批判性和创造性，培养学生良好的思维品质。

七、"大个性"特征

《义务教育语文课程标准（2011年版）》强调："阅读是学生的个性化行为。要珍视学生独特的感受、体验和理解。教师应加强对学生阅读的指导、引领和点拨，但不应以教师的分析来代替学生的阅读实践，不应以模式化的解读来代替学生的体验和思考；要善于通过合作学习解决阅读中的问题，但也要防止用集体讨论来代替个人阅读。""要在理解课文的基础上，提倡多角度、有创意的阅读，利用阅读期待、阅读反思和批判等环节，拓展思维空间，提高阅读质量。"

我们实践的"生本阅读"教学，主要体现"以学定教，先学后教"的理念，同时严格遵循"减负增效，张扬个性"的原则。我们在依靠导学案引导学生先行学习的基础上，慢慢过渡到摒弃导学案，不用"题海战术"，以最简便、最省时、最高效的方式，让学生在"自学"的环节中，利用思维可视化工具来学习，以思维可视化工具整合"问题""内容"和"个性展示"三方面的内容。"问题"就是让学生提一个不懂的问题。"内容"就是学生提炼出概括文章主要内容的关键词。"个性展示"就是思维可视化工具展示彰显学生个性的内容：可展示背景资料；可展示学生"自学"后的收获；可呈现学生最感兴趣的东西；可谈体会，并想象由此展开的内容；可介绍文章的写法。这些全凭学生决定，提一个问题和感知课文内容要求学生都要完成，但在"个性展示"的呈现上，学生可自由选择，根据自己的能力、自己的喜好，有针对性地进行取舍。

"生本阅读"的每个教学环节基本上都以自学、互说、汇报、解决难题这几个步骤贯穿其中，师生、生生的互动随处可见，从自学环节的语言文字内化到互说环节中的同桌互说、小组互说和生生交流汇报，再到教师的适时点拨，其实就是语用课堂互动的实践场以及语用信息延展的实践场。学生的互说、交流、汇报都是多元的语用实践的训练场，学生运用语言文字进行交际、表达、发表言论、说感悟、谈体会，可使学生多角度、有创意地阅读得到全面落实。

第三节 "生本阅读"教学实施的要素

一、教师层面

1. 教师要做到"四个放"

陶行知先生曾提出教育要"六大解放",即解放学生的头脑、双手、眼睛、嘴巴、空间、时间,最大可能地发展学生的创造力。这一教育思想在"生本阅读"教学中得到了很好的诠释:充分相信学生,全面依靠学生,通过课前先学培养学生的自学能力,课中学生自主探究,训练学生善于观察、善于思考、敢说、会说,培养学生的思辨能力,课内外的融合给予学生充分的时间和空间。"生本阅读"教学实现陶行知先生"六大解放"的教育思想是有前提的、有条件限制的,它要求教师做到"四个放"。

(1)放胆

"生本阅读"教学的特点之一就是先学后教,学生根据"先学小研究"进行先学。如何引导学生依据"先学小研究"进行先学?在实践之初,很多教师持怀疑态度,认为小学生的知识面狭窄,自学能力差,必须在教师手把手的教导下才能完成学习任务,先学对于小学生而言,就是天方夜谭。所以,对于让学生先行学习这一做法,教师在实践"生本阅读"之初是不接受的。值得庆幸的是,在"'生本阅读'先行者"的带领下,老师们慢慢跟着摸索,尝试着"生本阅读"的教学理念。慢慢地,他们发现,进行"生本阅读"教学后,学生的自主学习能力提高了,自信度提高了,教师轻松了。这就告诉我们,在实践"生本阅读"教学的过程中,教师要学会放胆,要有"开弓没有回头箭"的勇气和决心,要有"相信学生就是相信自己"的胆识和远见,咬咬牙,忍忍心,磨炼学生的同时,也磨炼自己,最终成就学生,同时成就自己。

（2）放脑

俗话说，一个篱笆三个桩，一个好汉三个帮。一名学生凭借自己的思考解决"生本阅读"教学中遇到的问题，只是局限于个人的思考，解决问题的能力相对薄弱。如果借助团队的力量，对遇到的问题进行不断推敲、思考，就会产生更多、更新的观点和理解。因此，"生本阅读"教学的策略之一就是抓合作—放脑——指导学生在有效的小组合作中敢于思考、善于思考、创造性思考，通过同桌、同伴、小组合作，碰撞出更多的思维火花。一是完善"先学小研究"的解答，通过小组成员的互动交流，学生自我完善自己的解答观点及思路；二是在教师的指引下，利用小组的力量重点解决先学没有解决的问题；三是在主问题的引领下，小组合作探究，更深入、透彻地进行语言文字的运用。

（3）放口

"先学小研究"的运用在经历学生自学、小组合作探究两个环节后，教学的知识点已经被"照葫芦画瓢"一一呈现。课堂上，教师就不必像传统教学那样照本宣科、"满堂灌"，而应抓汇报—放口——教师把说的时间、空间还给学生，让学生根据"先学小研究"去组织、协调课堂，让学生个人、同伴、小组、全班学生发表观点、交流观点，通过学生自身多元论证、多角度思考，最终在大量的、有效的"说"中习得学习方法，全面提高学生的表达能力。

（4）放手

"生本阅读"教学不仅促进学生对文本的理解感悟，还推进了"大阅读"，把课外相关主题的信息融入课堂，拓宽了学生的视野。因此，我们要很好地抓延伸—放手——以文本为立足点，敢于放手让学生进行信息的延展，通过查找背景资料、主问题展开联想等方式提升学生的阅读素养。

2. 教师要做到"五个改"

（1）改教案

"生本阅读"教学，教师要有整合教材的意识和理念，要有宏观意识，立足于学生的发展，从学生的角度出发解读教材，不能"拿来主义"，遵循"生本阅读"教学的"五部曲"备教师、备学生、备教材。在"改教案"的实际操作中，教师首先要有单元整体教学的理念，立足单元语文要素、课文教学重点，以解读单元语文要素、课后练习题、单元交流平台、园地等训练内容为抓手，把这些内容有机地融合，形成螺旋上升、互补互助的"教案架构"；然后用好课前五分钟，进行充分的拓展阅读；接着设计好"先学小研究"，这是"生本阅读""先学后教"实践的关键所在，有了高质量的导学案，学生才能更好地学，教师才能精准地教；最后，教师设计好课堂实施的教学流程，通过"先学小研究"的反馈情况，调整教学思路，学生懂的不教，重点解决学生在"先学小研究"中遇到的问题，调整教学预设，为学生的"学"服务。

（2）改观念

对于实践"生本阅读"这种教学方式，教师经常会持三种态度：一是安于现状，不愿改变。很多教师认为现有的教学方式已足以教会学生，自身的知识储备与教学观念也能支撑现阶段的教学，无须改变已有的一切，从头再来，那样会花费大量的人力、物力，到最后弄得自己吃不消，并且走入进退两难的"死胡同"。二是雾里看花，唯有想法。很多教师观摩"生本阅读"教学的课例后，都叹为观止，被学生的表现吸引、震撼，当时热血沸腾，有了马上实践的雄心壮志，可一回到学校，就会有很多理由困扰自己："生本阅读"在自己任教的班是无法实施的，因为生源、师资差别太大；实施"生本阅读"谈何容易，缺乏"领头羊"是关键；强大的团队是实践"生本阅读"的"推手"，单凭一位教师去实施是于事无补的……种种缘由导致某些教师的行动最后都是雷声大，雨点小。三是举步维艰，唯有放弃。"生本阅读"实践的初期困难重重，教师必须有强大的心理承受力、平和的心态和坚定的信念才能让自己坚持下来。如果一遇到困难就泄气，那是无法实践"生本阅读"教学的。因此，教师唯有改变观念，改变自我，改变态度，勇于接受新鲜事物，坚定不移地实践"生本阅读"教学，在实践中研究，在研究中改进，在改进中推动，在推动中辐射，在辐射中推广，才能使"'生本阅读'教学之花"灿然开放。

（3）改角色

"生本阅读"教学的顺利开展，与教师角色的转变有很大的关系。教师由传统教育教学中的传授者转变为引导者；生本课堂是开放的，教师的"教"为学生的"学"服务，所以教师还是"服务员"；教师的"教"需要学生的合作，所以教师又是课堂的"合作者"；学生的学习也需要教师的参与，因此教师也是学生的"学习伙伴"。

（4）改方式

师本教育模式中教育教学表现为以教师教授活动为主的过程；生本教育

模式中教育教学表现为在教师引导下，以学生的主动学习活动为主的过程。因此，在"生本阅读"教学中，教师要转变传统阅读教学中"由教师预设教学内容，课中以讲解、分析为主，学生被动参与训练"的教学方式为"课前教师根据学生的学习规律解读教材，编写导学案引导学生先行学习，并从导学案的批阅中反馈学生哪些知识已掌握，哪些知识没掌握；课中以小组学习、互动交流"的学习方式，训练与感悟相结合，思维与创新相结合，引导学生自主学习。

（5）改手段

传统教学教师一支粉笔、一张嘴走天下的时代已不复存在，要依靠"互联网+"的优势与资源整合教学才是"生本阅读"得以创出一片新天地的通途。

3. 教师要有"六个意识"

（1）提升意识

"生本阅读"教学的课堂是灵动的、随性的、自主的，这就需要教师时刻保持清醒的头脑，不断提高自己的专业水平和扩大自己的知识面。因为"生本阅读"课堂熏陶下的学生知识面越发广泛，他们上知天文，下晓地理，认知能力、辨析能力、综合素质都比较高。如果教师还是停滞不前，靠吃"老本"行走在教育教学岗位上，最终会被学生淘汰，被自己淘汰。所以，教师首先要苦练教学基本功，提高自己作为语文教师的专业素养。其次，教师要多钻研，提高自己实践"生本阅读"教学的组织、协调、点拨、驾驭能力；再次，教师在让学生搜集资料、进行大信息吸收的同时，要和学生一起努力，进行信息的涉猎、阅读、吸收，扩大自己的知识面；最后，教师要从提升个人内涵入手，丰富自己的兴趣爱好，让自己什么都懂一点，把自己变得强大起来。教师强大了，才能获得学生的尊重、佩服。当学生对教师的敬意油然而生时，教育就会变得轻而易举、轻车熟路。

（2）整合意识

教师要有宏观规划的理念，对教材进行前置的认真解读，有一个宏观的把握：哪些内容作为重点来研读，哪些内容可以贯穿在精读课中讲解，从字、词、句、篇进行增删、补充、提炼、规划；然后进行单元教学的规划，围绕语文要素进行研读，充分落实"三位一体"的理念。阅读教学"三位一体"是由教读课文、自读课文、名著阅读共同构成的阅读体系，具体指在"三位一体"

的教学理念指引下，围绕一个主题，把课内外联动起来，通过课内的精读和略读，带动课外的阅读，以课内带动课外，以一篇带动多篇（整本），在阅读过程中重新建构知识，提高阅读活动的效率。

（3）点拨意识

虽说"生本阅读"教学中，学生要成为学习的主体，是学习过程中的中心人物，但并不是说教学就是"放羊"的过程，更不是说教师就可以置之不理，任凭学生想怎样学就怎样学，而是说教师的"教"要为学生的"学"服务。从"先学小研究"的设计到"先学小研究"完成情况的反馈，再到课堂解决重难点问题和课堂落实语言文字的训练，这一系列的环节都需要教师"站起来"，随时随地给予学生指导、帮助。

（4）评价意识

"生本阅读"教学中的评价应该具有适时、适度、适趣、适法的特征。适时指评价不应该是僵硬的，应是灵活的、变化的，在恰当的时间对学生的学习进行评价，不受时间、空间的限制，见缝插针地予以落实，实现评价效益的最大化。适度指评价要有尺度，不要随心所欲，想怎样评价就怎样评价，评价不能泛滥，也不能吝啬，过度、过窄都不合适。适趣指评价要根据学生的年龄特征以及学生在课堂中的实际情况进行，形式要多样，不仅要有物化的评价，更要有精神层面的评价。同时，评价是互动的，改变传统教学中的教师评价学生的单一方式，有师评生、生评师，有同桌互评，有小组评价，有组与组的评价，有家长评价。多种方式提高评价的趣味性，让评价可听、可感、可视。适法指评价要有方法的指引，确定评价的标准，让评价有序、有规。

（5）生成意识

语文教学不是一成不变的，要呈现生机盎然的态势，教师在"生本阅读"教学中要全面尊重学生，教学设计多一点变化，少一点预设；教学管理多一点自主，少一点干预；教学内容多一点整合，少一点零碎；教学评价多一点赏识，少一点批评；教学方式多一点创新，少一点僵化；学生答案多一点角度，少一点唯一。教师对学生越尊重，生本课堂就越灵动、随性、和谐、自然，学生的率真、天性、潜能、创新精神就能越很好地被激发、培育，课堂就不再机械、重复、单一，而是时时有惊喜、处处有变化。

（6）朗读意识

《义务教育语文课程标准（2011年版）》在"教学建议"和"评价建议"中指出：各个学段的阅读教学都要重视朗读和默读。各学段关于朗读的目标都要求"有感情地朗读"，这是指，让学生在朗读中通过品味语言，体会作者及作品中的情感态度，学习用恰当的语气语调朗读，表现自己对作者及其作品情感、态度的理解。朗读要提倡自然，摒弃矫情做作的腔调。可见，以读为本依然是语文教学的根本任务。"生本阅读"教学中的"以读为本"要实现"四个性"（目标性、层次性、多样性、个性），还要实现"六个结合"（读与思结合、读与品结合、读与练结合、读与悟结合、读与情结合、读与评结合）。通过多元朗读，把听、说、读、写的训练巧妙地融入其中，或推敲关键词句，或进行比较阅读，或角色体验，或想象说话，或读写结合，在读中教，在读中思，在读中评，在读中赏，在读中比，在读中创，做到读中悟，悟中读，读与悟浑然天成。

① 词句推敲，教读——方法习得。

教读就是教给学生在读中感悟，在读中习得语言规律的方法，常用的阅读方式有自读（默读、快速浏览读、轻声读）、引读、评读、演读、分角色读、互读等。这些读的方式并不是割裂的，它们时而融合，时而分开，目的都是在读中教，在教中读。

② 追问比对，赏读——审美成形。

赏读就是以读去感悟词语、词组、短语、句子的节奏美、意蕴美、声色美，在读中感悟语言文字的美，体会语言文字的魅力，常用的阅读方式有连读、比较读、想象画面读、角色体验读、创设情境读、指名读、小组读等。赏读在处理上更多运用的是反复追问比对着读，让学生的理解、体会在层层深入的追问与读的融合中递进、加深，语言文字的运用就成了学生一场享受美、分享美的"旅途"。

③ 补白填充，创读——个性张扬。

创读就是对语言文字进行创意的理解、感悟朗读，常用的阅读方式有填词扩读、替换词读、结构仿说读、句子变式读。

④ 反复吟咏，回读——情感升华。

回读就是在品读完所有句子后，教师通过语言的旁述或串联，在表述上并非简单地引出所有句子,而是依据语文要素再一次把语言文字训练的层次性、情感性体现出来,常用的阅读方式有要素串读、情感递增读、语句串读、多角色合作读、词句叠加读、重点词句反复读、分合读、齐读等。

二、学生层面

"生本阅读"教学最终的目的是让学生得到发展。如何突破传统教学中学生被动、僵化、不想学的局面?笔者认为,教师必须从学生的角度去解读教材,设计符合学生年龄特征的教学活动,真正让学生做到"四个自",即自愿、自动、自发、自律,真正让学生从心里去接受,并乐于参与,最终喜欢"生本阅读"的教学方式。

1. 自愿

自愿就是在"生本阅读"学习中,学生是自己愿意而没有受他人强迫地去学习,乐意参与各个学习活动,学生从传统教育中的"消极、被动"的学习状态变为"积极、主动"地吸收、习得。为此,"生本阅读"教学应该做到"四个要":一是要创设和谐的学习氛围。师生是相互学习、相互引领、相互监督的关系,教师不再高高在上,学生不再战战兢兢,而是师生平等、互助、有爱。二是要尊重多样。教师要尊重学生的个体差异,尊重学生的学习规律,尊重学生的年龄特征,尊重学生的"落后",继而以学生为立足点去思考教学的方方面面,最终的落脚点就是为学生服务。三是要培养学生自主学习的能力。"生本阅读"教学中,通过课前的自主学习、课中的合作探究、课后的延伸学习,逐渐让学生更少地依赖教师,培养学生终身学习的方法和能力。四是要构建互帮互助的学习小组。小组学习是"生本阅读"教学的显著特征,教师要依靠这个"团队",从小组文化建设方面去提升小组学习的效率,从培养小组合作的行为习惯方面去提高学生的团队精神,以同龄人引领同龄人,以一个学生带动一个小组,以一个小组带动多个小组,以多个小组带动全班学生,有效地促进学生的自主学习、群体学习。

2. 自动

自动就是学生在学习上表现出积极主动地获取知识的状态,主动表达观点、主动思考问题、主动评价他人、主动与人合作、主动帮助同伴。笔者认为,在"生本阅读"教学的起始阶段,学生热情高涨,积极参与学习活动,自信、热情、认真、努力。他们喜欢课中的任何活动设置，喜欢课前完成"先学小研究"，喜欢搜集资料，喜欢进行小组学习，喜欢在课上当"将军"、做"士兵"，紧紧把握各种机会，争着发言，争着做"小主持人"，争着交流汇报。下课了，他们都意犹未尽、恋恋不舍，嘴里嚷着向老师申请晚点下课，甚至请求不下课。老师们都说，学生就像打了鸡血似的，精力充沛，不知疲倦。可是，到了"生本阅读"的实践中期，当学生上着上着，"生本阅读"用着用着时，老师们就纳闷了：课前学生完成自学像"履行公务"，按部就班；课上学生参与学习像泄气的皮球，没有精神，"不争不抢"；课后学生完成作业像"吃饭睡觉"一样，毫无思考。其实，这些都是开展生本教育的必经之路，如何让学生的主动学习状态持久化？笔者觉得，除了继续丰富"生本阅读"的教学活动，还要进行多元评价，包括"先学小研究"的激励评价、课堂小组学习的激励评价、学生互动交流的激励评价、推进"大阅读"的激励评价、作业完成的激励评价等，以评促学，激发学生学习的内部动力，让学生的课堂行为变成自动的、自觉的。

3. 自发

郭思乐教授指出，儿童是天生的学习者还在于学习对于他是一个永不枯竭的甘泉之井，他会不断在学习中产生新的学习需求，他的思维器官会不断地获得运用的享受。我们经常会听到这样一句话："没有学不会的学生，只有不会教的老师。"在笔者看来，并不是说学生什么都会，只是学生与生俱来的学习潜能是一个优势。所以，教师要善于开发学生的这种优势，全面依靠学生就成了生本教育的一种教学途径。相信学生的天赋，相信学生的能力，把学习活动的主宰权交还给学生，给学生充分发展的空间、时间，学生定能给我们一份满意的答卷。

4. 自律

人的大脑的丰富性在于人的自成系统的独立思考。这一系统是开放的，也是独立的。它可以受到外界的影响和指挥，然而，它始终有最隐藏的自我在管理着自己。我们必须承认儿童的独立性（他们是独立的个体，有着独立的自我管理和自控能力），"生本阅读"的课堂是开放的、自主的、个性的，我们要做的就是引导和规范学生的自我管理，完善规则，提升学生的自律意识和自律能力。

第四节 "生本阅读"教学实施的原则

"生本阅读"要真正落地，落到实处而又有活力，适合教师，适合学生，为师生所接受、喜爱，一些内涵、一些规则是必须要遵循的。在实际操作中，笔者认为"生本阅读"教学要遵循"七个有"原则，即有事可做原则、有话可说原则、有问可思原则、有法可循原则、有信息可吸收原则、有个性可张扬原则、有能力可提升原则。这"七个有"原则立足于学生的"学"，以"学"促"教"，"教"在"七个有"原则的支撑下，盘活学生的"学"，让学生真正学得懂、学得活、学得真、学得全。

一、有事可做原则

我们经常会听到教师埋怨：现在的学生怎么了，老师讲得口干舌燥，他们在底下要么玩弄东西，要么一脸茫然，要么交头接耳，就是听不进去。仔细想想，我们传统的教学都是老师在上面讲，学生在下面听。貌似老师用了九牛二虎之力，可依然无济于事。是老师的问题，还是学生的问题？归根结底，我想应该是学生无事可做，老师把学生要掌握的东西和盘托出，有时连所有教学的细节都准备得丝丝入扣，学生需要做什么呢？就是认认真真地听，但从布鲁姆学习目标来看，低层次的教学目标只是识记，理解分析层面的目标必须是学生通过自身获得才能得以实现的。因此，"生本阅读"教学的课堂要遵循"有事可做"的原则，就是课堂上忙碌起来的不是教师，而是学生；课堂的"主持"不是教师而是学生；分析讲解的主角不是教师，而是学生；合作探究的主导者不是教师，而是学生。教师去哪儿了？教师"退隐江湖"，学生"重振江山"；教师转为"旁观者"，学生是"当局者"。我们不难发现，"生本阅读"的课堂，学生很忙：忙着解答"先学小研究"的问题，忙着组织课前五分钟，忙着参与小组合作学习，忙着与同学交流互动，忙着思考课中的难题，忙着搜集资料，忙着阅读积累，忙着迁移运用，忙着互评互改练习；学生很乐：乐着开展主题阅读忘记了所有东西，乐着为了一个问题争论不休，乐着不停地记录信息，乐着下课了还说怎么过得这么快，乐着围绕主问题想到很多知识，乐着当小老师去教更多的同学，乐着站出来汇报展示小组的学习成果，乐着在黑板上板书，乐着当"将军"与同学进行互动交流。学生在课堂上林林总总的表现告诉我们：课堂上，只有学生有事可做了，他们才无暇偷懒，才会踏踏实实地学，才会珍惜学习的机会，才能感受到老师的良苦用心，才能真正掌握学习的本领。

二、有话可说原则

语文是姓"语"的，作为一门语言学科，如果连"说"都没有落实，又谈何姓"语"呢？"生本阅读"的课堂如何衡量学生是否成为学习的主体呢？让学生变得能说会道，也是一个关键的问题。让学生有话可说，有两个条件：一是给予学生"说"的机会和平台。教师要学会闭嘴，能让学生说的就让学生说，要点拨引导的，点到即止。课堂话语切忌啰唆、冗长，要精简、扼要。教学的各个环节多由学生组织、参与，充分发挥小组合作的作用，多让学生交流、互动。通过合作、"兵"教"兵"、群体互动等方式，不局限于个人、小组，让不同程度的学生都能说，都敢说，都会说，都有说的机会，在说上都有不同程度的进步，真正呈现生本课堂中个个都是"演说家"的状态。二是给予学生"说"的途径和方法。学生是天生的学习者，语言更是他们的强项。小孩从一两岁会说话，慢慢地就能滔滔不绝。但对于生本课堂，在全面依靠学生的理念下，学生的说并不是随心所欲的，而是有法可依的。这就需要做到两点：一要及时给予学生表达的框架，如课前五分钟发言的交流框架——怎样指导小主持人组织同学交流，如何指引学生围绕主题进行发言；又如小组学习的组内交流和小组汇报的基本流程；再如师生、生生之间的互动交流范式。在实践之初，教师进行"说"的训练时，要有明确的要求，要给学生一根"说"的拐杖，要反复练习，让学生熟识"说"的"支架"后，慢慢地放开，让学生慢慢地练就"说"的本领。二是对话交际。"生本阅读"教学强调师生之间、同桌之间、小组之间、组与组之间、"将军"与全班之间的对话交流，形成一个覆盖全体学生的对话网络，在课前交流中对话，在语言文字训练中对话，在练习检测中对话，在课外阅读中对话，在对话中理解，在对话中感悟，在对话中思辨，在对话中评价，构建多元的、互动的、厚实的对话交际体系。

三、有问可思原则

"生本阅读"的课堂如何突破阅读的深度？是让学生浅层次地理解，还是进行语言文字的深度训练，提升学生的阅读力？这就需要用课堂主问题的设计激发学生的思维，引起学生的思考。在具体的实施中，利用思维可视化工具辅助学生提升解决问题、思考问题的能力，主要体现在两个方面：一是运用思维可视化工具进行"先学小研究"的解答，提升思维的凝聚力；二是互动交流解决主问题，以主问题进行思维的集中、发散、提炼、分析、概括，培养学生的阅读能力。

四、有法可循原则

"生本阅读"的理念实现学生会的不教，达到不教而教的目的。授之以鱼，不如授之以渔。生本教育强调学生是课堂的主人，意味着教师在课堂中的点拨作用在于引领学生掌握阅读方法，通过同桌、小组、群体、生生、师生合作等方式习得解决问题的方法，提高自身解决问题的能力。为此，在"生本阅读"教学中，教师重点引导学生学习听说读写的方法、汇报交流的方法、互动合作的方法。当学生在进行语言文字训练时，能以法引路，进行阅读深度的训练；当学生在进行小组合作时，掌握了如何进行合作的方法和技巧后，能很好地进行合作探究；当学生在进行互动交流时，懂得了怎样交际能越发自信，越发能言善辩，越发大气有内涵。"生本阅读"教学的最终目的是以法导学，让学生习得方法，内化成自己的能力，成就终身发展的素养。

五、有信息可吸收原则

语文教学的目的就是运用祖国的语言文字。语文教学不应是单一的，应该是跨学科的、跨时空的、跨地域的。课中教师讲授的内容应该是多元的、多体系的，不应局限于文本，不应局限于语文学科，不应局限于课堂，它应该涉及课外，还应该联系全学科，也应该延伸到生活、延展到社会。只有这样，学生所了解到的东西才能超越文本；只有这样，学生才有信息可吸收；只有这样，学生的素养才得以丰盈。

六、有个性可张扬原则

在平常的观摩课评课环节当中，我们经常会听到这样的评价：能很好地落实"双基"训练，能培养学生良好的行为习惯，能进行听说读写的训练，但缺乏个性，学生的回答缺乏创新性。语文作为基础学科，是其他学科的基础和奠基石。"生本阅读"教学立足于学生，从学生的发展规律、学生的认知规律、学生的年龄特征出发，充分尊重学生，高度还原学生的本真，让学生做属于他们自己年龄段的事，说属于自己纯真的话，想属于他们本阶段联想丰富的东西。归根结底，就是"生本阅读"的课堂不压制、不强迫、不拔高、不偏离，而是实事求是地使课堂还原学生的本真。学生在课堂中是放松的、轻松的、活泼的、快乐的、善于合作的、乐于探究的、奇思妙想的、善于思考的。在如此人性化的学习氛围下，学生有自己的思想，有自己的想法，有自己解决问题的方法，有自己的思维，有自己的创造力。

七、有能力可提升原则

"生本阅读"教学的最终目的是让学生得到不同程度的发展，因此，它特别注重学生能力的培养，特别关注每个学生的进步。这是"生本阅读"的立足点，让学生的能力有提升的空间，不能上完课后学生除了学会几个字词，会读课文，别的什么都没有了。"生本阅读"教学在"先学小研究"的完成中培养学生的自学能力；在小组学习中，培养学生合作探究的能力；在听说读写等语言文字训练中，培养学生的阅读力；在阅读迁移中，培养学生的阅读素养。

方法策略篇

生本阅读教学在实施过程中主要体现为"五部曲",具体指生本阅读教学的整个实施体系包括导学案的设计、导学案的使用、课前交流的管理、课堂教学的策略、课外阅读的推进这五大方面。从微观上看,这五大板块呈一个螺旋式上升的态势,前一个板块是后一个板块的"基石",后一个板块是前一个板块的"延续或发展",它们相辅相成,既独立又融合,既是个体,又是整体。从宏观上看,这"五部曲"的立足点根植于学生的发展,为提高学生的能力,促进学生素养的提升而产生。

第二章

导学案的设计是实践"生本阅读"的基础

　　导学案作为生本阅读课堂的有效形式，在"减负增效"的背景下应运而生，已经得到了普遍的认可。所谓导学案，就是让学生进行前置性学习，通过教师的"导"来引导学生先行学习，教师再根据学生自学的结果有针对性地组织教学的"导学"方案。它的最大特点就是将教学重心前移，教师从学生课前的自主学习中获得信息，然后有目的地进行二次备课。课堂上教师重点讲解和点拨学生在自主学习中所暴露出来的问题、疑难或困惑，达到提升课堂教学针对性和有效性的目的。这种"先学后教""以学定教""当堂训练"的模式确立了学生的主体地位，培养了学生自主学习、合作探究的能力，促进了学生的全面发展，实现了学习型课堂构建的最终目的。在生本阅读教学实施过程中，导学案的设计质量是构建生本阅读课堂的关键所在。因此，在具体操作中，我们努力探寻导学案设计存在的问题，并不断完善、修改，力求设计出目标准确、训练点有效、层次分明、发展学生思维的导学案，学生依据它能很好地进行自学，教师依据它能及时把握学生哪些知识已懂，哪些知识需要点拨、探究。

第一节　探寻导学案设计的误区，对症下药

教学的出发点是以生为本，落脚点就是促进学生的发展。在导学案的设计上，很多教师很想尽快提高学生的能力，因此什么都想要，什么都想教给学生，导致导学案设计的内容出现了以下问题：量大，局限于文本，没有知识的延伸；空洞，偏重基础，没有理解的层面；题海，深陷应试，没有思维的发散；表层，只流于形式，没有语用的深度；无效，突兀与堆砌，没有能力的提高。因此，我们应根据小学语文导学案设计所出现的误区寻求合适的解决对策，力求使导学案的设计合理、有效。导学案的设计呈现出以下几种误区。

一、设计的形式单一，忽视了学生的吸收

【案例描述】

某教师在设计《真理诞生于一百个问号之后》的导学案时，紧紧围绕文本，变成了习题集，见表2-1-1。

表2-1-1

生字	把生字表中的生字写在田字格中，看谁写得匀称优美。	得分：
中心句	用波浪线在文中画中心句。	得分：
主要内容	这篇课文主要写了什么事？	得分：
问题探讨	作者是用哪些事例来说明自己的观点的？你还能补充哪些事例？	得分：
	"真理诞生于一百个问号之后"的含义是什么？	得分：
	最后把"？"拉直变成"！"，找到真理。（读句子，想想：这里的"？""！"各指什么？这样表述有什么好处？）	得分：
	只要你见微知著，善于发问并不断探索，那么，当你解答了若干个问号之后，就能发现真理。（读句子，想想："见微知著"是什么意思？这句话和开头有什么联系？）	得分：

【问题剖析】

整个导学案成了一份习题集，从文章主要内容的概括到主问题的设计，再到检测题的落实，都体现了形式单一的特点，只是以"提问的方式"进行设计，忽视了课程标准的要求（大力引进课程资源，推进课外阅读及课程的深度拓展），忽视了学生的需求。同时，这个导学案设计表述单一，没有从学生的实际出发，没有彰显人文性，看不到对学生的赏识。

二、设计的学习目标过高，脱离了学生的实际

【案例描述】

某教师在执教《太阳》的第一课时时，设定学生的学习目标如下：

（1）会认4个生字，会写10个生字。

（2）在朗读的基础上把握课文内容，同时了解列数字、做比较、举例子、打比方等说明方法。

根据以上的学习目标，她设计了《太阳》的导学案，见表2-1-2。

表2-1-2

一、小组长检测读文情况	检测的评价标准： A. 字音准确，不添字，不漏字，十分流畅。 B. 有1~2处读错或回读，基本流畅。 C. 有3处以上读错或回读，不流畅
二、资料搜集	搜集关于太阳的资料，将你印象最深的一点描述出来： _____
三、自学要求	1. 画出重点词句，谈感受。 2. 认识、了解说明方法
四、学文练习	练习一：我会根据提示写一写。（用熟悉的事物做比较） 1. 街口大桥的桥面很宽，_____。 2. 街口大桥的桥墩真粗呀，_____。 练习二：片段仿写。 远看街口大桥，白天，它像_____；晚上，它像_____。从_____到_____，长_____，宽_____。 练习三：片段仿写。 从_____出发，大概_____米就来到_____。街口大桥桥面_____，桥栏_____，桥墩_____，桥孔_____

【问题剖析】

从整个导学案可以看出，教师确定了《太阳》第一课时的核心教学目标：在朗读的基础上把握课文内容，同时了解列数字、做比较、举例子、打比方等说明方法。不过，教师在设计"扣点练习"时并不是围绕第一课时的核心教学目标设计导学案的，所设计的练习并不是认识、了解本课的说明方法，而是学生运用本课的说明方法进行仿写练习。因此，这一导学案的设计偏离了本课的训练点，对核心教学目标把握不准，没有从学生的实际出发。

三、设计的问题答案唯一，抑制了学生的思维

【案例描述】

某教师利用导学案执教《真理诞生于一百个问号之后》，她对核心问题做了如下设计：

（1）作者是用哪些事例来说明自己的观点的？你还能补充哪些事例？

（2）"真理诞生于一百个问号之后"的含义是什么？

（3）读读"最后把'？'拉直变成'！'，找到真理"这个句子，想想：这里的"？""！"各指什么？这样表述有什么好处？

（4）读读"只要你见微知著，善于发问并不断探索，那么，当你解答了若干个问号之后，就能发现真理"这个句子，想想："见微知著"是什么意思？这句话和开头有什么联系？

课前，这位教师把导学案发下去，让学生预习。第二天，回收时，她发现学生都能准时上交，而且答得很具体、很完整，但仔细一看，便发现学生的答案几乎千篇一律，有的甚至一字不差，就连成绩很差的学生也答得较好。

【问题剖析】

之所以出现以上的情况，是因为这份导学案设计的每个问题，答案都是唯一的，学生根本不用思考，因为一翻开教辅书，这四道题的答案就一目了然了，学生想都不用想，就照抄，可说是"得来全不费功夫"。从思维的锻炼上讲，学生的思考是单一的，不用从不同角度去考虑，所以学生的思维得不到发散。

第二节　构建导学案设计的框架，搭桥铺路

鉴于导学案设计存在的误区，导学案内容的选择、编排、设计就显得尤为关键，它们必须基于"学"，才能助力"教"。只有以学生的学习为依据，导学案的设计才有"生命"。

基于"生本阅读"的导学案在内容的安排上一般有几大板块：一是了解作者或写作背景，二是理清脉络或感知内容，三是引导质疑或解决问题，四是品词析句或展开想象；五是拓展迁移或主题阅读。这些板块会根据具体的课文内容进行适当的灵活调整，目的是使设计的内容为学生所用，辅助学生学习。导学案设计的板块并不是千篇一律的，教师要根据学生的年龄特征以及年级教学的实际情况进行适当的调整。不同的年段，侧重点也有所不同，一、二年级的根本任务是以读为本，解决字词问题；三、四年级的侧重点是把握课文的主要内容，围绕课后习题有所侧重地训练、感悟文本；五、六年级的侧重点则是以文本为支架训练学生的阅读能力。在不断研磨、反复修订下，我们形成了一到六年级的导学案设计的例子，现列举如下。

一年级上册：

《影子》先学小研究

一、我要提醒大家注意_____字（平舌、前鼻音、后鼻音），请大家跟我读。

二、我会记：我用_____（加一加、减一减、换一换、猜一猜、组词）的方法记住_____字，我会组词_____。

三、读了课文，我知道影子_____，影子_____，影子_____，影子_____，它是我的_____。

一年级下册：

《动物王国开大会》先学小研究

一、我要提醒大家注意_____字（平舌、翘舌、前鼻音、后鼻音），请大家跟我读。

二、我会记：我用_____（加一加、减一减、换一换、猜一猜、组词）的方法记住_____字，我会组词_____。

三、课文主要讲狗熊一共发布了_____次通知。我能找出狗熊发布通知的句子，在书上用横线画出来后再读一读。我从第_____次通知里找到_____个要素，它是_____（时间、地点、参加人、事情、通知人、通知时间），我知道了_____。

二年级上册：

《狐狸分奶酪》先学小研究

一、字词分享（要认读的生字）

我用_____方法记住_____字，我会组词（1~3个）_____。

二、我能画

我能用"_____"画出狐狸说的话，用"_____"画出熊哥俩说的话，并读一读。

三、我口说我心

1. 狐狸说，它分得很公平，谁也没多吃一口，谁也没少吃一口。你同意狐狸的说法吗？为什么？

我_____狐狸的说法。因为_____。

2. 如果你是小熊，会怎么做？

如果我是小熊，我会_____。（课堂上完成）

遇见
"生本阅读"，还原学生本真

二年级下册：

《要是你在野外迷了路》先学小研究

一、字词分享（要认读的生字）

我用_____方法记住_____字，我会组词（1~3个）_____。我还知道_____。

二、我口说我心

1. 课文一共写了四种"天然的指南针"，分别是_____、_____、_____和沟渠里的_____。其中，我最喜欢用_____这种天然指南针，因为_____。

2. 除了上面介绍的四种办法，生活中，我还知道的辨别方向的办法有_____。（可以请教周围的人，或者上网查找）

三年级上册：

《美丽的小兴安岭》先学小研究

一、自由朗读课文，标出自然段的序号，遇到难读的地方多读几遍。读给父母听。（家长评价：☆☆☆☆☆ 家长签名：_____）

二、字词分享：我用_____方法记住_____字，它是_____结构，我想提醒大家（字音、字形、字义），我还知道_____。（组词或说句）

三、这篇课文主要写了_____、_____、_____、_____不同季节的景物特点，是按_____（顺序）来写的。

四、我觉得小兴安岭的_____（季节）最美丽，请看第_____自然段的句子：_____。从句子中的_____（描写方法、关键词、标点等），我感受到_____。由此，我想到了（一个词语、一个故事、一句诗、一句名言等）_____。

五、在我的家乡从化也有许多美丽的景色，我最喜欢的是_____（季节）的（景物），因为_____。（课堂上完成）

六、阅读链接：1.《流动的风景——图书馆之旅》；2.《少儿百科知识大全》。

三年级下册：

《童年的水墨画》先学小研究

一、课前三分钟分享

我会把搜集到的有关童年、童真、童趣的资料（诗歌、歌曲、文章等）和大家分享。

二、聊聊童年，说说记忆

在我心里，童年是_____（你会用什么词语来形容）。说起童年这个话题，我的脑海里浮现出（画面）_____。

三、读读诗歌，想想画面

1. 读了这三首诗，我看到三幅这样的画面，我会用抓关键词的方法概括。
_____。

2. 我最喜欢的是《_____》这首诗，通过_____这个词（句），我仿佛看到了_____，由此我想到了_____（童年的一件事、看过的一本书、一句诗、一首歌）。

四、朗读课文

我能以自己喜欢的方式有感情地朗读课文。

四年级上册：

《呼风唤雨的世纪》先学小研究

一、我会自学生字词

我认为难写的词语有_____。

我认为难理解的词语有_____。

二、我会查资料

我了解到作者路甬祥（生平、成就、主要作品）的资料。（30字以内）
_____

三、我会读课文

1. 我能概括文章的主要内容：_____。我是用_____方法概括的。

2. 读了课文，我知道20世纪的生活发生了巨大的变化，我从_____这个句子的_____（词），体会到了_____，由此我想到了（事、文章、名言）_____。

四、小练笔（课堂上完成）

随着科技的发展，我们的生活发生了巨大的改变，那除了课文中提到的变化，你还知道哪些变化呢？请简单地写下来。

_____

_____

四年级下册：

《纳米技术就在我们身边》先学小研究

一、完成思维导图

大声朗读课文两遍，完成以下思维导图（图2-1-1）。

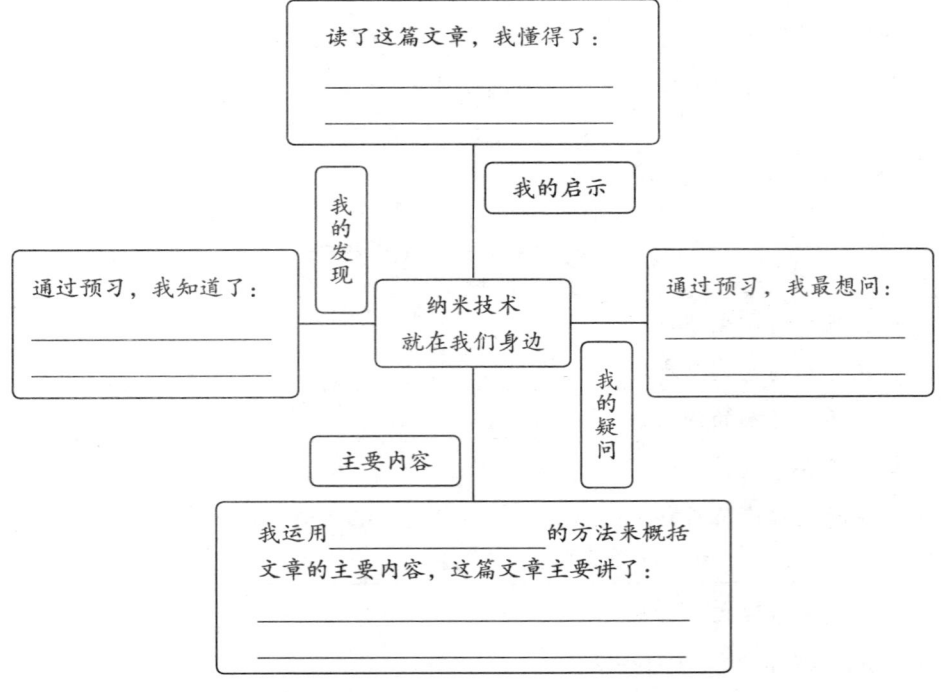

图2-1-1

二、小练笔（课堂上完成）

如果让你利用纳米技术，你会把它运用到生活中的哪些地方？发挥想象写一写。

_____
_____

五年级上册：

《"精彩极了"和"糟糕透了"》第一课时先学小研究

一、我会读

1. 生字词语过关。

2. 用自己喜欢的方式读课文，概括文章的主要内容。

_____

3. 我读过有关父母的爱的书籍有：

_____

二、我的疑问（提出不懂的问题和同学讨论）

_____
_____

三、我会体会巴迪的父母对他的爱

默读第1~14自然段，解决下面的问题。

母亲（父亲）对巴迪的诗评价是_____，文中让我感受最深的句子是_____，我是从_____（关键词、标点、描写方法等）体会到巴迪的母亲（父亲）对巴迪是一种_____的爱，因为_____，由此我想到了_____（一句名言、一件事情、另一个词语、一本书、一则新闻等）。

四、我会写（课堂上完成）

严厉是一种爱，鼓励也是一种爱，在我的生活中，_____也是爱。那一天，我_____。（写生活中的一件事，抓住人物动作、语言和心理活动来描写）

《"精彩极了"和"糟糕透了"》第二课时先学小研究

一、我会听写词语

_____ _____ _____ _____ _____

_____ _____ _____ _____ _____

二、我会体会含义深刻的句子

默读第15~17自然段，解决下面的问题：

课文有一些含义深刻的句子：_____。我的体会是：_____。（要联系生活实际体会）

三、我喜欢听

如果让我选择，我喜欢听_____这句话，我的理由如下：_____。

五年级下册：

《人物描写一组：摔跤》先学小研究

一、了解作者徐光耀（生平简介、文学成就、主要作品三个方面）：

_____

_____

二、有感情地朗读课文，概括文章的主要内容。（口头完成）

三、我口说我心。（找出描写小嘎子、胖墩儿动作的句子）

1. 我体会到了小嘎子是一个_____人，是从句子_____中的_____等动词感受到的，因为_____。由此，我想到了描写人物动作的一两句话（课外书、身边的人、自己写过的文章等）：_____。

2. 我体会到了胖墩儿是一个_____人，是从句子_____中的_____等动词感受到的，因为_____。由此，我想到了描写人物动作的一两句话（课外书、身边的人、自己写过的文章等）：_____。

四、我手写我心（课堂上完成）：

请利用动作描写的方法刻画人物形象，写小嘎子和胖墩儿第二轮比赛摔跤。

精彩的第二轮摔跤比赛开始了，_____

_____

_____。

六年级上册：

《月光曲》先学小研究

一、我会阅读

1. 我会用自己的话概括课文主要讲了一件什么事。

_____

_____

2. 我能了解贝多芬。（生平、主要作品、成就、事迹等）

_____

_____

二、我会感受

默读第2～10自然段，解决下面的问题：

我从文中的句子（_____）体会到（人格美、文之美、艺术美），因为_____，由此，我想到_____。

三、我会推荐

我想向大家推荐阅读跟艺术有关的作品：_____。推荐的理由是：_____

_____

四、我会写作（课堂上完成）

小练笔：请欣赏一幅画，然后展开想象和联想，把看到的和想到的写下来。

_____

_____

_____

六年级下册：

《北京的春节》第一课时先学小研究

一、我会读

1. 生字词语过关。

2. 我会查阅老舍的相关资料（生平、成就、作品）和阅读有关北京春节的资料。

_____

_____

二、我的疑问（提出不懂的问题和同学讨论）

_____

_____

三、我会感受北京春节的习俗

默读课文第1~10自然段，解决下面的问题：

课文介绍了北京过春节的许多习俗，其中我印象最深的是（哪一日）_____。从句子_____我感受到_____，我是从_____（描写方法、关键词、标点等）体会到的，因为_____。由此，我想到了关于春节的（一首童谣、一句诗、一句名言、一个传说、自己的家乡或其他地区的春节习俗等）_____。

四、我会写话（课堂上完成）

仿照课文中先总述、后分述的写法，写写自己过春节时最有趣的一天。

_____

_____

_____

《北京的春节》第二课时先学小研究

一、我会收集其他节日的民风、民俗的资料

_____

_____

_____

二、我会感受北京春节的习俗：

默读课文第11～13自然段，解决下面的问题：

课文介绍了北京过春节的许多习俗，其中我印象最深的是（哪一日）_____。从句子_____我感受到_____，我是从_____（描写方法、关键词、标点等）体会到的，因为_____。由此，我想到了关于春节的（一首童谣、一句诗、一句名言、一个传说、自己的家乡或其他地区的春节习俗等）_____。

第三节　摸索导学案设计的门道，提纲挈领

导学案设计的基本流程，只是搭起了一个支架。导学案设计些什么内容？如何设计？主问题怎样设定？导学案质量高低的标准是什么？这些都是我们在设计导学案时要思考的问题。在设计时，教师切忌想当然或者是"拿来主义"，必须立足于课程标准，立足于教材，立足于团队的力量，立足于学生的发展，有的放矢地依据框架，科学有效地尝试、改进、反馈，探索出导学案设计的门道。

一、导学案内容设计的"五个把握"

1. 了解作者或写作背景，把握住知识的延伸点

"生本阅读"教学的根本就是一切为了学生的发展，全面相信学生、依靠学生。它的实践策略就是推广"大阅读"，在课中把大量相关的信息从课外融进课内，通过课内的解读、补充、完善、提炼，让课外的信息得到扩大、丰富、延展。因而，"生本阅读"教学的导学案内容的编排首先要让学生了解作者或写作背景，在搜集了解这些信息的过程当中，学生要进行分析、整合、归纳，并赋予自己的理解，把这些信息很好地整理、表达，作为自己知识的延伸点，便于更好地理解、丰富文本内容。

例如，在教学《穷人》一课时，笔者考虑到这是一篇外国作品，学生没有读过，很难走进文中人物的内心，同时考虑到列夫·托尔斯泰是世界著名作家，他写这篇文章肯定和他的人生经历有关，所以导学案第一板块笔者的设计如下。

我会搜集资料：

了解列夫·托尔斯泰。（生平、成就、评价等）_____。

我推荐列夫·托尔斯泰的作品＿＿＿＿＿，推荐的理由是＿＿＿＿＿＿＿＿＿＿＿＿＿＿＿＿＿＿＿＿＿＿＿＿＿＿＿＿＿＿＿＿＿。

学生根据导学案的设计搜集整理了关于列夫·托尔斯泰的很多资料，了解到他的生平——列夫·托尔斯泰出身贵族家庭，1840年入读喀山大学，1847年退学回故乡在自己的领地上做改革农奴的尝试。他很同情穷苦老百姓，以自己的笔触去反映他们的生活，表达他们的心声，就像《穷人》一课，反映了穷人的善良品质。了解到他的成就——19世纪伟大的批判主义的杰出代表，俄国伟大的作家之一。他的作品被称为"世界文学中第一流作品"，他被称为"天才艺术家""最伟大的文学家"。了解到他的作品有《童年》《少年》《青年》《战争与和平》《复活》……学生不仅推荐了列夫·托尔斯泰的作品，还清晰地表达了自己推荐的理由，如一名学生推荐《复活》，她这样表述推荐理由：这本书取材于真实事件，让我们读的时候能够切合实际。这样的资料整理的过程其实就是学生的知识延展的过程。本来只限于《穷人》一课的文本内容的理解，可在相关资料信息的辅助下，学生就理解了作者，对文本内容的感知变得丰满、殷实。

又如，在《只有一个地球》导学案第一板块内容的安排上，笔者这样设计：

查找有关地球知识的资料：＿＿＿。

我知道一个关于生态环境及自然资源遭受破坏的事例、数据：＿＿＿。

这一导学案中第一板块的内容设计是很有针对性的，因为《只有一个地球》实际上讲了两大方面的内容：第一方面讲地球的美丽可爱，第二方面讲地球环境很容易被破坏。笔者让学生查找有关地球知识的资料，目的是让学生对第一方面的内容做更多的阅读、了解、补充，激发学生对地球的热爱之情。再者，笔者让学生搜集一个关于生态环境及自然资源遭受破坏的事例、数据，就是对课文第二方面内容做延续，让学生从这些骇人听闻的事例、数据中意识到人类不要破坏地球环境，这实际上是让学生了解课文的写作背景，也就是作者的写作意图所在。

2. 理清脉络或感知内容，把握住理解的起始点

理清文章的写作顺序有利于学生更清晰、更快捷地理解、学习文本内容；

感知文章大意有利于训练学生提取信息、解释与整合信息等能力。在"生本阅读"教学中，指导学生理清文章的写作顺序或概括课文的主要内容，是训练学生自学能力的基础。所以，导学案第二板块的内容设计就要涉及文章的写作顺序或感知文章的大意，作为训练学生理解文本内容的起始之策。

例如，在教学《北京的春节》一文时，笔者就导学案第二板块的内容做了如下的设计：

我知道课文是按_____的顺序写的，依次介绍了_____、_____、_____、_____、_____、_____和_____等北京过春节的习俗。其中，_____、_____、_____写得详细，_____、_____写得简略。

本导学案设计的内容让我们清晰地看到，第一部分是总的概括《北京的春节》是按什么顺序来写的；第二部分用"依次介绍了什么"做推进，把写作顺序具体化，是对写作顺序的补充说明，也是学生感知课文内容的具体化；第三部分用"其中"引出了哪些内容详写，哪些内容略写，让学生在一、二部分的思考中，加深对文本的理解分析。这三部分的设计，前者是后者的基础、铺垫，而后者则是前者的巩固、延伸。这三部分的内容让学生理清了课文的写作顺序，知道围绕这个顺序叙述了什么内容，并划分了哪些是主要介绍的内容，哪些是次要的内容，这样就让学生清晰地知道这篇课文他们要学什么，怎样学，为学生理解文本确定了起跑点。他们依据这个起跑点，就能找准学习的方向与目标。

又如，在让学生感知《少年闰土》的主要内容这一环节中，笔者这样设计导学案让学生感知文章大意：

课文讲了我和闰土的哪四件事？请用小标题概括，完成思维导图（图2-3-1），并口述课文主要内容。

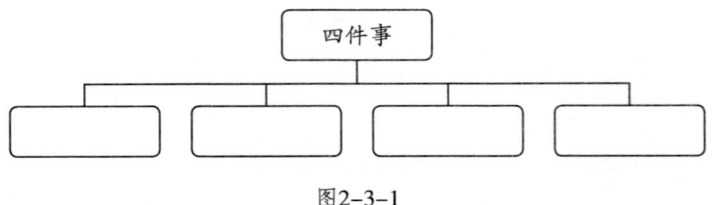

图2-3-1

这一内容的设计看似简单，实际上有三个显著的地方：一是条理清楚。学生利用思维导图把四件事罗列出来，直奔中心，不需要前后考虑什么。二是方法明晰。问题的核心是要让学生用小标题概括这四件事，这是教给学生概括主要内容的方法。三是梯度理解。先是用小标题提炼这四件事的主要意思，接着口述课文主要内容，这样的理解训练是有梯度的，学生要经过思考、分析、提炼小标题，再经过严谨的逻辑思维表述出主要内容，达到把课文的主要内容整合完善的目的，这一学习过程实际上是一个理解的过程。

3. 引导质疑或解决问题，把握住思维的激发点

课堂上，我们经常会看到这样镜头：镜头一，学生思维活跃，教师一提出问题，他们马上思考，很快就能解答；镜头二，教师在课堂上提出很多问题，学生都沉默寡言，课堂静悄悄的；镜头三，教师在课中、课后问学生本节课有什么疑问，没有人回应。其实这样的镜头告诉我们这样的信息：没有质疑问难的课堂是一潭死水的课堂，敢于质疑并能解决问题的课堂是生机盎然的课堂。"生本阅读"教学注重学生在导学案的引领下，进行个性化的思考，激发思维，培养独立解决问题的能力。

例如，在《藏戏》一课的学习中，笔者在导学案的第三个板块中设计了这样的问题：

学习这篇课文要解决哪些问题？

_____

我能解决其中第（　　　）个问题：

_____

以上的导学案内容设计是训练学生质疑解疑的一个好方法，学生在不断训练中形成了一学习就要发现问题、思考问题、解决问题的习惯，他们的学习就会从被动地接受变成主动地吸纳。

又如，教学《圆明园的毁灭》一课时，笔者在导学案第三板块内容的设计上做了如下处理：

我会感受圆明园的辉煌。默读第2~4自然段，解决下面的问题：

课文许多地方描写了圆明园的辉煌，我从_____方面介绍圆明园的辉煌，句子是_____。我是从_____（关键词语、描写方法、标点等）体会到_____，由此，我想到了_____（一个词语、一个景点、一句话、一句名言、一首诗等）。

　　这一导学案的训练设计抓住课文的学习重点进行，训练学生品词析句的能力、感受语言文字的能力，依据文本进行理解感悟并展开联想。学生依据这些训练点，思维得到很好的发散，从归纳到扩展，是思维展现演绎的一个过程。

4. 品词析句或展开想象，把握住语用的生成点

　　"生本阅读"教学关注课堂的生成，让学生的个性化见解得到最大限度的展现。我们会发现在"生本阅读"教学中，学生都很会说——有板有眼地品词析句，有方法的体现；有条有理地整合信息，有感悟的广度；有理有据地发表观点，有阅读的深度。学生都很能说——他们发表的观点不仅有对文本的理解，更有课外信息的补充，上至天文，下至地理，都有涉及；学生都很善说——他们时而补充自己的观点，时而完善他人的说法，时而发出争辩的声音。这些即时的课堂生成在生本课堂上比比皆是。有如此精彩的课堂生成源于教师把握住了学生语用的生成点，在导学案的设计中遵循学生的认知规律，给学生充分、自由、放松地表达观点的时间和空间。

　　例如，教学《灯光》一课时，笔者抓住天安门前璀璨的灯光、郝副营长书上插图中的灯光和战场上微弱的火光这三处灯光，探讨三者之间的联系以及它们与课文题目的联系。笔者通过让学生品读"多好啊！"这个句子，感悟郝副营长的品质，进而在导学案第四板块的设计中，做了如下处理：

　　"多好啊！"在课文中出现了几次？分别在什么情况下出现的？课文所讲的天安门前璀璨的灯光、郝副营长书上插图中的灯光和战场上微弱的火光这三者之间有什么联系？它们与课文题目有什么联系？由此你联想到什么？可用思维导图呈现。选取某一学生的思维导图，如图2-3-2所示。

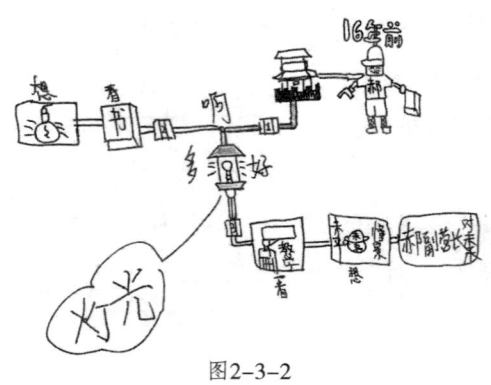

图2-3-2

这一板块内容的设计，引导学生从题目"灯光"入手，紧紧围绕"多好啊！"这一句话进行感悟体会，把三次"灯光"融合在一起，展现了郝副营长对未来的憧憬、对和平的渴望。通过思维导图的辅助，学生的理解、表达、想象都浓缩在简洁的图形、文字当中，恰如其分地把学生个性化的所思、所说、所悟表现出来。

而《桥》一课，为了让学生感悟老汉的形象，笔者抓住文章特有的表达方式——运用修辞和大量的短句去凸显人物，并让学生在品词析句时展开联想，以深化老汉的形象。为此，笔者设计了导学案第四板块的内容：

这是一个_____的老汉，我是从文中_____（描写人物神态、动作、语言，描写环境，运用修辞）的句子_____体会到了_____，由此，我想到了（一个人、一件事、一句名言、一首诗或一个成语）_____。

这一设计着眼于本单元的语文要素——"读小说，关注情节、环境，感受人物形象"，通过品读感悟文中运用修辞手法的短句，通过感受描写人物神态、动作、语言的相关情节，通过体会环境描写的句子，让学生展开联想。学生感受深了，联想就广阔了，生成性的东西就会丰富、丰满。

5. 拓展迁移或主题阅读，把握住能力的增长点

"生本阅读"教学注重方法的迁移，注重推进"大阅读"，提升学生的能力及阅读素养。因此，导学案第五板块的设计就要根据学生的认知规律，根据语言文字训练的梯度，根据语用的习得方法，重在设计拓展迁移或主题阅读的内容，让学生把在前四个板块的训练中习得的方法迁移运用，把握住自己能力的增长点。

例如，《冬阳·童年·骆驼队》导学案第五个板块，笔者设计了如下训练：

我手写我心：仿照"学骆驼咀嚼"的画面把细节写具体。（课堂上完成）
我的童年生活也有美好的时光，下面我和大家分享一个画面：

_____

_____

这一设计把握住了读写结合的点，教师指导学生学习"学骆驼咀嚼"的画面，学生掌握细节描写的方法后，在课堂上进行即时练笔。有了方法的指引，学生写起来就会得心应手，而且在同一主题的读写训练下，学生写其他画面也会抓住细节去描写了。

又如，在教学《总也倒不了的老屋》一文时，笔者在导学案的第五板块的设计中做了这样的处理：

阅读作者慈琪写的另一个童话《布狗不要我了》的片段，看看谁是最棒的小小预言家。你读到哪里会预测到什么？并说说你的依据。（当堂完成）

慈琪的布狗不要她了。　　　　　　　　　　　　　　　lā lǐ lā tā

一天清晨，布狗对慈琪说，它我要去寻找新的主人，不想要一个邋里邋遢的主人。慈琪身上尽是饼干与果酱混杂的气味儿、麦片的气味儿，还有泥巴的气味儿和刚刚吃过鱼的猫的气味儿……它不想要慈琪——这样一个邋里邋遢的主人。

慈琪问布狗，布狗不要她，她一个人怎么办。

慈琪大颗大颗地流眼泪，央求布狗留下来，要不然，妈妈发现她的布狗不见了，会狠狠地骂她的。

布狗咧咧嘴，悲伤地笑了笑说它不会留下来了，它再也忍受不了慈琪的邋里邋遢，就算和一只真的小狗住在草窝里，也比住在慈琪的床上好。

读后，完成下面的练习：

在阅读童话的过程中，当我读到_____时，我就预测到（说、想、做）_____，因为_____。

这样的设计是开展主题阅读的一个很好的做法。学完课文，让学生用本课学到的预测方法去阅读课外的文段，带着问题去思考，带着方法去运用。这样的主题阅读是有目的的、有方法的、有实效的。通过长期的迁移阅读，课内掌握方法，课外运用方法，学生的各种阅读能力就会一步步得到增长、提高。

导学案的内容设计以学生的学习为依据，以学生的发展为立足点，把握住了知识的延伸点、理解的落脚点、思维的激发点、语用的生成点、能力的增长点，这样的导学案内容设计才是实在的、可行的。

二、导学案主问题设计的"五个依据"

"生本阅读"教学最显著的一个特点就是先学后教，学生根据教师编制的导学案先行学习。为了让学生"吃饱""吃足"，教师都会绞尽脑汁，依据教材、教辅书设计好导学案，特别是主问题，但事与愿违，主问题的设计往往出现目标性不强、解答环节繁多、没有层次、没有方法的指引、凸显不了语言文字运用的深度等问题。如何把导学案的主问题设计好，把握好"五个依据"，使主问题的设计真正服务于学生、服务于教学？下面笔者以统编版教材的教学案例阐述"生本阅读"教学导学案主问题设计的"五个依据"。

1. 依据语文要素，准确把握语言文字训练目标

统编版教材每个单元导读都包含了两个板块的呈现：一是呈现单元主题，二是呈现单元的语文要素。语文要素其实就是单元的教学目标，它会在单元的课文学习、交流平台、口语交际、词句段运用、日积月累等内容的学习中呈梯度式的螺旋上升的状态。为了让学生在"生本阅读"的自学环节围绕目标落到实处，在设计导学案的主问题时，要围绕单元的语文要素来思考，准确把握语言文字训练的目标。

例如，在设计《狼牙山五壮士》的导学案主问题时，笔者根据本单元的语文要素"了解文章是怎样点面结合写场面的"构思设计的脉络。因为《狼牙山五壮士》是本单元的第二篇课文，对于点面结合写场面的实践更是重中之重，浓墨重彩地抓住五壮士的精神进行描绘，以重点词句把五壮士这一群体的描写或重点描写某个人物有机地结合起来，通篇都体现了这一写法。因此，笔者经过充分考虑，紧紧扣住本单元的语文要素，设计了如下主问题：

读了第_____自然段，五壮士的_____（填上成语）精神深深感动了我，文中我体会最深的句子是_____，通过句中的_____（词语、人物描写方法等），我体会到了_____。

其中，我印象最深的是_____（谁），我从句子_____中的_____（词语、修辞手法、人物描写方法、标点等）体会到了_____，由此，我想到了_____（一个人、一件事、一则新闻、一个故事、一个诗句、一篇文章等）。

我发现这个自然段既关注了五壮士这一群体，又写了每个战士或某个战士，结合相关内容说说这样写的好处：_____。

上述的主问题包含了三个层面：第一层面是把语言文字训练落实到某个段落，指引学生通过词语、句子，抓住人物描写的方法去感悟五壮士的精神。这一策略恰恰体现了落实语文要素中了解文章如何抓住人物群体这一个面的写法。第二层面则从面跳到点，从关注五壮士这一群体，到细描地刻画每一个战士或某一个战士，学生从动作、语言等人物描写的方法，从体会比喻句等修辞手法细细推敲、细细品味，从中懂得语文要素中从一个点去刻画场面的方法。

第三个层面是从点到面，进一步深化本单元的语文要素"了解文章是怎样点面结合写场面的"的写法。通过第一、二个层面的铺垫、递进，学生便能很好地体会到描写一个场面可以抓住人物群体的精神、品质、特点、表现等，通过描写人物动作、语言等表现出来。同时抓住每一个人或某一个人，运用修辞手法进行刻画，运用动作、语言、心理、神态等人物描写的方法，每一个点都是为面服务的，有点有面，点面结合，把场面描写得栩栩如生。

2. 依据课文导读，精简语言文字训练环节

在"生本阅读"教学中，精读课文重在引导学生习得方法，而自读课文的教学重在学法的运用，提升学生的能力。自读课文中的课前导读明确告诉我们教什么，怎样教，这是导学案主问题设计最直接的依据。所以，自读课文导学案主问题的设计毫无疑问是以课文导读为标准的，凸显语言文字训练的核心点，简化训练环节，激发学生自学的兴趣。

例如，《昆虫备忘录》是一篇自读课文，课文导读是："蜻蜓、瓢虫、蚂蚱……，这些昆虫你了解吗？它们身上的秘密你知道多少？默读课文，说说你最感兴趣的内容。课外，再用你喜欢的方式，如表格、配有文字说明的图片，试着做一份自己的昆虫备忘录。"这个课文导读的核心就是让学生做一份自己的昆虫备忘录。因为是自学，教师必须调动起学生的积极性，并给予学生一定的方法指引，让学生扶着拐杖一步一步地摸索。为此，本课导学案主问题笔者做了如下设计：

自学导读：课文讲了好几种昆虫，它们都有好听的名字，都有各自显著的特点，具有火眼金睛的你一定能发现。请你大显身手，根据老师的范例，用自己喜欢的方式（可用表格，可用图片说明，还可用图形描画，也可写课文以外的昆虫朋友），制作出自己的昆虫备忘录，见表2-3-1。

表2-3-1

昆虫名称	别名	显著特征
瓢虫	花大姐	硬翅上有小黑点，并且有固定数量
独角牛		
蚂蚱		
蜻蜓		
……		

这一主问题的设计很有意思，对于三年级的学生而言，它富有童趣，也很巧妙。它用富有童心的语言，不以成人提问的口吻提示学生做什么，而是从儿童的角度，把问题转换成童言童语对学生发出邀约：要学生做什么、怎样做。学生是自由的、自主的，他们可以用自己喜欢的方式去完成自学任务，同时他们又是胸有成竹的，因为自学导读告诉了他们怎样去制作昆虫备忘录。纵观整个主问题的设计，整洁、流畅、简约，学生要做的就是两个步骤：一是读文，了解文中介绍的昆虫；二是制作昆虫备忘录。虽然环节很简单，但是很扎实地落实了语言文字运用的训练。

3. 依据图表提示，体现语言文字训练方法

在统编版教材中，有很多表格或气泡图会把落实文章语文要素的方法或理清文章脉络的路径一一呈现出来，对学生的学习有很大的帮助。如果教师在设计导学案的主问题时，能结合这些表格或图，那么学生进行语言文字训练时，就能以其中的方法或指引进行自学，从而让语言文字的训练事半功倍。

例如，《总也倒不了的老屋》一课的核心教学目标就是指导学生学习预测的一些基本方法，因此，在设计导学案的主问题时，笔者就根据课后练习当中的表格以及气泡图进行构思，如图2-3-3所示。

◎读课文的过程中，你有没有猜到后面会发生什么？和同学交流。

◎预测不是随意猜测，要有一定的依据。看看下面的表格，想想这些预测是怎样得出来的，再照样子说说旁批中的其他预测是怎样得出来的。

预测的依据		预测的内容
故事里的内容	生活经验和生活常识	
小猫刚刚离开，老母鸡又来请求老屋不要倒下	不断地被别人打扰，可能会觉得很烦	我想老屋可能会不耐烦了
老母鸡走了之后，小蜘蛛又来请求老屋	乐于帮助别人的人，应该会愿意继续帮助别人	我猜到了老屋会怎么回答

文章的题目、插图，文章内容里的一些线索，都可以帮助我们预测。

预测的内容可能跟故事的实际内容一样，也可能不一样。

图2-3-3

因为文中的表格以文中的故事内容为例，清晰地向学生阐述了预测到什么内容，是根据什么来预测的。文中的气泡图就总结罗列出预测的一些基本方法：文章的题目、插图、文章内容里的一些线索。为此，笔者在上述表格以及气泡图的启发下，设计了如下主问题：

在阅读童话的过程中，当我读到_____时，我就预测到（说、想、做）_____，我是依据_____（生活经验、生活常识、文章的题目、插图、文章内容里的一些线索等）预测到的。

这一主问题依据课后的表格提示以及气泡图的指引，清晰地教给学生预测的方法，当我读到什么，就是故事里的内容；我预测到什么内容，就是依据表格中的方法提炼成"想、说、做"三个方面；我是依据什么预测到的，也是根据表格以及气泡图的方法进行提炼。这样，学生的预测有了方法的指引，就会显得有理有据。

4. 依据课后练习，凸显语言文字的训练梯度

课后练习题是教学目标的具体落脚点，也可以说是教学目标的具体化。它是语文要素的分支，源于语文要素，又归于语文要素。它是落实语文要素的方法、策略，解决了课后练习题，就实质性地落实了语文要素。同时，课后练习题也是语言文字训练的支撑点、生长点，蕴含了语言文字训练的目标、内容、方法、途径。如果导学案主问题的设计能把课后练习题作为依据，就能把握住语言文字训练的核心目标，进行有梯度、有深度、有广度的语言文字训练。

例如，在教学《穷人》一课时，笔者就依据本课的课后练习题"①从课文中找出描写人物对话和心理活动的句子，有感情地读一读。说说从这些描写中，可以看出桑娜和渔夫是怎样的人。②渔家的小屋"温暖而舒适"，这样的环境描写对刻画桑娜这个人物有什么作用？找出课文中其他描写环境的句子，体会它们的作用。"设计了如下导学案主问题：

我从文中_____（人物对话、心理活动）的这个句子_____中的词语_____看到了一个_____的桑娜。由此，我想到_____。

我还从文中_____（人物对话、心理活动）的这个句子_____中的词语_____看到了一个_____的渔夫。由此，我想到_____。

我喜欢文中描写环境的句子：_____。因为_____，我也能通过描写环境衬托一个人的形象：_____。

这一导学案主问题的设计彰显了两个特点：第一是根基性——以课后练习为支撑点，落实语言文字的训练，有所依据；第二是层次性——第一个主问题通过引导学生抓住人物对话以及心理活动描写的句子去品悟、理解桑娜、渔夫是怎样的人，并且让学生展开联想，谈谈由此想到了什么。学生可能会想到同样具有善良品质的人，也可能会想到一些描写人物对话、心理活动的句子来衬托人物的特点，更可能想到抓住人物对话、心理活动等人物描写的方法有什么好处，这恰恰是根植于文本，又高于文本的训练，层层深入。第二个主问题更是体现了语言文字训练的梯度，由课内到课外延伸，由扶到放进行实践。

5. 依据交流平台，彰显语言文字训练深度

统编版教材的一个显著的编写特点就是单元内容围绕着语文要素进行层次性的、有梯度的、螺旋上升的体现。精读课文是理解落实语文要素，自读课文则是对语文要素的迁移运用，交流平台是对语文要素的方法、策略再提炼、深化，前者是理解、铺垫，后者是运用、深化，呈螺旋上升的状态。"生本阅读"的深度重在语言文字的运用上，所以导学案主问题依据交流平台进行设计，能充分深化语文要素的策略、方法，彰显语言文字训练的深度。

例如，统编版六年级语文上册第一单元的交流平台如下：

阅读文章时，我们要注意从所读的内容展开联想，可以联系自己的生活经验展开联想。例如，阅读《草原》，读到课文中主客相聚与惜别的内容，可以联想生活中自己与别人相聚和惜别的情景，与作者产生共鸣，从而加深对课文思想感情的理解，还要从课文内容联想到更多。又如，《丁香结》写到丁香结引发了作者对人生的思考，由此可以想到其他有象征意义的植物，如梅、兰、竹、菊，想到这些植物象征着什么，由这些植物想到人生的追求。

阅读的时候展开联想，不仅可以深化对课文内容的理解，而且可以活跃思想，激发创造力。我们应该在这方面多下功夫。

这一单元的语文要素就是从所读的内容展开联想，根据本单元的交流平台，笔者在教学《草原》一课时，就设计了这样的主问题：

读了文章，我最欣赏文中描写自然风光的句子：_____。通过句中的（词语、修辞手法等）_____，我体会到了_____，由此，我想到了（有关自然风光的词句、诗句、文章、看到过的景色等）_____。

读了文章，我最欣赏文中描写民族风情的句子：_____。通过句中的

（词语、修辞手法等）_____，我体会到了_____，由此，我想到了（有关民族风情的词句、诗句、文章、身边的风俗等）_____。

这样的主问题设计反映了《草原》一课的重点内容——草原的自然风光、民族风情，从品读句子到从所读的内容展开联想，抓住词句，想到词句、诗句、文章、看到过的景色或身边的风俗。这样展开联想，文本的内容丰厚了，学生的理解深化了。学生通过一系列词句的感悟，到展开联想的归纳、概括、迁移，就是语言文字训练彰显深度的过程，是学生语文素养提升的过程。

"生本阅读"导学案主问题的设计，只有从学生学习的角度出发，主问题设计的依据才有说服力，才能让"生本阅读"的教学有生命力、有实效。

第四节　确立导学案设计评价的标准，保驾护航

随着统编版教材的全面使用，更多的教师注重发展学生的自学能力，课前会编制导学案引导学生自学。当导学案铺天盖地而来时，也出现了良莠不齐的现象：导学案的设计囫囵吞枣，目标性不强；导学案的内容只重结果，缺乏方法的指引；设计的导学案知识狭窄，欠缺信息的延伸；设计的导学案基础偏重，甚少有语言文字训练的落实；设计的题型偏向问答，没有读写的融合；设计的对象一概而论，没有分层解答的体现。那何谓有质量的导学案？笔者认为应该有一些标准去衡量它。下面笔者结合实际的教学案例谈谈基于"生本阅读"教学的导学案设计的"七个标准"。

一、立足要赏识，彰显设计的人文性

导学案的编写应遵循赏识性、人文性、多样性、个性化的理念，从学生的角度出发，突显人文性，从人称的选择、文字的表述到问题的设计、方法的提示都要关注学生，把学生放在第一位，让学生觉得自己就是设计者，是在解决自己的问题、思考自己的问题、说自己的话、做自己的事。同时，导学案的设计要"主线"清晰，条理分明，充分发挥学生的主体作用，让学生敢于自行提出问题、解决问题，逐渐培养学生较强的自学能力。例如，《威尼斯的小艇》的导学案，就可以这样设计。

1. 我会读课文

（1）轻声读课文，画出带拼音的词语，然后读读词语所在的句子。

（2）我能圈出不理解的词语，并通过多种方法去理解。（理解词语的方法：查字典、联系上下文、拆字解词、换词理解、联系生活实际。）

（3）默读课文，我还要想想课文讲了什么。

2. 我会思考

（1）我能围绕课文提出一个中心问题，并尝试解答。（温馨提示：课题、课后练习题、主要内容、重点段落或句子都是研究的对象。）

_____

_____

（2）精读课文，这三个问题是否和自己想到的一样，尝试解答。（温馨提示：有重复的不必解答。）

① 当我看到小艇_____的样子时，我感受到_____，由此，我想到（课外介绍交通工具的新闻、名言、书籍、诗歌、歌曲等）_____。

② 当我看到船夫_____的驾驶技术时，我感受到_____，由此，我想到（课内外介绍驾驶技术高超的新闻、名言、书籍、诗歌、歌曲等）_____。

③ 当我看到（谁）_____坐小艇去_____的时候，我感受到_____，由此，我想到（课内外介绍交通工具等方面的新闻、名言、书籍、诗歌、歌曲等）_____。

3. 我会搜集资料

除了威尼斯水上城市的奇特美，还有许多奇特的外国风光、民族风情，我还知道（哪里，有什么）_____。

纵观整个导学案设计，以第一人称"我"编写导学案流程，如"我会学习生字词""我会思考""我会搜集资料""我会合作""我会展示"，每一个环节后面有温馨提示，有学习过程的提示，有学习方法的提示。例如，提问题的方法：课题、课后、主要内容、重点段落或句子都是研究的对象。又如，理解词语的方法：查字典、联系上下文、拆字解词、换词理解、联系生活实际。这些方法有的是学生已经掌握的，有的是新方法，通过这样的温馨提示，学生在学习的过程中习得了方法，进而内化为学习的能力，慢慢就能学会自己去学。"我会思考"这一环节是导学案设计的重点，学生围绕课文提出一个中心问题，并尝试解答，也可以结合课文的重点提炼出一两个问题让学生尝试解答，充分培养学生的发散思维。在预习内容上，学生要到网上查阅资料，了解国外风光、民族风情。这样不仅让学生乐于接受，还拓宽了学生的知识面，增强了学生搜集信息的能力。可以说，这样的导学案体现了生本教育的理念，以生为本，凸显人文性。

二、目标要精准，体现训练的导向性

"生本阅读"的教学方式以学生为主体，课前学生根据导学案进行自主学习，并提出不懂的问题。课中，教师根据学生完成导学案的情况进行灵活的教学调整，学生已经懂的不再重复讲，主要是针对学生存在的共性问题进行点拨、深化。因此，一份高质量的导学案必须凸显目标性，它的设计必须围绕单元的要素、课后练习题进行，突破教学重难点，落实教学目标，让语言文字训练的落脚点清晰明了。

例如，在教学《乡下人家》一课时，笔者围绕"本单元的语文要素——'抓住关键语句，初步体会课文表达的思想感情'以及课后练习题——'朗读课文，想象画面。如果给课文配画，你觉得可以画几幅？试着给每幅画取个名字。你对课文描写的哪一处景致最感兴趣？和同学交流。读一读，再从课文中找出其他生动形象的句子，抄写下来。你眼中的乡村景致是怎样的？用一段话写下来'"，设计了如下导学案：

（1）课文抓住瓜藤攀架、＿＿＿＿、＿＿＿＿、＿＿＿＿、＿＿＿＿、＿＿＿＿等几个场景（用小标题概括），概括地写出＿＿＿＿＿＿＿＿＿＿（能概括文章的中心句）。

（2）我最喜欢的场景是＿＿＿＿＿＿，我从"＿＿＿＿＿＿"这句话的"＿＿＿＿＿"（修辞手法、词语、标点符号等）体会到＿＿＿＿＿＿，由此，我想到了（诗句、谚语、家乡的景色、名言）＿＿＿＿＿＿＿＿＿＿＿＿＿＿＿。

（3）除了文中提到的描写乡下人家的场景，我还知道乡下人家的景色或习俗＿＿＿＿＿＿，从中我体会到＿＿＿＿＿＿＿＿＿＿＿＿＿＿＿＿＿＿。

这一设计的训练目标指向性很强，体现为三个主问题的设计紧紧围绕课后练习题，而课后练习题其实就是落实本单元语文要素的具体化目标。第一个主问题让学生用小标题概括提炼出课文所讲的几个场景，实际上就落实了第一个教学目标——给课文的几个画面起名字；第二个主问题让学生选择最喜欢的场景，抓住含有修辞手法或表达作者情感的句子谈感受、展开联想，这样就解决了第二个教学目标——抓住生动形象的句子感受自己最感兴趣的那一处景致；第三个主问题写自己知道的乡下人家的景色，这就实现了第三个教学目标——

你眼中的乡村景致是怎样的？用一段话写下来。

三、方法要指引，注重学生的发展

对于小学生而言，一份没有方法引领的导学案，充其量只能是一份练习题，学生解答完就完事了，至于怎样解答，过程是怎样的，学生有没有产生思维的碰撞，是否习得一些学习方法，是否进行了语言文字的训练，是否有不同程度的进步，这些都被忽略掉了。所以，质量高的导学案必定是学生学习的"指挥棒"，也是学生学习的"引路人"。教师在设计导学案时要充分渗透语言文字训练的方法、路径、策略，让学生在自学时有"人"帮扶，慢慢学着自己独立学习，从而提升语文学习的能力。

例如，《圆明园的毁灭》一课的教学重点是引导学生通过走进文本读悟结合，通过查找资料，通过感悟作者的写作意图等方式去感受圆明园的辉煌，从而领会文章所表达的思想感情。在本课导学案的设计上，笔者以方法引导学生自学。

1. 我会读课文

（1）轻声读课文，画出带拼音的词语，然后读读词语所在的句子。

（2）我能圈出不理解的词语，并通过多种方法去理解。（理解词语的方法：查字典、联系上下文、拆字解词、换词理解、联系生活实际。）

（3）默读课文，我还要想想课文讲了什么。

2. 我会思考

（1）我能围绕课文提出一个中心问题，并尝试解答。（温馨提示：课题、课后练习题、主要内容、重点段落或句子都是研究的对象。）

_____

_____

（2）我会感受圆明园的辉煌，默读第2~4自然段，解决下面的问题：

课文许多地方描写了圆明园的辉煌，我从_____方面介绍圆明园的辉煌，我从句子_____中的_____（关键词语、描写方法、标点等）体会到了_____，由此，我想到了_____（另一个词语、另一个景点、一句话、一句名言、一首诗等）。

3. 我会搜集资料

搜集关于圆明园的资料，说说为什么"圆明园的毁灭是中国文化史上不可估量的损失，也是世界文化史上不可估量的损失"。

纵观整份导学案，方法的引领主要体现为以下四点：一是理解词语层面的。因为本课有很多难理解的词语，所以这个设计就有理解词语的训练，后面提示了理解词语的方法，如查字典、联系上下文、拆字解词、换词理解、联系生活实际等，这样学生根据这些方法就能自主理解本课的词语。二是质疑解疑层面的。本课的教学重点是学生通过自读自悟，去体会作者所要表达的情感。因此，设计的导学案内容就让学生质疑解疑，并有学习方法的提示，学生就懂得怎样去提问题，怎样去解决问题。三是语言感悟层面的。因为要体会句子蕴含的情感，所以在设计上就让学生通过品词、品句、品写法去领会，有明确的指引，如从关键词语、描写方法、标点等方面谈体会。在展开联想的环节，还有方法指引学生怎样展开联想。四是融合资料，体会情感层面的。这个板块的设计不仅让学生收集关于圆明园的资料，而且让学生说说为什么"圆明园的毁灭是中国文化史上不可估量的损失，也是世界文化史上不可估量的损失"。其实这个内容的设计就是让学生结合资料去感受圆明园的辉煌，感受作者写作情感的变化。这四个层面的设计是有指引的、有层次的、有梯度的，前者是后者的铺垫，后者是前者的提升。

四、训练要有梯度，发展学生的思维

导学案中设计的问题既要源于课本，又要有所深化和拓展，避免一问一答，要体现层次性、思维性、发展性；既要保持语文课程的基本特征（语言文字的训练），又要发挥导学案的导学功能，激起学生探究欲望的同时，引起学生的多元思考。

首先，设计的问题要引起学生探究的欲望。要有问题一出来，学生就热烈探讨的气氛，让学生最大限度地参与到学习中。同时围绕教学目标，问题逐渐深入，循序渐进地激发学生探究的欲望。例如，《巨人的花园》一课的导学案，笔者在"我会思考"环节所设计的三个问题就体现了由浅入深的梯度。第一个问题"巨人回来前,花园的景象是怎样的?"学生很容易在书上找到答案。第二、三个问题在第一个问题作为"悬念"的基础上进行深入,一步一步地引领学生去探究:第二个问题"巨人回来后,花园多次发生变化,这是为什么呢?"学生在"读中悟,悟中读"中就有了自己的理解;第三个问题则需要学生在反复品味感悟中才能解决,有思维的深度。在这三个问题的层层相扣、环环推进中,学生的探究热情得到激发。

其次,设计的问题应能引起学生的多元思考,在"我会思考"环节,笔者所设计的第三个问题如下:

课文中巨人_____次训斥孩子,从句子_____中,我体会到巨人是一个_____的人,但是最后巨人认识到自己的错误,懂得了_____的道理,由此,我想到了_____。

笔者从学生的需求出发,顺应学生的理解,从而生成了很多个性化的感悟。就这样,笔者把握住了课文的训练重点,把握住了教材编排的目的,用三个问题来引领课堂教学,由浅入深,由表及里,从激发学生的探究欲望到深入文本的内涵体验,引出学生一个又一个的个性化理解,拓展了学生的多元思维。

五、信息要延展,彰显阅读的宽度

"生本阅读"课堂立足学生的认知水平,倡导推进"大阅读",就是课前、课中、课后拓展多元的信息延展活动,把课外阅读融进课内阅读,以精读课文为蓝本,教授阅读方法,同时课中融入大量的信息,课外迁移阅读方法,进行课外阅读。如此一来,评价基于"生本阅读"的导学案的质量高低,首要的标准就是是否进行课内外信息的融合。

例如,《草船借箭》一课的导学案,笔者在信息延展这一板块上做了如下处理:

一、我会搜集(罗贯中的生平、作品、小故事和他人的评价)

_____

_____

二、我会预习

《草船借箭》这个故事按_____顺序写。课文主要讲了_____。

三、我口说我心

我觉得周瑜是_____的人。我是从文中的"_____"这个句子中的词语_____体会到_____，由此，我想到了（一个人、一件事、一句名言、一首诗或一个成语）_____。

我觉得诸葛亮是_____的人。我是从文中的"_____"这个句子中的词语_____体会到_____，由此，我想到了（一个人、一件事、一句名言、一首诗或一个成语）_____。

四、拓展延伸

我还知道《三国演义》中的_____（人物），他是一个_____的人。我最喜欢与他有关的情节是_____。

这一设计很好地落实了信息延展的训练，彰显了阅读宽度的三个特点：一是跨界的。学生搜集到的关于罗贯中的生平、作品、小故事等资料是在不断扩充的，是跨时空的；他人对罗贯中的评价资料有国内的，也有国外的，这些资料是跨地域的。二是多元的。从学生搜集到的资料来看，有罗贯中生平的介绍，有罗贯中的事迹简介，有罗贯中的生平小故事，有罗贯中的作品简介，有对《三国演义》的详尽介绍，有国内外学者对罗贯中的评价，有对《三国演义》的评价，这些信息都是多样的；同时在第三板块主问题的设计上，学生在感悟周瑜和诸葛亮是什么样的人的时候，还可以展开联想，想到与这两个人物相关的人、古诗、名言、诗歌、成语，这样信息就更丰富了，从课内跳到课外，形成一个多元的、立体的信息化体系。三是阅读量大。从整份导学案设计来看，一开始关于罗贯中的一些资料只是一些片段化、零碎化的信息积累，中间部分关于周瑜、诸葛亮的相关信息就逐渐形成一个体系，到后面对《三国演义》的拓展阅读，就已经是整本书地阅读了。学生的阅读量就以"从一段带多段，从多段带一篇，从一篇带多篇，从多篇带一本，从一本带多本，从多本带一套，从一套带一个主题，从一个主题带一个系列"的方式递增。

六、语言文字训练要落地，凸显阅读的厚度

一份高质量的导学案不仅要有信息的延伸，彰显阅读的宽度，还应该通过品词析句落实语言文字的训练，让学生感悟语言的魅力，品悟文章的写法，体会文章的情感，理清文章的结构，感受中华文化的博大精深，彰显阅读的厚

度。为此,"生本阅读"教学强调学生的自读自悟,这就需要教师在导学案的设计中把握"语训要有效落实"这一标准,从字词句篇等多个角度设计语言文字的训练,让"生本阅读"教学有厚度。

例如,《母鸡》一课的导学案,笔者根据本课的知识要点,设计了如下语言文字训练:

一、我会用段意综合法来概括本文的主要内容。
_____
_____

二、我从句子_____看到了一只_____的母鸡,感受到了_____。由此我想到了_____。

三、进行对比阅读,完成表2-4-1。

表2-4-1

项目	《猫》	《母鸡》
情感表达(变化)		
语言风格		
文章结构		
写作方法		

四、我会用本文情感变化的方法(先抑后扬)去阅读《白鹅》这篇文章。

"生本阅读"不仅要注重阅读的宽度,还要注重阅读的厚度。阅读的厚度指语言文字的运用要有层次,有递增。该导学案设计的语言文字训练的层次性体现为:①学生用段意综合法去感知课文大意,这是语言文字运用的基础,为学生对课文深层次的理解做了一个很好的铺垫。②学生深入文本进行感悟,体会语言的特点,通过一些关键词、一些描写母鸡的句子来感悟作者对母鸡的喜爱,并重点感受作者对母鸡的情感变化。先抑后扬的表达方式是本文的一个写作特色,学生在反复的悟读中能很好地感受作者的写作意图,体会富有童趣的语言特色。③学生对《猫》和《母鸡》这两篇课文进行对比阅读,从"情感表达、语言风格、文章结构、写作方法"四个方面进行比较。这一设计目的是训练学生对语言的归纳、概括、表达、比较的能力,训练学生语言的敏锐度、思维性,通过对比学习,把文本的语言内化为自己的语言。④学生运用本文情感变化的方法进行迁移阅读,这样的训练落实了语言文字"从扶到放,从方法的习得到方法的运用"的过程。借助文本这一例子，让学生学会迁移，是语文教学的落脚点，整个导学案的设计充分体现了语言文字训练由浅入深的程度。

七、读写要结合，关注知识的运用

"生本阅读"教学的宗旨就是在听说读写的训练中，注重方法的渗透，引导学生习得方法，进行知识的迁移运用，特别注重读写结合，在导学案的设计上会以是否设计了一个读写结合的点作为标准去评价导学案质量的高低。生本理念下的导学案读写结合的点可以是仿写——仿照文本某个知识点的写法进行迁移模仿；可以是补写——对文本内容进行补充完善的写作；可以是创写——根据学习内容抒发情感，每天一练笔或每天一故事，如根据人物特性，给人物写颁奖词。这些读写训练一般安排在课堂上讲完知识点后即时进行，通过不断地进行读写训练，提升学生运用知识的能力。

案例1

在《千年圆梦在今朝》的导学案设计中，笔者循序渐进地安排了"仿照课内某个知识点的写法进行迁移模仿"的训练：

小练笔（课堂上完成）："千年梦圆在今朝"。中国的航天梦在今天实现了，我相信，中国_____的梦想在不久的将来也能实现。我能用以下的具体事实说明：_____
_____。

案例2

笔者在《桥》的导学案设计中，安排学生给文中人物写颁奖词以及推荐阅读的理由：

1. 写颁奖词：我想给文中的_____颁"_____"奖，颁奖理由是：
_____
_____

2. 我推荐大家阅读让我感动的一本书或一篇文章：_____。推荐的理由是：_____
_____。

遇见
"生本阅读"，还原学生本真

案例3

在《匆匆》一文的导学案设计中，进行了补白式的写话训练：

_____的时候，日子_____。

_____的时候，日子_____。

_____的时候，日子_____。

案例4

在《伯牙鼓琴》一文的导学案设计中，笔者设计了如下创写训练：

我能尝试仿照课文用两三句文言文介绍我的好朋友。

_____

_____

　　读写结合是"生本阅读"导学案设计的一个显著特点，它通常被安排在课中落实，是教学的一个延伸点，也是语言文字运用的一个检测点。从以上的案例可知，无论是仿写、补白，还是创写，都是以文本作为一个例子，教给学生方法后，让学生学以致用，这就是语文教学追求的一种境界。

第三章

导学案的使用是实践"生本阅读"的保障

设计导学案后,就要研究导学案的使用,从导学案的完成方式、评价、宣讲等方面进行思考,力求让导学案的使用立足于培养学生的自学能力、发展学生合作探究的能力、巩固学生的学习效果、提升学生的思想内涵。

第一节 抓自学——让学生在自悟自得中形成研读能力

如何引导学生依据"先学小研究"进行自学？实践之初，很多教师持怀疑态度，认为小学生的知识面狭窄，自学能力低下，必须在教师手把手的教导下才能完成学习任务。因此，在让学生自学时，教师总是放不开，总是担心学生无法独立完成"先学小研究"。但在不断实践之后，我们惊喜地发现，只要教师放手让学生自学，从方法的细化指引学生自学到半扶半放地指引，再到学生基本掌握方法学习，最后到学生独立学习，学生经历一个"自学孵化"的过程后，便能"化茧为蝶"，自由地徜徉在"自学"的海洋里。在具体的操作中，我们分两步走，下面以具体教学案例进行阐述。

一、完善"先学小研究"，指导自学

我们所设计的"先学小研究"一般包括背景资料的搜集、主要内容的概括、主问题的解答、个性化的展现等几个板块，其中背景资料的搜集与主问题的解答这两个板块需要学生搜集大量的信息、图片等资料。因此，学生要在课外书中或到网络上查找。开始时，很多家长不支持，担心学生利用手机、电脑等媒体查找资料除了会严重影响视力，还会产生网瘾，影响学习。所以，在指导学生自学时我们首先要做好家长的工作，通过召开家长会、打电话、微信沟通等方式讲清"生本阅读"教学的优势，同时提出让家长监督孩子健康上网，从上网的时间、途径等方面进行监督。接着，我们会指导学生完成"先学小研究"：在指导学生查找资料上，教给学生方法，如怎样输入关键字词查找，怎样到图书馆查找，怎样利用课外书查找。在概括主要内容上，指导学生总结归纳出方法（段意综合法、要素串联法、小标题提炼法、题目扩展法、关键词句概括法等），让学生学以致用，选用适合的方法对课文进行概括归纳。在主问题的解答上，教给学生品词析句的方法——圈点画式、联系生活实际谈感受式、想象式、列举实例式，教给学生“由此展开联想”的方法——关键词输入式、节选式、经典优先式、排查式、改编式、创编式。在设计主问题时，我们通常都会让学生对文中的句子进行语言文字训练后，在总结时，都会有“由此我想到了________”的设计，可以是想到相关的诗歌、名言警句、文章、故事、书籍、事例等。因而在指导时，我们强调三个原则：一是要相关；二是不能“拿来主义”，一定要用自己的思考把信息串联起来；三是在表述上要回应主问题的核心点，通常会用“难道不是和文中的……表达的意思一样吗？”的句式去回应。然后，教师要提前回收导学案，对学生完成的情况要有整体的把握，做到心中有数。接着，对出现的比较普通的问题，教师要做详细的指导。最后，学生根据教师的意见修改自己的“先学小研究”，不断完善。例如，某学生完成的《“精彩极了”和“糟糕透了”》的“先学小研究”如图3–1–1所示。

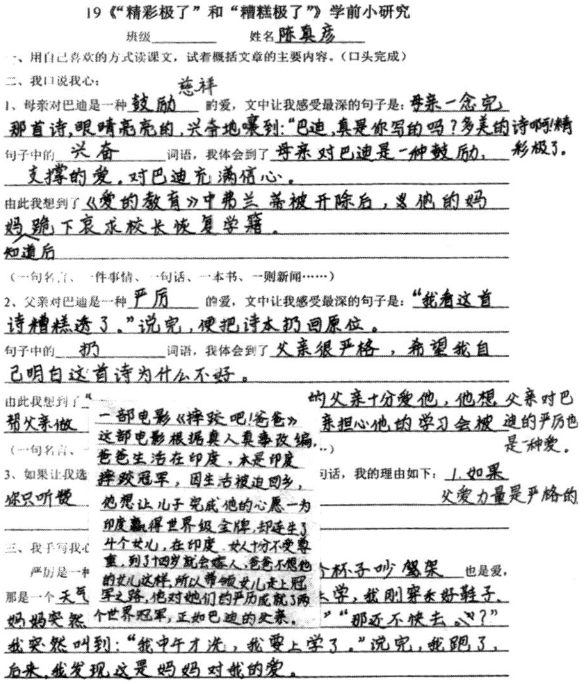

19《“精彩极了”和“糟糕极了”》学前小研究

班级________　　姓名陈真彦

一、用自己喜欢的方式读课文，试着概括文章的主要内容。（口头完成）

二、我口说我心：

1、母亲对巴迪是一种鼓励（慈祥）的爱，文中让我感受最深的句子是：母亲一念完那首诗，眼睛亮亮的，兴奋地嚷到：“巴迪，真是你写的吗？多美的诗啊！精彩极了。

句子中的兴奋词语，我体会到了母亲对巴迪是一种鼓励，支撑的爱，对巴迪充满信心。

由此我想到了《爱的教育》中弗兰蒂被开除后，当他的妈妈知道后跪下哀求校长恢复学籍。

（一句名言、一件事情、一句话、一本书、一则新闻……）

2、父亲对巴迪是一种严厉的爱，文中让我感受最深的句子是：“我看这首诗糟糕透了。”说完，便把诗本扔回原位。

句子中的扔词语，我体会到了父亲很严格，希望我自己明白这首诗为什么不好。

由此我想到了“一……的父亲十分爱他，他想帮父亲做……亲担心他的学习会被……父亲对巴迪的严厉也是一种爱。

（一句名言、……）

3、如果让我选……句话，我的理由如下：1.如果你只听赞……父爱力量是严格的

三、我手写我心……

严厉是一种……个杯子吵架也是爱，

那是一个天气……上学，我刚穿好鞋子，妈妈突然……”“那还不快去？”我突然叫到：“我中午才洗，我要上学了。”说完，我跑了，后来，我发现这是妈妈对我的爱。

（写生活中的一件事，抓住人物动作、语言和心理活动来描写）

一部电影《摔跤吧！爸爸》这部电影根据真人真事改编，爸爸生活在印度，本是印度摔跤冠军，因生活被迫回乡，他想让儿子完成他的心愿——为印度赢得世界级金牌，却连生了4个女儿，在印度，女人十分不受尊重，到了14岁就会嫁人，爸爸不想他的女儿这样，所以带领女儿走上冠军之路，他对她们的严厉成就了两个世界冠军，正如巴迪的父亲。

图3–1–1

从学生的"先学小研究"可见，学生在不断完善他的思考，在"由此我想到了_____"处，在听了老师的修改意见后，就用便利贴重新写上另外一个和文中严厉的父亲相似的事例，这对他理解文本起到了事半功倍的作用。

二、借助导图解答，完成自学

在"先学小研究"运用了一段时间后，我们发现它能很好地提高学生的理解能力、概括能力、归纳能力、搜集资料的能力以及提取信息的能力，但也存在着以下几个弊端：一是费时。完成一份"先学小研究"，学生要大量抄写，花去大量时间。二是限制了学生的思维。学生都是根据"先学小研究"的要求去解答的，这限制了学生个人发挥的空间。三是烦琐。完成一次学习任务，都需要一大版面的篇幅，需要大量的纸张，一到六年级每篇课文都需要印刷"先学小研究"，要花费不少的人力、物力。因此，在不断的实践思考中，在学生对自学的几个板块内容都轻车熟路之后，我们慢慢就摒弃了用纸张书写完成"先学小研究"的做法，过渡到用思维可视化工具去完成。一段时间后，利用思维可视化工具不仅解决了先前学生完成"先学小研究"存在的问题，还节省了很多时间，学生可以进行充裕的课外阅读；减轻了学生的负担，因为学生只是用一些关键词来表述，避免了大量抄写；培养了学生学习语文的兴趣，因为学生多了很多自主权，他们可以选择自己喜欢的思维工具，用不同的方式进行表述，还可以进行很多装饰，张扬了学生的个性；发散了学生的思维，在利用思维可视化工具进行自学时，学生只是用关键词去表述，这就促使他们去思考。

因为思维可视化工具运用一系列图示技术把本来不可视的思维（思考方法和思考路径）呈现出来，使其清晰可见，这些图示技术一般指思维导图、韦恩图、鱼骨图、蝴蝶图、概念图等思维工具。在"生本阅读"预习中运用思维可视化工具，能帮助学生将其思想、问题及相关信息进行表征，提升其概括能力、理解能力、分析能力、思维能力。下面笔者以具体教学案例阐述"五化"助推思维可视化工具在"生本阅读"预习中的应用策略。

1. 布局和规划，凸显目标化

"生本阅读"预习的目的就是让学生利用思维可视化工具完成导学案，从而更好地达成教学目标。因此，导学案必须紧紧围绕"单元导读、语文园地、课后习题"等相关知识点进行布局和规划，使学生的预习更有方向。为了避免学生在完成导学案时出现大量摘抄、书写、识记的现象，指导学生运用思维可视化工具去完成，就起到画龙点睛的作用，使预习更为简约、便捷，凸显教学目标。

例如，在教学《穷人》一课时，笔者围绕第四单元"单元导读"中的语文要素（"读小说，关注情节、环境，感受人物形象"），以及课后的习题（① 快速默读课文，说说课文主要讲了一件什么事。②从课文中找出描写人物对话和心理活动的句子，有感情地读一读。说说从这些描写中，可以看出桑娜和渔夫是怎样的人。③渔家的小屋"温暖而舒适"，这样的环境描写对刻画桑娜这个人物有什么作用？找出课文中其他描写环境的句子，体会它们的作用），设计了如下导学案：

一、了解列夫·托尔斯泰。（生平、成就、评价等）

_____

_____

二、课文主要讲了什么事？请口述课文主要内容。

三、我从文中_____（描写环境、人物对话、心理活动）的这个句子_____中的词语_____看到了一个_____的桑娜。由此，我想到_____。

我还从文中_____（描写环境、人物对话、心理活动）的这个句子_____中的词语_____看到了一个_____的渔夫。由此，我想到_____。

从以上导学案可知，学生利用思维可视化工具对《穷人》这篇文章进行预习时，很好地凸显了教学目标，具体体现为：一是彰显了目标的全面性——学生的预习从"对作者的简介，对内容的提炼，对桑娜和渔夫这两个人物形象的感悟，对文中描写人物'对话、环境描写、心里活动'"的句子进行，全方位地涉及单元的语文要素以及课后习题要解决的问题，不偏不倚，重点突出。二是彰显了目标的层次性。学生利用思维导图的枝状分解成一级分支和二级分支，两个分支从对作者的简介到概括主要内容，再到进行语言文字的感悟及推荐作品，体现了学习目标的由浅入深，从课内到课外的延伸，层层深化。三是彰显了目标的有效性。学生依据思维可视化工具简化了预习的流程，简便、有趣、有效。

学生利用思维可视化工具绘制的思维导图如图3-1-2所示。

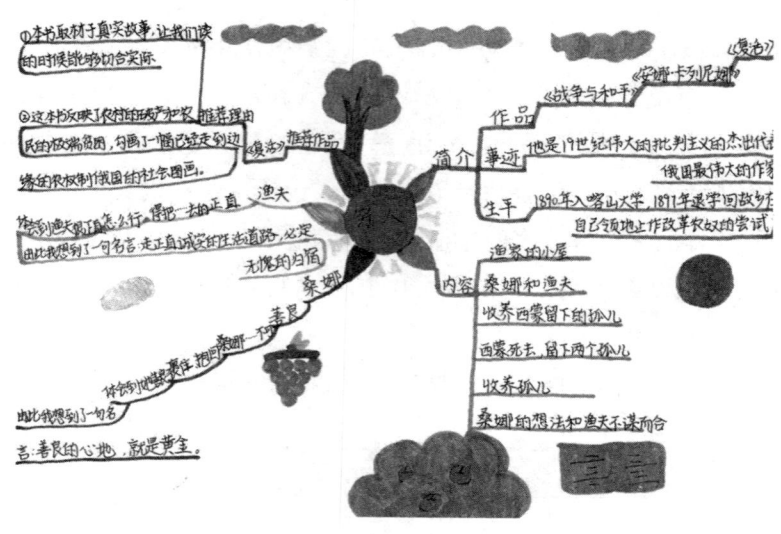

图3-1-2

为了更好地指导学生利用思维可视化工具去完成导学案设计的几大板块的内容，我们先对教师进行关于"思维可视化工具在阅读教学预习环节中的应用"的培训：①2018年10月22日下午，我们邀请了华南师范大学的金毅博士为全体语文教师培训。金博士围绕思维导图的由来、优势、结构要素、绘制步骤、运用，以及与其他图示的区别等进行了详细的讲述。②2019年3月19日，我们邀请了广东省名师工作室主持人、华南师范大学附属小学江伟英副校长做"导图导学"的讲座，她重点讲解了思维可视化工具在阅读教学预习中的应用。通过一系列的培训，全体语文教师明确了利用思维可视化工具完成导学案内容的要求与方法，并认真指导学生利用思维可视化工具去完成导学案的内容。在不断实践中，学生利用思维可视化工具进行预习的方式日趋成熟，他们已熟知导学案设计的内容，完全可以不看题目，利用可视化工具就可以完成自学，并取得了一定的成效。一至六年级学生的课前自学截图如图3-1-3至图3-1-8所示。

一年级：

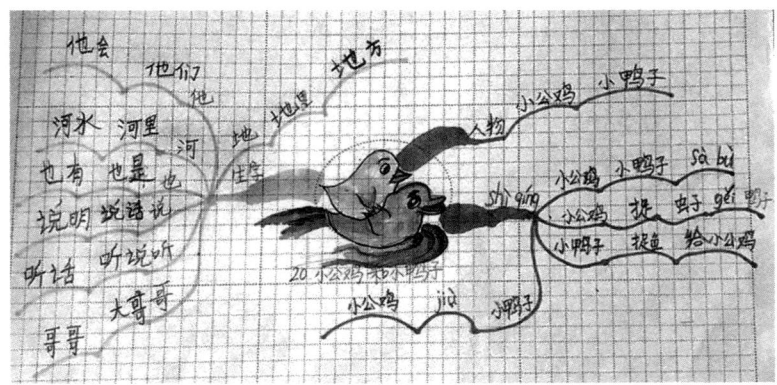

图3-1-3

二年级：

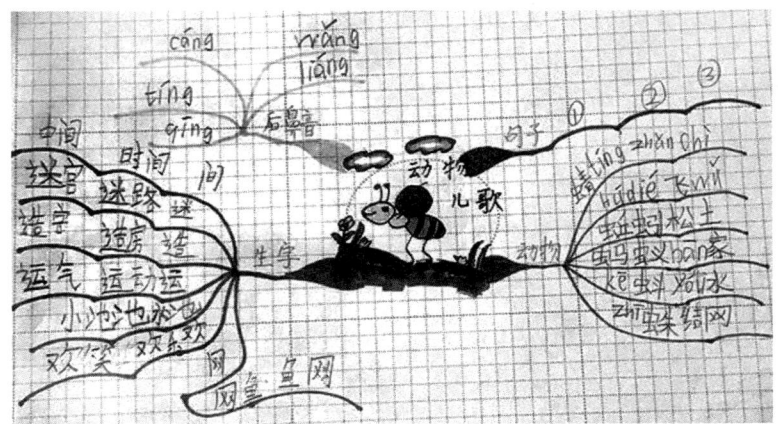

图3-1-4

三年级：

图3-1-5

四年级：

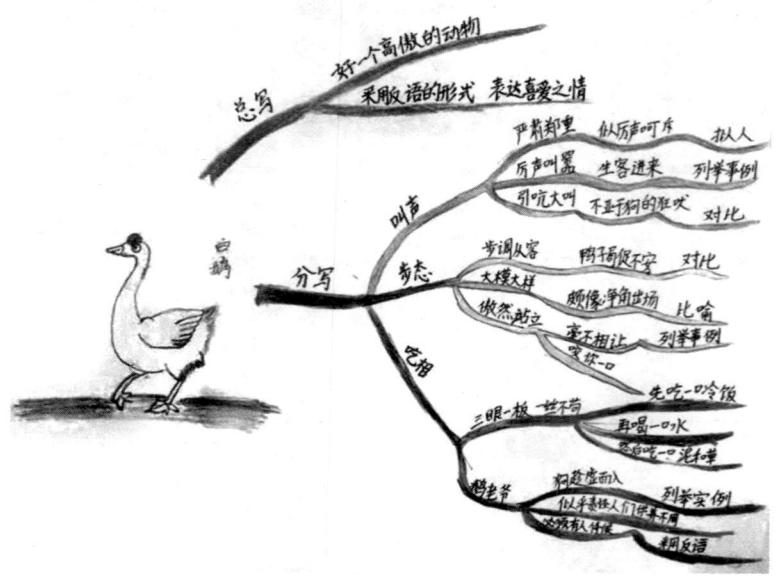

图3-1-6

五年级：

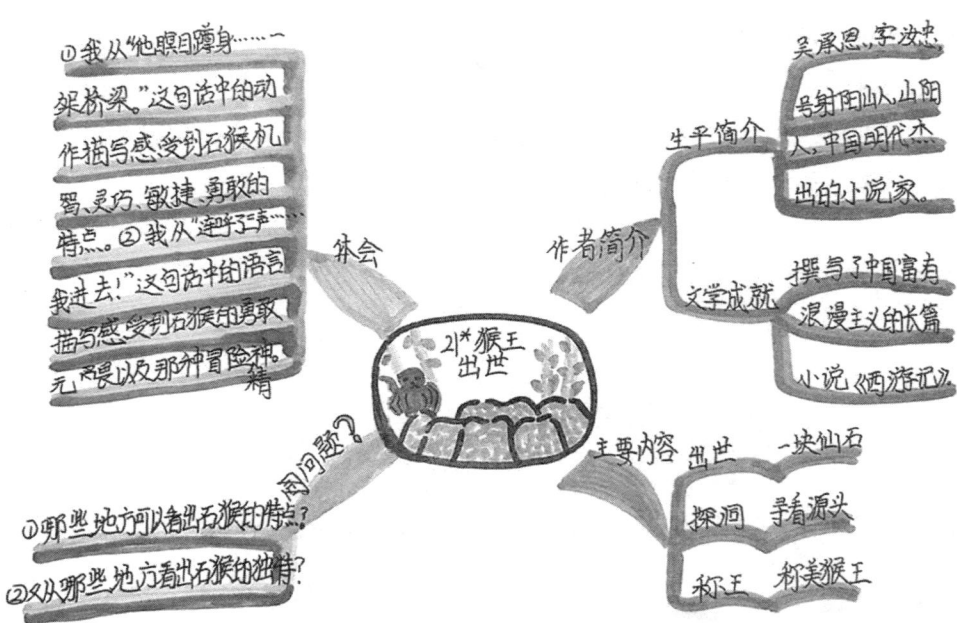

图3-1-7

六年级：

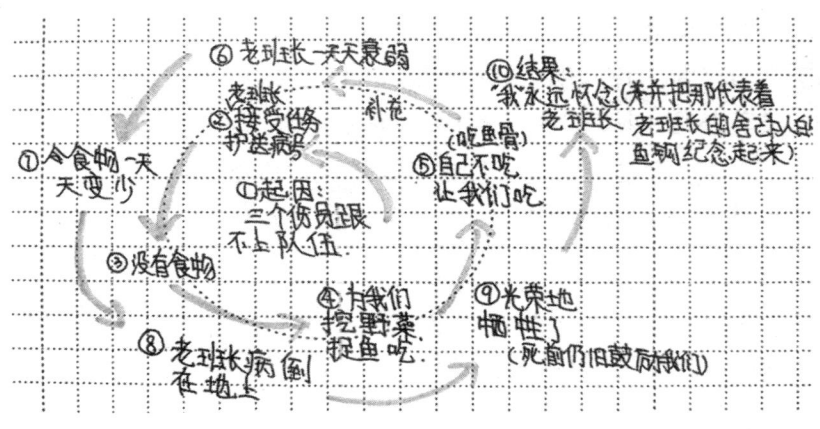

图3-1-8

2. 概括和梳理，彰显方法化

提高学生概括和梳理的能力是"生本阅读"教学预习的关键，在预习中教师要培养学生概括和梳理的能力，教给他们方法，让他们独立对信息进行分析、提炼，从而提高他们的概括能力；让学生根据不同的文本内容理清文章的脉络，疏通前后连贯的信息，提升他们的梳理能力。在提高学生的概括和梳理能力上，思维可视化工具以其凝练、集中、可视的特点，把学生提炼信息的方法、理清文章脉络的思路清晰地呈现出来。

例如，在教学《真理诞生于一百个问号之后》一课时，学生利用思维导图去概括本课的主要内容，如图3-1-9所示。

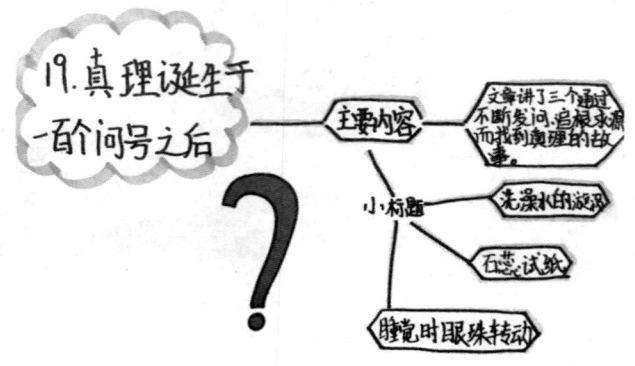

图3-1-9

从这个案例可见，学生利用思维导图去概括文章的主要内容是有章可循的：首先体现在运用了段意综合法上。文章讲了三个通过不断发问、追根求源而找到真理的故事，学生用自己的话把每段的主要意思串联起来，用思维导图的线条、文字表现出来。其次，运用了小标题提炼法。学生用三个小标题把三个故事提炼出来。学生是在小标题的辅助下完成段意概括的。这样，学生对主要内容的概括就彰显了方法，而通过思维可视化工具，这些方法就"可视化"了。

又如，《为人民服务》一课的预习，在理清文章的脉络上，学生利用金字塔图进行预习，如图3-1-10所示。

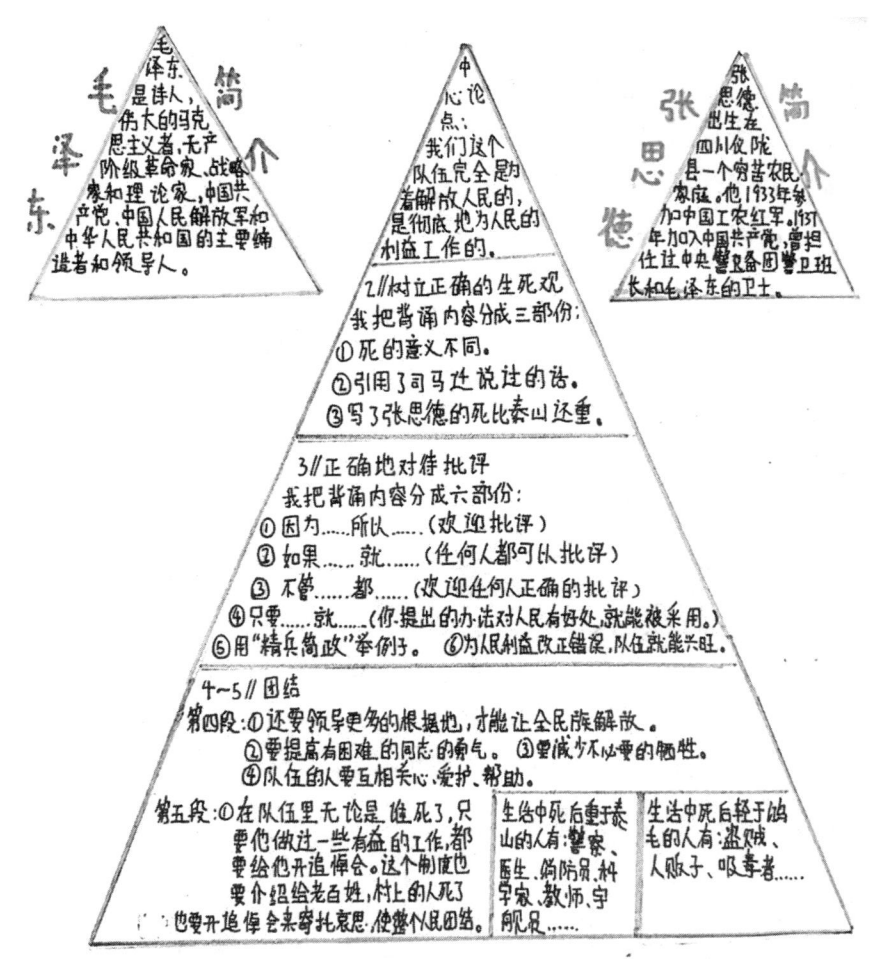

图3-1-10

从以上预习案例可见，学生依据金字塔图这一"框架"，围绕"为人民服务"这一中心论点，从"树立正确的生死观、正确地对待批评、要团结互助"这三个论点展开层层递进的论述，而这三个论点又是各自论述的观点，在论述每一个论点上又以总分方式来展开，也是层层深入地阐述。如此一来，《为人民服务》一文的写作脉络在金字塔图的助攻下，如抽丝剥茧般一览无余，这样的脉络梳理有方法更有效。

3. 理解和分析，突显语用化

《义务教育语文课程标准（2011年版）》指出："语文学科的性质是工具

性和人文性的统一。"工具性是语文学科的本质属性,加强语言文字的训练就是对语文学科本质属性的回归。"生本阅读"的预习环节旨在通过思维可视化工具去进行语言文字训练,去解读文本,感悟语言,领略语言的魅力。通过导学案的指引,学生利用思维可视化工具对语言文字进行理解与分析,充分表达个人见解,对文本进行创新性的解读。通过思维可视化工具的"可视化",把对语言文字的理解和分析的过程一一呈现出来,彰显了语用化。

例如,在《青山不老》一课的预习中,学生围绕课文导读——"默读课文,说说文中的老人创造了怎样的奇迹,是在什么样的条件下创造的。再想想课文为什么以'青山不老'为题"进行预习,在理解"奇迹是什么?是怎样创造的?为什么题目叫'青山不老'?"这些问题时,学生利用思维可视化工具进行分析,如图3-1-11所示。

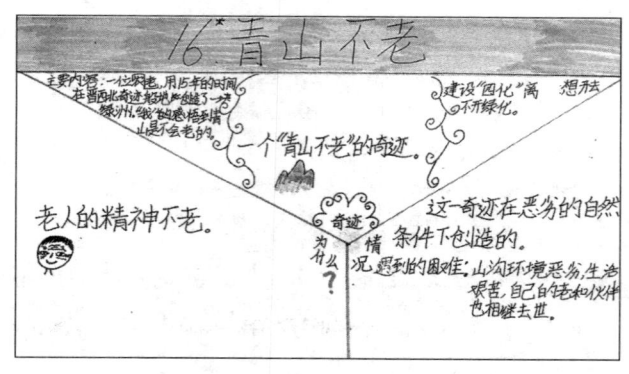

图3-1-11

学生绘制的"Y线图"告诉我们,课文导读要求解决的三个问题,学生融合成一个支点——以理解"奇迹"展开层层分析:从概括课文的主要内容明确了"奇迹"的含义(指的是一位老农用15年的时间在晋西北创造了一个"绿洲");从恶劣的自然条件以及自己的老伴、伙伴相继去世的现状去阐述奇迹是这样创造的;从凸显老人的精神不老表明为什么题目叫"青山不老"。"Y线图"就这样使学生的理解和分析"藕断丝连",相互依存,又密不可分。其中靠的就是学生深入文本去感悟语言文字、运用语言文字的能力。

《为人民服务》一课的预习,某学生根据本文是一篇议论文的特点,紧紧抓住文章的中心论点展开分析,绘制了自学鱼骨图,如图3-1-12所示。

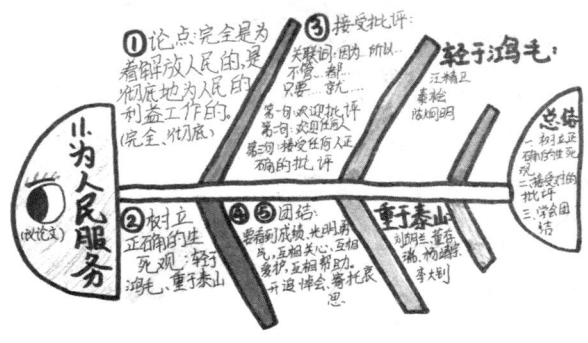

图3-1-12

从这一"鱼骨图"可知,学生对"为人民服务"的论述分析是有依据的,每个段落的意思提炼紧扣中心论点,又论证了中心论点。同时以具体事例论述了"轻于鸿毛""重于泰山"的观点,通过联想哪些人的死是轻于鸿毛的,哪些人的死是重于泰山的,从而印证了怎样才能"为人民服务"。

4. 整合和拓展,体现信息化

"生本阅读"教学的预习遵循"三位一体"的教学理念,教师教会学生课内外兼容的方法,把课堂延伸到课外,实现利用思维可视化工具进行"生本阅读"的预习,能更好地对信息进行整合和拓展,实现信息化。

例如,在预习《为人民服务》一课时,学生利用思维可视化工具把课外融入课内,把相关的信息进行整合与拓展,如图3-1-13所示。

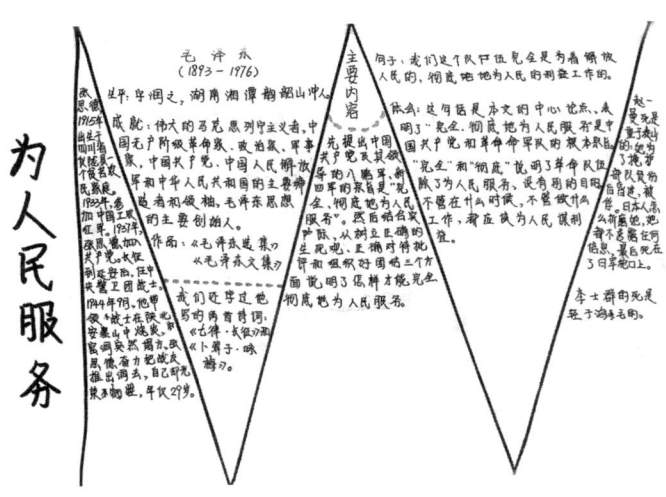

图3-1-13

从这一"W线图"可见，学生在预习时整合和拓展了大量信息，推进了"大阅读"，具体体现为两点：一是在搜集背景资料层面的凸显。通过整合作者毛泽东的生平、成就、作品等资料，丰盈了毛泽东的形象，让学生对作者有了更多的了解；对文章主人公张思德的介绍便于学生感受语言文字。二是在语言文字训练层面的彰显。通过对文本的感悟，从而拓展课外资料，展开联想，可以是诗歌、文章、名言警句、故事等，把大量的资料引到课中，有助于提升学生品读文章的能力。

又如，在学完《鲁滨孙漂流记》以及《汤姆·索亚历险记》两篇课文后开展"走进国外名著"的阅读分享时，学生在预习时运用思维可视化工具由课内延伸到课外，进行阅读的整合，如图3-1-14所示。

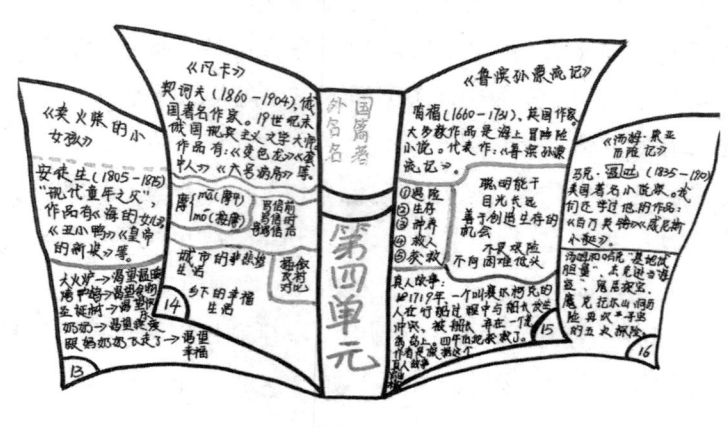

图3-1-14

从学生绘制的"蝴蝶图"可见，学生在阅读分享时分成作品，作者的介绍，作品的主要事件、写法、拓展的事例等板块进行信息的整合，依据课内方法的习得再延伸，将课内与课外阅读的名著信息进行对比融合，一目了然，使得学生的收获依归文本又跳出文本，立足课外又融合课内。

5. 分层和差异，实现个性化

"生本阅读"的预习，我们更注重差异化教学和分层教学，遵循"减负增效，张扬个性"的原则，提出"一图、一问、一收获、一个性"的理念："一图"指的是用一种思维可视化工具图搜集背景资料、概括主要内容；一问指的是提一个不懂的问题；"一收获"指的是对文本理解的一种"受益"；"一个性"指的是学生利用思维可视化工具呈现的个性化展示,可以是围绕主问题进行语言文字的训练,可以是由文本内容展开联想的信息延展,可以是对文章写法的总结,可以是得到的启示或启发,也可以是自编自导的"自我展示"。"一图、一问、一收获"要求全体学生完成,而"一个性"则由学生根据自己的兴趣爱好、自己的能力有选择地完成,可做也可不做。这样就避免了一刀切,让学习能力强的学生"吃饱、吃足"的同时,让学习能力稍弱的学生"吃好",实现了差异化教学,让不同程度的学生都有"盼头",彰显了学生的个性。

例如,在《手指》一课的预习中,学生依据课后练习题(①说说五根手指各有什么作用。②课文的语言很风趣,如"他永远不受外物冲撞,所以曲线优美,处处显示着养尊处优",找出类似的句子体会体会,再抄写下来。③作者笔下的五根手指分别让你联想到了生活中的哪些人?)进行预习,利用思维导图展示了"生本阅读"预习所体现的差异化教学与个性化。学生绘制的思维导图如图3-1-15、图3-1-16所示。

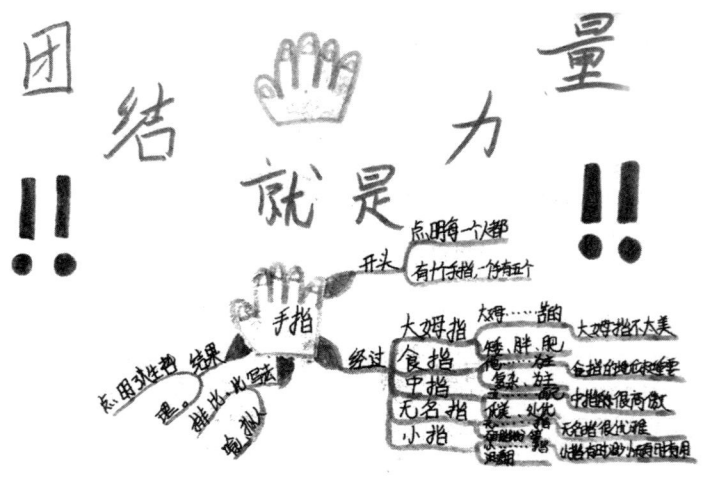

图3-1-15

遇见
"生本阅读"，还原学生本真

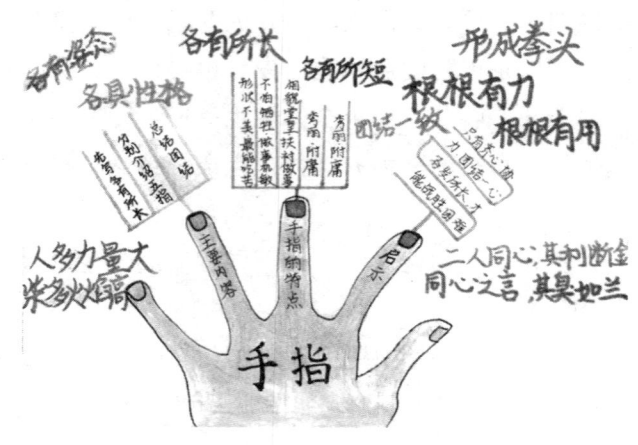

图3-1-16

从以上两个思维导图可见，学生利用思维导图对《手指》一课进行预习，首先体现了差异化教学：图3-1-15侧重内容概括与提炼，有自己的收获；图3-1-16除了有内容，有收获，还有启示，更关键的是学生根据自己的能力，从画出的五根手指就表明它们有长短之分，一系列成语、名言警句彰显了该学生的语言感受力。其次体现了个性化学习：图3-1-15、图3-1-16都各有特点，图3-1-15从"开头、经过、结果"三方面进行语言的理解和分析，文章脉络清晰可见；图3-1-16以一个手掌的图示展开，以活泼、灵动的形式彰显了课文语言风趣的特点，同时刻画出了学生的性格特点，从整个导图的设计、布局可见这个学生性格外向，思维敏捷，因而对文本的理解、语言文字的运用无不体现了他的个性。

总而言之，在"生本阅读"预习中借助思维可视化工具，学生就能充分地亲近语言、感受语言、运用语言，在不断的语言文字训练中提升概括和梳理、理解和分析、整合和拓展等方面的能力，张扬学生的个性，提升学生的语文素养。

第二节 抓评价——让学生在互动探究中碰撞思维火花

为了让学生的自学更有效，每次上课前，我们都要求教师对学生的自学情况进行检查评价，依据三个标准：自学的成果要尽量展示，自学的质量要及时评价，自学的结果要予以指导。

自学情况的评价可用等级、星星、红花等形式进行，教师要尽量挖掘学生的优点：问题提得好的就在问题旁予以鼓励表扬，思维导图画得好的就在班上展示，个性展示方面能展示两点以上内容的就要大力表扬。多种评价方式让学生的自学保质保量。学生的自学展示如图3-2-1所示。

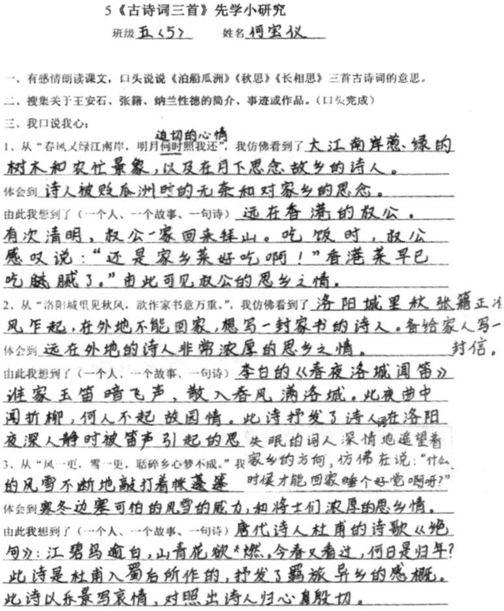
5《古诗词三首》先学小研究

班级 五（5） 姓名 何宝仪

一、有感情朗读课文，口头说说《泊船瓜洲》《秋思》《长相思》三首古诗词的意思。

二、搜集关于王安石、张籍、纳兰性德的简介、事迹或作品。（口头完成）

三、我口说我心：

1、从“春风又绿江南岸，明月何时照我还”，（迫切的心情）我仿佛看到了大江南岸葱、绿的树木和农忙景象，以及在月下思念故乡的诗人。

体会到诗人被贬瓜洲时的无奈和对家乡的思念。

由此我想到了（一个人、一个故事、一句诗）远在香港的叔公。有次清明，叔公一家回来拜山。吃饭时，叔公感叹说：“还是家乡菜好吃啊！”香港菜早已吃腻了。”由此可见叔公的思乡之情。

2、从“洛阳城里见秋风，欲作家书意万重。”，我仿佛看到了洛阳城里秋风乍起，在外地不能回家，想写一封家书的诗人。张籍正准备给家人写一封信。

体会到远在外地的诗人非常浓厚的思乡之情。

由此我想到了（一个人、一个故事、一句诗）李白的《春夜洛城闻笛》谁家玉笛暗飞声，散入春风满洛城。此夜曲中闻折柳，何人不起故园情。此诗抒发了诗人在洛阳夜深人静时被笛声引起的思

3、从“风一更，雪一更，聒碎乡心梦不成。”我……的风雪不断地敲打着帐蓬 失眠的词人深情地遥望着家乡的方向，彷佛在说：“什么时候才能回家睡个好觉啊呀？”

体会到寒冬边塞可怕的风雪的威力，和将士们浓厚的思乡情。

由此我想到了（一个人、一个故事、一句诗）唐代诗人杜甫的诗歌《绝句》：江碧鸟逾白，山青花欲燃，今春又看过，何日是归年？此诗是杜甫入蜀后所作的，抒发了羁旅异乡的感慨。此诗以乐景写哀情，对照出诗人归心之殷切。

图3-2-1

第三节 抓展示——让学生在信息延展中提升阅读素养

一、巡回演出

为了树立榜样,对自学优秀的学生,我们会给他们提供更多的平台:让他们上台领奖,举行隆重的颁奖仪式——为他们拍照,并发到班级微信群进行表扬;让他们到同级的其他班级"巡回演出",宣讲他们的自学情况;让他们组成"联盟"到其他年级进行"巡回演出",特别是到低年级去当"小老师",进行"一帮一"的指导,如图3-3-1所示。

图3-3-1

二、到邻校推广

在不断的赏识评价的推动下,学生的自学越发得心应手,思维可视化工具的运用越发灵活,在一次次的公开课展现中,学生的表达能力、自信心都有了质的飞跃,得到家长、同学、邻校老师的高度评价。邻校的老师到我们学校听完课后，都觉得学生运用思维可视化工具进行自学已达到炉火纯青的境界，所以纷纷发出邀约，邀请我校的学生到他们的学校进行宣讲。我校的学生在运用思维可视化工具宣讲自己的自学情况时，可以说大放异彩：他们神态自若，先从思维可视化工具的绘制说起，然后讲述如何利用思维可视化工具概括课文主要内容，接着介绍怎样提问题，最后讲述在自学时利用思维可视化工具做他们自己喜欢的思维导图的方法。整个宣讲，我校学生时而妙语连珠，时而抑扬顿挫，时而旁征博引，时而博古通今。邻校学生叹服我校学生的自信，老师赞赏我校学生的能力。我校学生到兄弟学校用思维可视化工具宣讲他们的课外阅读，如图3-3-2所示。

图3-3-2

第四章

课前交流是实践"生本阅读"的动力

课前交流是生本阅读教学的前奏，是开阔学生视野的一座桥梁，更是培养学生阅读兴趣的润滑剂。生本阅读提倡"大阅读"的理念，课前交流就是引领学生走进"大阅读"这扇门的"一把钥匙"。《义务教育语文课程标准（2011年版）》指出：说、阅读、积累、思考是语文教学的根本。其中，说和阅读是密不可分的。这就意味着课前交流要把阅读和说融为一体，体现为阅读和交流两个板块。"阅读"不仅指学生针对自己阅读过的书、文章等谈谈自己的读书体会，或者是阅读单元的学习主题推荐的阅读书目，还指围绕主题的"信息收集"；"说"指的是生生、师生之间对"课前阅读"的分享。

第一节　课前导读，实现交流的"有米之炊"

课前导读，就是教师在课前对学生的阅读或者是信息的搜集进行指引、指导，有目标、有方向、有内容、有策略，读什么或搜集什么，怎样阅读或怎样搜集，都要一清二楚，不能随意、漫无目的地让学生阅读或搜集信息，可以围绕单元主题进行导读，可以是主题作品的荐读，也可以是围绕主题进行的信息搜集。

一、单元导读

单元导读就是围绕单元学习主题，以单元课文为切入口，进行"主题阅读"的整体把握，通过对课文的简要概述，提炼本单元的阅读策略后进行课外阅读的指导，引导学生有目的、有方法、有策略地进行课前阅读。学生围绕主题进行的课外阅读积累不仅激发了学生的阅读兴趣，还能在课中深化学生的阅读感受、阅读积累，使其内化为自身的阅读能力。下面以统编版六年级上册第三单元的"课前导读"为例加以阐述。

【课前准备】

（1）准备阅读任务单，围绕"根据不同的阅读目的，选用恰当的阅读方法"的相关资料。

（2）通读本单元的三篇课文，思考：课文讲了什么内容？

【导语】

同学们，通过这一单元的学习，你将能：

（1）通过浏览单元内容，了解本单元的课文大意和单元主题。

（2）通过师生推荐书目，明确阅读任务。

（3）通过一个单元的学习，学会"根据不同的阅读目的，选用恰当的阅读方法"的阅读策略。

【活动一】

感知课文大意，了解阅读策略

1. 谈话导入

亲爱的同学们，请迅速浏览本单元的三篇课文，想一想，课文大意是什么？（学生简要叙述课文大意）

2. 明确主题

教师提问：这三篇文章向我们提出的问题有什么共同特点？本单元，我们将进行阅读策略的学习，尝试有目的地阅读。相信经过本单元的学习，同学们能够根据不同的阅读目的，选择恰当的阅读方法。试着在写事物时，融入感情，表达看法。

【活动二】

推荐阅读书目，激发阅读兴趣

1. 谈话引入

书是人类的营养品，没有了书籍就像生活中没有了阳光，没有了书籍就像鸟儿没有了翅膀。你们平时都读了哪些课外书呢？（学生自由讲）

2. 学生互荐好书

在你读过的课外书中，你最喜欢哪一本？能说说喜欢的原因吗？（相机进行评价）

3. 总结

读书好似爬山，爬得越高，看得越远；读书好似耕耘，汗水流得多，收获自然更丰富。老师给同学们推荐一些课外阅读的书目。（课件出示）《爱的教育》《岳飞传》《格列佛游记》《鲁滨孙漂流记》《爱丽丝漫游奇境记》《十万个为什么》《简·爱》《草房子》《山羊不吃天堂草》《五·三班的"坏小子"》《夏洛的网》《哈利·波特》《海底两万里》《老人与海》《爱心树》《假如给我三天光明》等。

同学们，这些都是经典的好书，很适合你们阅读，你们可以从这些书中学到很多做人的道理和写作的方法。所以在琳琅满目的书店或者图书馆，你们就可以挑选这些书来阅读。（板书：读书有选择）这些推荐的书目绝大部分都是小说，而且篇幅都不短，我们把它们叫作长篇小说，今天我们就选《鲁滨孙漂流记》来跟同学们一起学习如何阅读长篇小说。

【活动三】

挑选精彩片段，学习阅读策略

1. 学会浏览、速读与跳读，初步了解小说内容

（1）浏览（略读）：大致阅读前言或序，了解作者、写作背景、故事梗概、主要人物。

（2）读了书名，你想知道什么？

（3）请同学们快速默读前言和目录，看看你都读懂了什么。读完之后，在小组内交流。

（4）全班交流：了解了什么？

① 了解主人公和故事梗概：

考考你：

有这样一个真实的故事：1704年，苏格兰水手塞尔柯克在海上与船长争吵，被船长遗弃在荒岛上，四年后被救回英国。这一故事引起轰动，也引起众多作家的关注。其中一位名叫_____的作家以此为原型创作了一部小说《_____》。

鲁滨孙在荒岛上生活了_____年，他给被救的土人取名为"_____"，后来，这个土人成了他忠实的奴仆。小说中描写_____的部分是全书的精华。

② 了解作者和写作背景：

考考你：

《鲁滨孙漂流记》是（　　）的代表作。这部小说在当时影响非常大，被认为是（　　）第一部现实主义的长篇小说。笛福也因此被誉为（　　）。

2. 速读与跳读：快速阅读全文，初探小说，回答问题

① 写下疑问：学生写下自己想知道的问题，交流。

② 介绍速读与跳读的方法。（速读：快速读书的方法，一目十行，眼睛随手指沿文字快速移动或者把手指放在书页的中间向下移动，眼睛随手指扫描指

尖左右的文字，对文章迅速浏览，找到自己需要的问题答案，或者用来了解文章的大致全貌。跳读：跳跃式的读书方法，结合目录或者内容简介，把与自己的问题无关的内容放在一边，有时候也可以在通读全文遇到百思不得其解的问题或者有疑问而不理解的字词时，先跳过去。）

3. 小结初读小说的方法

同学们，我们第一次阅读一本小说，按照由表及里的顺序，浏览了作者简介、导读（有的书叫序、前言）、目录、后记等，便大体上了解了故事的主要情节，同时用速读和跳读的方法解答了自己的一些疑惑，这样的读书方法就叫作览读。

【活动四】

任务驱动阅读，做好阅读记录

《鲁滨孙漂流记》阅读导引单（一）

1. 《鲁滨孙漂流记》是一部情节跌宕起伏、惊险刺激的探险小说，相信同学们读完之后，一定会对鲁滨孙的漂流经历了如指掌，请完成下面的鲁滨孙漂流图，如图4-1-1所示。

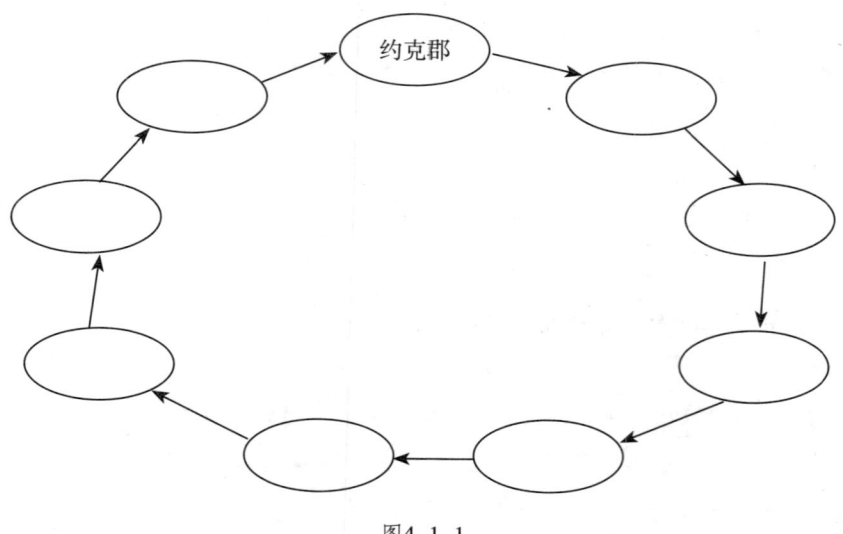

图4-1-1

2. 书中主要描写的是作者在荒岛上的生活，荒岛上的生活环境是怎样的呢？他为了求生又做了些什么事呢？请你填一填"荒岛求生记"，见表4-1-1。

表4-1-1

荒岛求生记			
环境	事件		
四面环海 气候湿润	上船取物		

3. 从鲁滨孙列出的"不幸"和"幸运"中，你能看出他是一个怎样的人？在生活中给了你哪些启示？你能从书中找出类似对你有启发的心理活动的语句吗？（至少三句）见表4-1-2。

表4-1-2

不幸	幸运
我被抛到一个可怕的荒岛上，没有任何获救的希望	我还活着，没有像船上所有的同伴那样葬身鱼腹
可以说，我是被挑出来的，与世隔绝，孤苦伶仃	全体船员中，独我免遭一死；上帝既然奇迹般地救我一命，也能使我从这种境况中解脱出来
我与人类天各一方，是一个被人类社会流放的隐士	我还有粮食，不会挨饿而死在这块贫瘠的地方
我没有衣服遮身	我身处热带，有衣服也几乎不用穿
我没有任何防御物或手段抵抗人类或野兽的袭击	我流落在一个岛上，那里，我没有看见在非洲海岸见到的伤害我的野兽，如果我在那儿遭遇海难，又会怎么样呢
我没有人交谈，也没有人解救我	上帝奇妙地把船送到了靠近海岸的地方，使我取走了那么多必需品，既提供给了我的不足，又使我终身受用

我完成了我的阅读任务单，利用课余时间，与小组组员讨论，选取每个组员的阅读任务单的亮点，把全组的阅读成果做整合，做成一张手抄报，准备班级交流。

从这一单元导读可见，学生的课前阅读实现了"三个有"：① 有主题。教师紧紧围绕单元主题引导学生开展阅读活动，这为后续的课前交流画出了主线，让学生的交流一矢中的。② 有策略。整个单元导读先从单元的三篇课文入手，总结它们共同体现的阅读策略，再延伸拓展，总结之前已掌握的阅读策略。同时，教师指导学生运用这些阅读策略进行即时的阅读片段分享，学生在对比交流中懂得如何去阅读相同主题的文章。③ 有成果。学生通过完成阅读任务单、制作手抄报和撰写阅读心得，积累大量的阅读信息，到课前交流的环节，他们的"阅读成果"就可以派上用场了。

二、作品荐读

"生本阅读"顾名思义就是"以生为本"的阅读，它更关注学生的需求和发展，注重阅读积累，提升学生的文化底蕴。这就需要教师的"教"不能仅限于文本，而应以文本为蓝本引导学生进行"大阅读"。但随机的阅读指导目的性不明确，学生的阅读只能是画地为牢，阅读量微乎其微。因此，围绕主题推荐学生阅读，才能实现一篇带多篇，一本带多本，提升学生阅读量。主题荐读通常有以下两种方式。

1. 教师向学生推荐

教师向学生推荐作品阅读就是教师围绕主题，如单元学习主题、同一内容、同一情感、同一作者的作品，以一篇带多篇、一本带多本的形式推荐学生阅读，指引学生阅读，还原教材又超越教材，从课内走向课外。以单元的学习主题向学生推荐阅读书目，如学习统编版第十一册第八单元"认识鲁迅"后，向学生推荐阅读鲁迅的《故乡》《阿Q正传》《朝花夕拾》，让学生在阅读中感受时代背景、了解鲁迅笔下主人公的命运；以同一作者的作品进行推荐，如学习了《冬阳·童年·骆驼队》以后，推荐学生阅读林海音的《城南旧事》，在阅读中学生通过英子童稚的双眼了解了林海音笔下的市井百姓的生活以及北京的胡同文化，感受了北京的民俗特点与文化风格；以同一情感为主题向学生推荐书目，如学习了《为中华之崛起而读书》后，向学生推荐《少年詹天佑》

《周恩来的故事》《祖国，我回来了》等书目，让学生感受爱国人士的情怀，从小立下报效祖国的志向。主题荐读为学生进行大量阅读、海量阅读奠定了坚实的基础，实现了学生阅读信息量的突破。

2. 学生向学生推荐

在阅读推荐上，同龄人对学生的影响要比成人对学生的影响大得多，通过同伴先行阅读，然后现身说法推荐书目，学生与同伴就会有共同话题、共同语言，就会被吸引，从而跃跃欲试去阅读相关的书目。在课前"先学小研究"的设计上，笔者都会设计相应的阅读推荐练习，让学生互相推荐阅读。

例如，学习《桥》这篇课文时，在"先学小研究"中"阅读推荐"这个内容，笔者这样设计：

推荐书目：我向同学推荐一本让我感动的书或一篇文章。

推荐的书或文章：_____。

推荐的理由：_____。

根据上面的"先学小研究"，学生进行阅读推荐。学生要进行阅读推荐，就必须认真阅读。学生在不断阅读中，阅读信息总量会随之增加，肚子里的"墨水"多了，推荐时他们就胸有成竹了。在课前五分钟，笔者还会让学生交流分享，向同伴推荐阅读。这样的阅读推荐让学生的阅读信息量像滚雪球，越滚越大，越滚越宽，越滚越多。

第二节　形式多样，实现交流的如鱼得水

学生进行了大量的课前阅读，已经有了充分的阅读材料，那么应该怎样引导学生进行有效的交流分享呢？这就需要教师对学生的课前交流进行指导，可以给予学生一定的交流表达的支架，可以从交流互动的形式上做文章，也可以从交流的内容上入手，力求课前交流有组织、有计划、有目的。"生本阅读"的课前交流通常有以下三种形式。

一、精明主持独占鳌头

课前交流实践之初，教师为了培养学生交流的好习惯，会在班上挑选一些组织协调能力强的学生担任小主持人，并指导他们组织整个课前交流，告知他们基本的交流范式，教会他们如何与同学进行互动交流。其中，用得最多的交流方式就是"将军点兵式"，小主持人充当"将军"，围绕单元阅读主题与"兵"进行交流。

在学习统编版五年级下册第二单元时，本单元的学习主题是阅读古典名著，在教学《草船借箭》一文时，笔者就课前阅读让学生根据阅读提纲"我还知道《三国演义》中的_____（人物），他是一个_____的人。我最喜欢与他有关的情节是_____"去赏析《三国演义》这部名著，并让小主持人组织如下课前交流环节。

小主持人："观三国烽烟，识梁山好汉。叹取经艰难，惜红楼梦残。"今天的课前五分钟交流就让我们走进名著，走进《三国演义》，聊聊书中让你感受最深的人物及与其有关的情节。谁与我交流？

兵1：我印象最深的是《三国演义》中的张飞，他是一个武艺高强、胆量过人的英雄。我最喜欢与他有关的情节是"三英战吕布"，故事中的他对自己的

兄弟情深义重，又武艺高强，打了好几个时辰也不觉得累。因此，他还被人称为"万人敌"。说他胆量过人，是因为在故事中，他将生死置之度外，跟吕布作战，疾恶如仇。

小主持人：你给我们介绍了一个仗义、豪爽的张飞，把他的形象描绘得有血有肉。谁继续与我交流？

兵2：我要介绍《三国演义》中的刘备，他是一个百折不挠的人。我最喜欢与他有关的情节是"桃园三结义"。桃园三结义主要讲了东汉末年，人民生活非常苦。刘备有意救百姓，张飞、关羽愿意与刘备共同干一番事业，最终三个人按年龄结拜为兄弟。刘备年长做了大哥，关羽是二哥，张飞最小做了三弟。他们同甘共苦，实现了结拜时许下的承诺。

小主持人：刘备的"大哥"形象被你"可视化"了。谢谢你的分享，还有谁继续分享？

兵3：我印象最深的是《三国演义》中的关羽，他是一个英勇无比的人。我最喜欢与他有关的情节是"过五关斩六将"。刘备在徐州被曹操击败，关羽为了将来再与刘备相见而暂时投降了曹操。后来关羽决定离开曹操而去寻找兄长，沿途经过五处关口，守关将领不准关羽通过，都被关羽所斩。最终关羽历尽周折终于找到了刘备，兄弟重新相会。

……

小主持人：同学们的阅读积累真丰富，在你们绘声绘色的分享中，我们了解了许多《三国演义》中的人物，希望大家再接再厉，继续阅读《三国演义》，阅读名著，做一个有思想、有底蕴的人。

二、小组快播通力合作

小组快播就是以小组为单位进行阅读快播，小组长汇报完后，其他组员按序号轮流汇报对整本书的阅读心得，或介绍人物情节，或就书中的思想感情进行延伸，或谈书中印象最深的部分，或说书中最难忘的人物，实现小组成员一个也不落下，齐心协力，构成一个坚不可摧的"快播小团队"。

教学统编版三年级上册第四单元的课文时，笔者围绕"预测"这一阅读主题，运用"小组快播"的形式，根据"在阅读童话的过程中，当我读到_____时，我就预测到（说、想、做）_____，因为_____"这一阅读小研究，对《布狗不要我了》这本书进行如下课前五分钟互动交流。

小组长：下面由我们小组给大家汇报分享。（小组长直接汇报"小研究"的内容）请下一位继续分享。

组员1：（谈体会）我继续分享（汇报"小研究"的内容）。请下一位继续分享。

组员2：（谈体会）我继续分享（汇报"小研究"的内容）。请下一位继续分享。

组员3：（由此想开去）我继续分享（汇报"小研究"的内容）。请下一位继续分享。

小组长：（由此展开联想）同学们，听了我们的小组汇报，谁有想要补充的吗？（小组长点名汇报）

小组长：谢谢你的补充。（请全班或请你有感情地朗读句子）我们小组汇报完毕，谢谢大家！

这种交流方式极大地扩大了学生语用的实践场景，学生参与面广，交流涉及听说读写等方面的训练。

三、人人争说所向披靡

课前交流的三种方式中，学生最喜欢的就是"精明主持独占鳌头"这种形式，当小主持人说课前五分钟交流开始时，学生抢着上讲台前说，谁抢得最快，谁就有机会说。这种方式不仅可以调动学生表达的积极性，还能让他们学会把握每一个学习的机会，提升他们的自信心。

第五章

课堂教学是实践"生本阅读"的关键

在生本阅读的实施过程中,在经过学生自学后,最关键的环节就是课堂的实施。"以生为本,实现阅读的广度和深度"是生本阅读教学的目标,阅读的广度要通过主问题进行信息的延展,阅读的深度要依托文本进行语言文字的训练。因此,基本的实施流程、小组学习的组织、互动交流的方式成为生本阅读教学的基本要素。

第一节　教学范式，搭建"生本阅读"实施的支架

"生本阅读"教学关注的是精读课文和自读课文的教学，在研磨中，我们注重研究这两种课型的教学流程，通过反复的实验、修订，研磨出精读课文和自读课文的教学范式。

一、精读课文教学范式

（一）框架流程

1. "生本阅读"精读课文教学范式（自主学习）的框架流程图如图5-1-1所示。

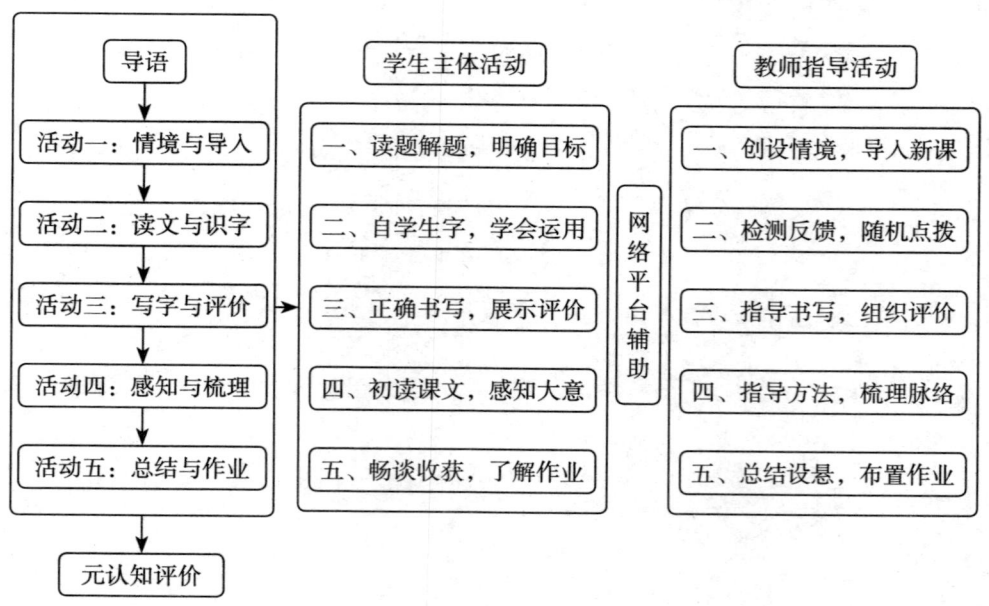

图5-1-1

2. "生本阅读"精读课文教学范式（互动探究）的框架流程图如图5-1-2所示。

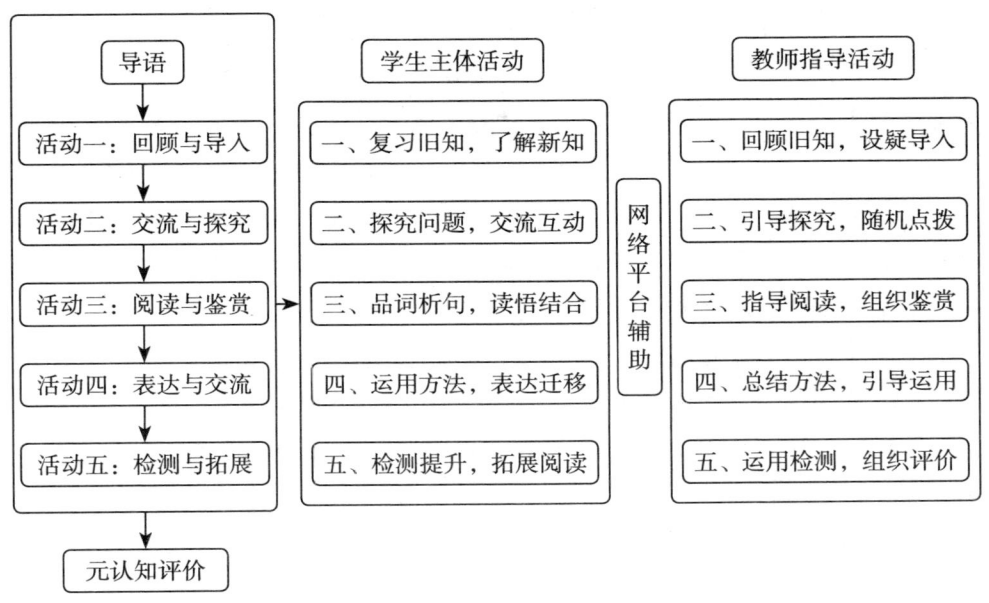

图5-1-2

（二）范式概述

"生本阅读"模式下的精读课文教学分"课文自主学习"和"课文互动探究"两种，不同的课时使用不同的精读课文教学范式：第一课时是自主学习，第二课时是互动探究。两种范式均由"一导五活一评"构成主要的教学模块。在具体的实施过程中，活动的内容可以根据学段学习目标、学段学生特点和具体的教学内容进行相应的调整或改变。

"生本阅读"模式的精读课文自主学习教学范式是指精读课文第一课时的教学应立足于学生的自主学习，体现以生为本的理念，学习注重学生的自读自悟。其主要包含"情境与导入、读文与识字、写字与评价、感知与梳理、总结与作业"这五个基本的教学板块，它们之间是相互依存、层级递升的关系。

"情境与导入"旨在激发学生的学习兴趣，为后续几个板块的教学奠定良好的基础；"读文与识字"旨在让学生在自由朗读课文时形成语境，学生从生字的音形义等方面进行自主学习，并且进行运用（从识字到运用，学生都是学习的主体，有机会当小老师去教其他同学）；"写字与评价"旨在改变教师的教学观念，教给学生书写的方法，培养学生良好的写字习惯；"感知与梳理"旨在引导学生明确阅读方法，对课文脉络进行梳理，并感知课文的主要内容；"总结与作业"旨在通过学生对本节课学习的自悟自得，给教师的教学一个反馈，让教师在后续的教学中更好地改进自己的教学方式。这五个基本的教学板块会随着年级的不同进行灵活的调整，低中高年级的"读文与识字"与"写字与评价"这两个教学板块，学生所用的时间比较多，而高学段对这两个板块的教学则以检测的方式进行，其侧重点在于对"感知与梳理"这个板块的方法的总结与运用。精读课文自主学习教学范式体现的是学生运用方法进行自主学习的过程，彰显了方法性、自主性、生活性、实践性的课型特征。

"生本阅读"模式的精读课文互动探究教学范式是指精读课文第二课时的教学侧重构建学习共同体，注重学生的互动探究，实现阅读的广度与深度的学习。"回顾与导入、交流与探究、阅读与鉴赏、表达与交流、检测与拓展"这五个教学板块各自承载着为课堂服务、为学生服务的任务。"回顾与导入"是对旧知识的提炼，成为一个链接，引出新知识；"交流与探究"主要以一个主问题把课内、课外打通，通过学生的互动交流，进行信息的归纳与积累；"阅读与鉴赏"侧重训练学生通过听、说、读、写等多种方式对语言文字进行比较、鉴赏、批判、创新性解读的能力，训练学生的高阶思维；"表达与交流"是学生运用方法进行同类型或相似类型的表达专项训练；"检测与拓展"旨在检测学生对阅读方法的习得，从课内到课外，以课外的文本考查学生的阅读能力，体现了"三位一体"的教学理念。这五个教学板块不是孤立的、单一的，而是统一的、相互促进的。精读课文互动探究教学范式体现的是学生进行阅读深度学习的过程，突显了大互动、大探究、大阅读、大群体的课型特征。

精读课文自主学习教学范式和精读课文互动探究教学范式均体现了一切为了学生、高度尊重学生、全面依靠学生的生本教学理念。两种课型的课堂均以学生为中心，课堂的主角是学生，教师是"放牧者"，引领学生找到适合学生成长的方法与手段，教为学服务，主动权在学生手里，教辅助学，教师是帮助者、服务者。在网络教学平台的辅助下，这两种课型的课堂以讨论、交流的方式实现学习的多元互动，学生全员参与学习。课中全面依靠学生，学生提出问题，自己解决问题，在不断阅读实践中习得阅读方法，把课内与课外很好地进行连接，使鉴赏、评价、创造等高阶思维得到培养。

（三）教学案例

一年级：

重情境　重归类　重方法

——《动物儿歌》教学设计

【教材分析】

1. 文本分析

《动物儿歌》是统编版一年级下册第二个集中识字单元的第一课。识字教学是本单元的重点教学内容，本单元出现的生字大部分是形声字。第一课是一首充满童趣的儿歌，介绍了6种小动物的生活习性，教材还配有生动有趣的彩图，展现了动物美好快乐的生活画面。

2. 生字分析

本课要求认读12个生字，会写7个生字。在进行字音教学时，教师要注意指导学生读准平舌音、翘舌音和后鼻音。在进行字形教学时，要以整体识记为主，但也要根据不同的字形渗透不同的识字方法。例如，归类识字：带有虫字旁的生字，可以引导学生发现形声字的规律；熟字加偏旁识字："迷、造、食、粮"。在进行字义教学时，应与字形教学相结合。例如，通过看图认识6个虫字旁的字；通过观察汉字演变过程图，了解象形字"网"等。指导书写时要引导学生注意生字的结构及书写规则，本课有5个生字是半包围结构，其中3个偏旁是"辶"，要先内后外。

3. 课后习题分析

本课的课后第一个练习是"朗读课文"。这是一首读起来朗朗上口又充满童趣的儿歌，应指导学生读出韵律、读出趣味。第二个练习是"读一读，记一记"。读记的词语是由课文内容延伸出来的6个词组，都是以"什么动物干什么"的形式构成的。教师可以引导学生运用多种形式读读记记这些词语。如果学有余力，教师还可以拓展一些同类型的词语。

【学情分析】

1. 已知

本班学生已形成了较好的学习习惯，能主动识字，掌握识字、写字的基本方法，对语文学习有一定的兴趣。《动物儿歌》中的小动物是生活中常见的，一年级的学生在日常生活中见过或已知，对于它们的生活习性，学生是基本了解的，这有利于学生很好地理解、学习课文内容。学生已在《小青蛙》一课中初步感受了形声字的特点，《小青蛙》重点呈现相同的声旁，而本课则着重呈现相同的形旁。因此本课重点引导学生去发现形声字规律，归类认识带有虫字旁的生字。

2. 未知

一年级学生注意力易分散、好动，表达自己的认识时语言不够规范。因此，在教学中要采用精美的插图、简笔画、游戏活动等形式来丰富课堂，吸引学生的注意力。为了使他们正确、规范地学习和运用知识，在课堂上教师必须联系他们的生活实际，创设他们熟悉的生活情境，帮助他们感悟、积累和运用语言，从而提高课堂效率。

【设计理念】

识字教学的关键在于如何采用多种识字方法，又有所侧重地让学生在"儿童化"的情境中去识字。基于本课生字特点，教师设计多层次的识字学习活动，从发现到学会再到运用，让学生切实掌握形声字的识字方法，同时引导学生对多种识字方法融通运用。趣味化是低年级课堂的调味剂，本课通过活化文本插图，设计学习活动，融识字、理解、发现于一体，丰富学生体验，发展学生思维，积累学生语言，达到趣味性和实效性的和谐共存。

【教学目标】

1. 借助汉语拼音、课文插图和生活经验，运用"加一加，减一减"等识字方法，认识并发现"蜻、蜓"等12个生字及其字形特点，了解形声字的形旁和声旁的作用，并能正确认读。通过观察比较，能正确美观地书写"间、迷"等7个字。

2. 正确、流利、有节奏地朗读儿歌。

3. 通过朗读、表演，理解儿歌内容，了解小动物的部分生活习性。

4. 产生观察小动物、了解小动物的兴趣。

【教学重难点】

1. 能正确认读"蜻"等12个生字新词，引导学生发现本课认读字的规律，并总结识字方法。正确书写"间"等7个生字。

2. 能正确、流利、有节奏地朗读儿歌。

3. 图文结合并结合生活实际，了解句子的意思，了解蜻蜓等6种动物的活动状况及生活习性，激发学生了解小动物的兴趣。

【教学策略】

教师采用教师主导、学生主体、小组合作的教学模式，引导学生利用"生本阅读"教学平台进行自主探究，拓展思维，利用平台中的信息提交功能，实时反馈、评价学生的课堂学习效果。

【教学准备】

1. 教师：课件、词语卡片、简笔画。

2. 学生：思维导图。

【教学课时】

2课时。

第一课时（自主学习课型）

【教学过程】

板块一：情境导入

一、谈话导入

1. 导入：同学们，你们喜欢小动物吗？你们喜欢哪些小动物呢？（指名交流）

2. 课件出示6种动物图片：老师也喜欢小动物！今天给大家带来了一些小动物，快跟它们打个招呼吧！（全班齐读6种动物名字）

二、引出课题

板书课题，齐读课题。

三、质疑问难

读了课题，你想知道什么？

四、目标导读

同学们，通过这一课的学习，你们将能：

1. 认识并发现"蜻、蜓"等12个生字及其字形特点，了解形声字的形旁和声旁的作用。

2. 会写"间、迷"等7个字。

3. 能正确地朗读儿歌。

设计意图：

低年级的学生活泼好动，针对低年级学生形象思维能力强的特点，形象的图画会引起他们的注意，可以直观引起他们浓厚的学习兴趣，让他们对感兴趣的图片会积极表达、乐于表达，并初步让学生养成质疑问难的良好习惯。

板块二：听文认字

朗读课文：

1. 任务要求：请同学们认真听朗读儿歌录音，一边听一边想象画面。不会的生字可以圈画出来。

2. 方法指导：耳朵听，眼睛看，手指书，想画面。

3. 任务说明：学生倾听的过程，教师巡视，并对个别学生进行听读习惯的指导。

设计意图：

听读课文，让学生借助录音读准字音，主要是为学习生字做准备。

板块三：互教互学

一、同桌互读

> 任务要求：
> 1. 同桌交换书本。
> 2. 请你把以下生字读给同桌听，读对打"√"；读错的，纠正后读对了再打"√"。

qīng	tíng	mí	cáng	zào	mǎ	yǐ	shí	liáng	zhī	zhū	wǎng
蜻	蜓	迷	藏	造	蚂	蚁	食	粮	蜘	蛛	网

二、难字教读

1. 投票：请你用答题器选出最难读的字。

2. 交流难读的字音：你认为哪些字音要提醒同学们注意？

学生汇报：（落实生本教学）

我要提醒大家_____，_____不要读成_____，请大家跟我读_____。

3. 分组拼读生字。

4. 青蛙过河游戏："开火车"读"去掉拼音"的生字。

设计意图：

采用多种方式，不断出现所学词语，从同桌互读拼音识字，到交流难读字音，再到去掉拼音识字。生字的识记体现了梯度，在反复与生字见面的过程中，学生认识了生字。生字这样先学后教，针对难点，重点练读，运用游戏的方式，极大地调动了学生学习的积极性。

三、互教：识记生字

1. 回顾识字方法：加一加、减一减、换一换、组词法、偏旁法、编字谜、字理归类识记等。

2. （落实生本教学）利用课前预习的思维导图，和四人小组的同学交流识字方法。要求：轮流说，认真听。

学生可以这样说：

例1：我会用_____方法（同一种方法）记住_____这几个字。我会组词_____。我会用_____这个词语说一个句子：_____。

例2：_____这个字，我可以用_____方法（多种方法）记住它。

3. 全班交流：请四人小组上台汇报交流。

4. 评价。

四、认识形声字

1. 课件出示动物名称，学生观察它们的共同点。

2. 发现形声字的特点。（观看微课）

3. 以"蜻"为例，教师小结方法。汉字中有许多这样的字：一边表示它的意思，一边表示它的读音。它们是形声字，我们可以利用这种规律认识很多字。

4. 根据形声字的特点，拓展认识相关的形声字：蚊、虾、蚜。

五、巩固词语：齐读词语

> 蜻蜓　蚂蚁　蜘蛛　结网　捉迷藏　造宫殿　运食粮

设计意图：

通过学生发现汉字特点，了解形声字进行认字，使他们掌握一定的识字知识和方法，从而激发学生识字兴趣，提高识字能力。在学生认识了"蜻蜓""蝴蝶""蚯蚓""蝌蚪"和"蜘蛛"等生字后，拓展认识相关的形声字，引导学生寻找规律。学生感悟到借助形声规律识字的方法。这样在完成识字教学的同时，培养了学生的识字能力，把学习的主动权交给了学生。

板块四：检测评价

一、请选出"蜘蛛"正确的读音（　　）（答题器选择）

　A. zī zū　　　　　　B. zhī zū　　　　　　C. zhī zhū

二、猜一猜（答题器抢答）

猜字谜：无言的谜。（　　）答案：迷

三、我会连一连，组字成词。（答题器选择）

　　　　　蜻　蚂　蜘　结　粮

　　　　　蚁　蜓　网　食　蛛

四、正确朗读课文。（生字回文）

设计意图：

通过练习，检测学生对生字音、形的掌握程度，从而让学生对所学生字的进行巩固。

板块五：写字有方

一、出示生字

　间　迷　造　运　池　欢　网

二、投票

请你用答题器选出最难写的字。

三、指导书写

"间、网"，重点指导写"网"。

1. 猜字游戏：出示甲骨文"网"，复习象形字。

2. 比较甲骨文"网"与蜘蛛网。

3. 展示"网"字的演变。

4. 指导书写。

① 观察（结构、重要笔画）。

"网"是半包围结构，要写得大而宽，里面的两个"撇点"相交在横中线上，分布要均匀，不能一大一小。

② 范写，学生跟着书空。

③ 学生临写，老师巡视（写前端正姿势）。

④ 评价修改：教师点评——学生修改——同桌互评。

设计意图：

低年级写字教学是一项重要的任务，写字是学生终身发展的基本功。教师在指导学生书写时要引导学生注意生字的结构及书写规则，培养学生爱写字的兴趣，教会学生正确的写字方法，使学生养成良好的书写习惯，从而提高写字能力。

板块六：总结延伸，布置作业

一、总结

通过这节课的学习，你学到了什么？

二、布置作业

1. 把"我会认"的生字读给家长听。

2. 找找生活中的形声字。

设计意图：

在生活中识字，引导学生利用课堂以外的学习渠道自主识字，这样，学生既有识字能力，又有主动识字的愿望和习惯。在生活中识字，等于给学生插上了翅膀，让学生在汉字的自由王国里展翅飞翔。

【板书设计】

动物儿歌

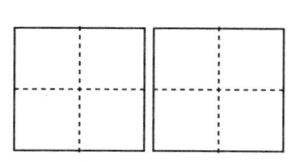

书写评价标准： ★★★	
正确	
关键笔画	
美观	

设计意图：

学生对照"书写评价标准"在田字格中按笔顺正确书写所学的生字，培养认真书写的好习惯。

第二课时（互动探究课型）

【教学过程】

板块一：情境与导入

一、猜谜激趣

1. 小飞机，纱翅膀，飞来飞去捉虫忙。低飞雨，高飞晴，天气预报它最棒。（蜻蜓）

2. 灰身子，大脑袋，长尾巴，长大尾巴不见了。（蝌蚪）

3. 小小诸葛亮，稳坐中军帐，摆开八卦阵，专捉飞来将。（蜘蛛）

二、揭示课题、板书课题

1. 导入：小动物们可真有趣！今天我们继续学习这首写小动物们有趣活动的儿歌。

2. 板书课题。

三、目标导读

同学们，通过这一课的学习，你们将能：

1. 流利、有节奏地朗读儿歌。
2. 通过朗读、表演，了解动物的部分生活习性。
3. 产生观察小动物、了解小动物的兴趣。

设计意图：

根据一年级小学生形象思维的特点，上课伊始，通过猜谜语激发学生学习的欲望。

板块二：朗读与感知

一、朗读课文

1. 自己读文。要求：请同学们自由朗读课文，做到读准字音，读通句子。

2. 小组读文。四人小组组内接力朗读儿歌。要求：读准字音，读通句子。

3. 全班读文。小组派代表接力读。要求：读准字音，读通句子。

4. 小结评价。读正确了吗？读流利了吗？声音响亮吗？

设计意图：

通过多种形式的读，让学生把生字读准，把句子读顺，把儿歌读流利，为后面的儿歌创编做好铺垫。

二、感知内容

1. 出示要求：

> 要求：
> 自由朗读课文，完成以下内容：
> 1. 用"◯"圈出动物名称。
> 2. 用"＿＿"画出小动物在干什么。

2. 全班交流：展示、反馈。

3. 小结回顾：齐读动物名称。

设计意图：

结合具体的语言环境，让学生初步认识儿歌中表示小动物名称的词。

板块三：阅读与鉴赏

一、指导朗读

1. 四人小组交流：这些小动物，你喜欢谁？为什么？

2. 学生汇报（落实生本教学）：

读了这首儿歌，我喜欢_____（谁），因为_____（像、做、喜欢等），由此，我想到了_____。

3. 指导朗读。

（1）师生问答游戏，示范一句。例如，师：蜻蜓半空干什么？生：蜻蜓半空展翅飞。

（2）多种形式朗读。

① 和同桌拍手朗读。

② 接力拍手读：请学生代表边拍手边读。

③ 全班拍手读。

④ 演读课文：学生配上动作，边读边演。

二、观察句式特点

1. 自主发现：看看儿歌，你有什么发现？

2. 全班交流：请小组代表发言。

3. 教师小结句式特点：（谁）（哪里）（干什么）。

4. 出示课后练习：读一读，记一记。

    蜻蜓展翅 蝴蝶飞舞 蚯蚓松土

    蚂蚁搬家 蝌蚪游水 蜘蛛结网

（1）自由读词语。

（2）请同学们来观察一下课后的6个短语，它们有什么特点？（动物名字+动词）

（3）我会连一连。

    蜻蜓 松土   蝴蝶 结网

    蚯蚓 游水   蚂蚁 搬家

    蝌蚪 展翅   蜘蛛 飞舞

设计意图：

教师有意识地让学生自主选择朗读的内容，不以老师的指派来代替学生的阅读。多种形式朗读，一方面可以激发学生的想象力和创造力，另一方面可以让学生的学习得到一定程度的调节。

板块四：表达与拓展

创编儿歌：在动物王国，你还会看到或认识什么动物？请你仿照课文，说一说。

1. 自由说说。

2. 小组交流。

3. 小组汇报。

4. 小结评价。

设计意图：

通过说、仿训练，为学生提供语言学习的实践机会，鼓励他们自主学习，从仿到创，发展思维，发展语言。

【作业设计】

1. 把儿歌读给家人听。
2. 推荐阅读：《昆虫记》《动物世界大百科》。

设计意图：

兴趣培养不是一天两天的事情，需要长期坚持。教师要给学生搭建阅读平台，让学生主动阅读，推荐相关的阅读书目，可以激发学生浓厚的阅读兴趣，开阔他们的视野。

【板书设计】

附：

《动物儿歌》先学小研究

1. 我要提醒大家注意_____字（平舌、翘舌、前鼻音、后鼻音），请大家跟我读。

2. 我会记：我用_____（加一加、减一减、换一换、猜一猜、组词）方法记住了_____字，我会组词_____。

3. 读了这首儿歌，我喜欢_____（谁），因为_____（像、做、喜欢等），由此，我想到了_____。

一年级：

巧用猜读识字　品读获取新知
——《小壁虎借尾巴》教学设计

【教材分析】

1. 文本分析

《小壁虎借尾巴》是统编版一年级下册第八单元的课文，是一篇科普童话。本文是继《棉花姑娘》《咕咚》之后的第三篇没有全文注音的课文。本文通过讲述小壁虎被蛇咬住尾巴，为了逃命挣断尾巴。小壁虎分别向小鱼、黄牛、燕子借尾巴，但它们的尾巴都有用，不能借给小壁虎。后来小壁虎发现自己长出了新尾巴。全文以生动通俗的语言，介绍了鱼、牛、燕子等动物尾巴的不同作用，以及壁虎尾巴的再生功能。

2. 生字分析

本文要求认识12个生字，会写7个生字。一年级下学期学生已有一定的识字能力，教师在进行生字教学时，要提醒学生区分前鼻音和后鼻音，读准翘舌音，除了运用学生已掌握的识字方法外，还要引导学生借助形声字偏旁表意的特点和联系上下文了解字义，结合课后练习，通过交流，学习运用猜读的方法识字。教师在指导学生书写生字时，要着重指导学生写好半包围的字，如"爬"和"房"。

3. 课后习题分析

课后习题第一题（在文中找出不认识的字，猜猜它们的读音和意思，再说说你是怎么猜出来的）在教学生字的时候可以解决。第二题（朗读课文，说说小壁虎都找谁借过尾巴，结果怎么样），课文配有6幅插图，教学中可以运用连环画课文的特点，让学生看图读文，找相关信息，并连起来说说故事的主要内容。根据文本特点，教师还可以鼓励学生分角色朗读表演。

【学情分析】

1. 已知

一年级下学期后期的学生已经掌握了一定的识字方法，在识字量、自学能力方面有了一定的基础，有一定运用形声字知识，结合生活中识字、联系上下文和借助图片等方式方法猜字的识字经验,并能运用思维导图进行预习。一年级小学生对新事物都很好奇,喜欢读童话故事,大部分学生也养成了良好的阅读习惯。

2. 未知

一年级下学期学生注意力很容易分散,语言表达能力不强,在文中找相关信息的能力有待提高,需要教师加强指导。

【设计理念】

本教学设计遵循以教师为主导,以学生为主体,以语言文字训练为主线的原则,采用灵活多样的教法,激发学生的学习兴趣,促进学生感知课文内容,了解小壁虎借尾巴的过程和小壁虎尾巴再生的特点,引导学生把课堂知识向课外延伸,开阔视野,增长见识。

【教学目标】

1. 学习运用猜读的方法识字,认识"壁、墙"等12个生字和户字头、车字旁2个偏旁;正确书写"爬、房"等7个生字。

2. 把课文读正确、读流利,学习分角色朗读课文。

3. 借助连环画课文的特点,读懂故事内容,说说故事的主要情节。

4. 了解壁虎、鱼、牛和燕子尾巴的不同作用。

【教学重难点】

1. 借助图画、形声字偏旁表意的特点,联系上下文等方法猜字、了解字义。

2. 借助连环画课文的特点读懂故事内容,说说故事的主要情节。

3. 理解小壁虎尾巴的用处和特点。

【教学策略】

本课的教学策略主要有以下几点:① 让学生运用已有的经验进行新知识的学习;② 采用导学法,即"讲—扶—放"、直观法、朗读法等教学方法进行教学;③ 以读为本,引导学生自读、读中思考、读中讨论,并举一反三。

【教学准备】

教学课件、动物图片、学习单。

【课时安排】

2课时。

第一课时（自主学习课型）

【教学要点】

在课文中找到不认识的字，猜猜读音和意思，说说是怎样猜的，并借助拼音把课文读正确、读流利。

【教学过程】

板块一：谜语激趣，导入新课

一、谜语激趣，导入新课

1. 导语：同学们，你们都是爱动脑筋的孩子，老师出一则谜语考考你们：是虎不会跳，四脚墙上爬，尾巴细又长，喜欢捉蚊子。

2. 学生猜谜底。（壁虎）

3. 导语：同学们真爱动脑筋，谜底就是壁虎。今天，我们学习一篇有关小壁虎的课文。

4. 教师板书课题［小壁虎借尾巴（"壁"字注音）］，学生齐读课题。

二、明确目标，学有所得

1. 导语：同学们，通过这节课的学习，我们将会有以下收获……

2. 学习运用猜读的方法识字，认识"壁、墙"等12个生字和户字头、车字旁2个偏旁；正确书写"爬、房"等7个生字。

3. 在课文中找到不认识的字，猜猜读音和意思，说说是怎样猜的。

4. 能借助拼音把课文读正确、读流利。

设计意图：

猜谜语是学生喜欢的游戏，抓住学生这个特点能很好地调动学生学习的兴趣，让学生一上课就投入到学习中来。紧接着教师开门见山让学生明确本节课的学习目标，让学生带着目的去学习。

板块二：读文识字，互教互学

一、复习猜读识字的方法

1. 导语：同学们，在学习《咕咚》一课时，我们遇到一些没有注音的生字，我们是用什么方法猜出它们的读音，然后通过组词和学习课文了解意思的？

预设：借助图画、生活中识字、联系上下文、利用形声字的特点识字。

2. 小结：同学们真会学习！今天我们继续运用这些方法来学习。

二、自由读文，自主识字

1. 导语：请同学们认真读课文，遇到不会读的字，拼读一下字上面的拼音，或者猜读一下，看看自己能不能将课文朗读下来。

2. 读完课文后，在课文里把要求会认读的字圈画出来，然后借助拼音把这些字宝宝读准，或者猜猜它们的读音。

三、互教互学，猜读识字

1. 出示生字。

> 壁 墙 蚊 咬 断 您 拨 甩 赶 房 傻 转

2. 同桌互教互学。

（1）出示会读的生字（要猜读的字不注音，其余生字注音），自由拼读有注音的生字。

（2）同桌互教互学。

（3）全班拼读。

3. 猜读不注音的要求会认读的生字：墙、蚊、咬、赶、房、转。

（1）导语：这些字，你猜它们的读音是什么？你是怎样猜出来的？

（2）自己猜读，同桌交流，全班交流汇报。

（3）反馈指导。（相机纠正读音并标上拼音）

预设：蚊（wén）、咬（yǎo）、赶（gǎn）、房（fáng）、转（zhuǎn），根据形声字形旁表意，声旁表音的特点进行猜读。

墙（qiáng）依据生活中识字或根据课文插图猜读。

（4）学生自由拼读，全班拼读。

（5）你用这样的方法还认识了哪些字？（指名学生回答）

4. 小结：当我们进行课外阅读，遇到不认识的字时，可以像我们今天学这几个生字这样，运用形声字的知识，在生活中识字，用联系上下文或借助图片等方法去猜猜它们的读音和意思。

5. 小组互教：和四人小组的同学讨论你是用什么方法来记住这些生字的。

> 壁 墙 蚊 咬 断 您 拨 甩 赶 房 傻 转

（1）出示生字和交流提示。

（2）我会说：我用_____的方法，记住_____字，读作_____，组词_____。

（3）四人小组组内轮流说一说。

（4）四人小组上台进行全班交流、评价，相机认识新部首"户、车"。

6. 出示词语，全班齐读。

墙壁　蚊子　咬断　您好　拨水　甩尾巴　赶走　房子　傻孩子　转身

7. 在课文中找出不认识的字，猜猜它们的读音和意思，再说说你是怎么猜出来的。（课后第1题）

8. 学生展示自己积累的成语：含有本课生字的成语或四字词语你积累了哪些？

预设：铜墙铁壁　一口咬定　反咬一口　连绵不断

拨云见日　你追我赶　回心转意　峰回路转

9. 回读文本：齐读课文，要求读准字音，读通句子。

设计意图：

多种形式的互教互学，发挥了学生的主体性，使他们成为识字的主人。运用学生已有的形声字知识，结合生活中识字、联系上下文和借助图片等猜字的经验，引导学生重视图画这一课程资源，有效地调动学生主动识字的积极性，提高学生自主识字的意识和能力。同时，采用多种方式评价，为营造轻松愉悦的课堂氛围奠定了基础，提升了学生的语文素养。

板块三：检测评价，巩固生字

一、连一连

请把下面的生字和它的正确读音连起来。

壁　蚊　墙　断　咬　转　甩　拨

wén　bì　duàn　qiáng　zhuǎn　bō　yǎo　shuǎi

二、识字游戏：小壁虎捉蚊子（正确认读词语）

墙壁　挣断　您好　咬断　拨水　转身　房子　甩尾巴

三、猜一猜，了解生字演变过程

看图，猜一猜这是哪两个生字的古体字（图5-1-3、图5-1-4）。

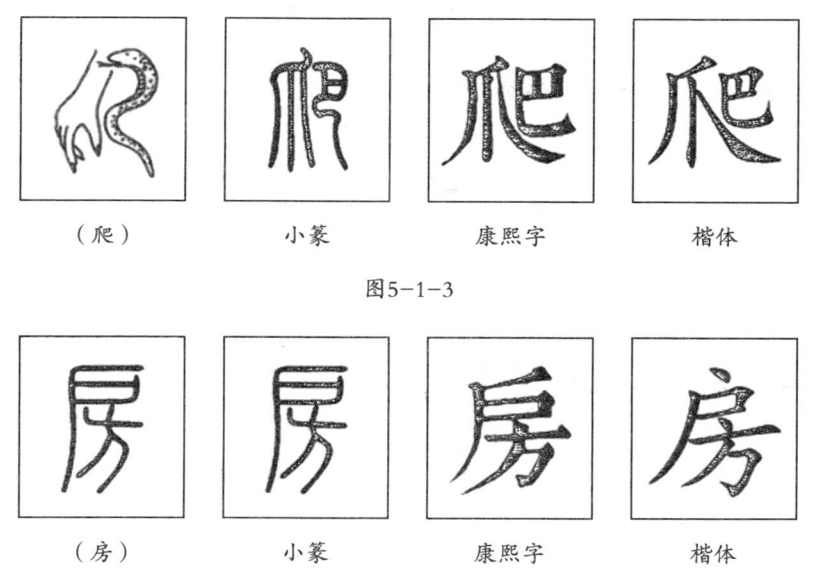

| （爬） | 小篆 | 康熙字 | 楷体 |

图5-1-3

| （房） | 小篆 | 康熙字 | 楷体 |

图5-1-4

设计意图：

通过了解汉字的演变过程，让学生对汉字的起源有个初步的认识，激起学生识字的兴趣，有利于学生学习生字。检测练习的设置不但能及时检测学生对生字的掌握程度，还能帮助学生巩固生字。

板块四：分享交流，写字有方

一、出示生字，学生观察

略。

二、分享交流，写字有方

1. 引导学生注意观察生字的笔顺、宽窄、高低、大小、压线笔画等（图5-1-5）。

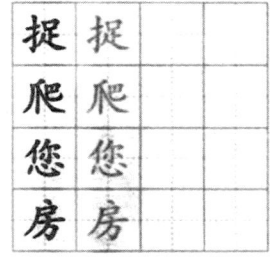

图5-1-5

2. 学生交流。

我认为_____字最难写，要注意_____。

我认为_____字容易写错，要注意_____。

3. 教师重点指导书写半包围结构的字"爬、房"。

（1）观察：这两个字各是什么结构？

（2）书写提示："爬"，半包围结构，"爪"字捺要舒展，"巴"小，在"爪"捺中部偏上。

"房"，半包围结构，"方"横伸出户字头，横折钩的折稍出户字头。

4. 教师范写，学生书空。

5. 学生练写，展示评价。

（1）学生练写字词。

（2）交流评价：以同桌或小组为单位，互相点评同学的书写作业。（星星评分）（表5-1-1）

表5-1-1

评价项目和标准	评价
1.书写正确☆	你认为我能拿：☆☆☆
2.写好关键笔画☆	
3.书写美观☆	

（3）课后练习其他四会字（会读、会认、会写、会默）的书写与组词。

设计意图：

学生通过自己的观察探究，以及教师范写等直观手段，从中领悟写字的要点，并通过展示评议，欣赏同学的好字，学习同学好的写字习惯。

第二课时（互动探究课型）

【教学过程】

板块一：复习导入，揭示课题

一、图片激趣，复习导入

1. 出示壁虎图片，学生说发现。

2. 复习生字新词。

二、揭示课题，明确目标

导语：小壁虎是怎么借尾巴的呢？今天我们继续学习课文《小壁虎借尾巴》。

三、目标导读

明确学习目标：通过这一节课的学习，你们将会有以下收获：

（1）了解壁虎、鱼、牛和燕子尾巴的不同作用。

（2）分角色朗读课文，借助连环画课文的特点，读懂故事内容，说说故事的主要情节。

设计意图：

低年级学生直观思维占主导地位，教师通过直观的图片，让学生一看就知道小壁虎为什么要借尾巴，教师再及时、明确地提出本节课的学习目标，使学生目的明确地进入新课的学习。

板块二：导图引路，整体感知

初读课文，梳理脉络：

1. 自由朗读课文，边读边想：小壁虎为什么要借尾巴？向谁借尾巴？结果怎样？

2. 与同桌交流自己预习时做的思维导图。

3. 指名汇报：根据思维导图汇报。相机出示动物图片。

读了课文，我知道小壁虎的尾巴被蛇_____，它找_____、_____、_____借尾巴，结果_____，最后小壁虎长出_____。

4. 教师小结。

设计意图：

低年级学生的思维以形象思维为主，因此教师要引导学生借助思维导图，理清课文的主要结构，帮助学生整体把握课文内容，提高学生的概括能力和自我学习的能力。

板块三：深入文本，品读感悟

一、学习第3、4、5自然段

1. 明确学习任务：认真读第3、4、5自然段，用"————"画出小壁虎的话，用"～～～"画出小鱼、老牛、燕子的话。

2. 在四人小组里交流，了解动物尾巴的作用。（出示学习单）

> 我知道_____的尾巴用来_____。大家请看第_____自然段："_____"（在文中把句子画出来）。由此，我想到_____的尾巴用来_____。

3. 全班交流汇报，教师相机板书：摇、拨水、甩、赶苍蝇、摆、掌握方向。

设计意图：

本文的阅读训练点是根据问题"小壁虎找谁借过尾巴，结果怎样？"找出课文中相关信息进行交流。本环节让学生在自主阅读的基础上，学习与人交流、与人合作，互相补充，同时培养了学生收集资料的能力，并且在交流中学生获得了更多的课外知识。

4. 指导学生品读对话，让学生了解动物尾巴的作用，体会小壁虎的有礼貌。

（1）重点指导学生读小壁虎和小鱼的对话。

预设：

老师：同学们，我们做个接力读的游戏，老师读前一部分内容，你们接着读后一部分内容。

老师：小壁虎爬呀爬，爬到……学生：小河边。

老师：它看见小鱼……学生：摇着尾巴在水里游来游去。

老师：小壁虎说：……学生："小鱼姐姐，您把尾巴借给我行吗？"

老师：小鱼说：……学生："不行啊，我要用尾巴拨水呢。"

设计意图：

读的方式的改变激起了学生学的兴趣，让学生不知不觉中了解了课文内容，理清了句子的关系，为后面的说故事打下基础。

（2）小壁虎是怎样向老牛和燕子借尾巴的？用你喜欢的方式，选择其中一段读一读。

设计意图：

放手让学生自由学，由扶到放，提高学生参与学习的兴趣，加深学生对文本的理解，让学生获得自主学习的能力。

（3）汇报朗读句子，教师相机指导朗读。
（4）师生分角色朗读课文。

二、学习第6、7自然段

1. 导语：小壁虎没有借到尾巴，本来很难过，可是最后它却高兴得叫了起来，为什么呢？
2. 观看视频，了解壁虎尾巴再生的特点，教师相机板书：保护再生。
3. 指导朗读：读出小壁虎惊喜的语气。
4. 练习检测：下面动物的尾巴各有什么用处？根据课文内容连一连。

  老牛 保护自己

  壁虎 掌握方向

  燕子 拨水

  小鱼 赶苍蝇

5. 小壁虎还会向谁借尾巴呢？小组合作仿照课文的内容编一编。
6. 小组合作上台展示交流。

设计意图：

让学生仿照课文编一编，既让学生了解了其他动物尾巴的作用的新知识，又加深了学生对课文段落结构的了解，还训练了学生的语言表达能力。

板块四：回顾总结，拓展阅读

1. 引导学生看板书说故事主要情节。
2. 学生谈收获。
3. 推荐阅读：《神奇的尾巴》。
4. 作业。

（1）必做题：把故事讲给家长听，可以把自己编的内容也加进去。

（2）选做题：在四人小组中和同学分角色演一演这个故事。

设计意图：

引导学生借助板书说说故事的主要情节，有效地落实了教学目标，有利于学生形成良好的思维习惯。推荐相关的课外阅读书目，培养学生的阅读兴趣。

遇见
"生本阅读",还原学生本真

【板书设计】

小壁虎借尾巴　　保护再生

摇　　　　拨水

甩　　　　赶苍蝇

摆　　　　掌握方向

设计意图:

板书是课文内容的浓缩,形象、直观的板书能激发学生的学习兴趣,帮助学生更好地理解、记忆课文主要内容。

附:

《小壁虎借尾巴》先学小研究

1. 我要提醒大家注意_____字(平舌、翘舌、前鼻音、后鼻音),请大家跟我读。

2. 我会记:我用_____(加一加、减一减、换一换、猜一猜、组词)方法记住了_____字,我会组词_____。

3. 我知道_____的尾巴用来_____。大家请看第_____自然段:"_____"(在文中把句子画出来)。由此,我想到_____的尾巴用来_____。

三年级：

留心观察，细致刻画
——《搭船的鸟》教学设计

【教材分析】

1. 文本分析

《搭船的鸟》是统编版三年级上册第五单元的课文，主要写了"我"在去乡下的路上观察并认识翠鸟的过程。课题中一个"搭"字，就使鸟儿具有了灵性，体现了鸟和人在自然中的和谐。一次平常的探亲之旅，因为"我"留心周围事物并细致观察，得以认识了一位可爱的新朋友——会"搭船"的翠鸟，充分说明了留心观察的好处。

2. 生字分析

中年级依然要重视识字、写字教学。本课要认识的生字比较多，所以教师可以让学生分类识记。例如，"搭、吞、捕"是动作词，可以整组识记；"鹦、鹉、悄"可利用形声字的特点进行识记；对于多音字"啦"，可以出示词语让学生比较辨读。本课要求写的字可以归类指导，注意提醒学生易错的笔画和部件。例如，"搭、沙、啦、响、嘴、悄、哦、捕"左窄右宽；"翠"上面部分第一笔和第四笔是横折，"吞"上面一横不要写成撇。

3. 课后习题分析

课后第一题（读课文，想想作者对哪些事物做了细致观察，说说你是从哪里看出来的）是对课文内容的整体把握。教师可以让学生自读自悟，抓住关键词概括出来：第一自然段写"我"观察了雨天船上的场景，第二自然段写"我"观察了翠鸟的外形，第四自然段写"我"观察了翠鸟捕鱼的样子。

课后第二题（读下面这段话，注意加点的词语，想象翠鸟捕鱼的情景——我正想着，它一下子冲进水里，不见了。可是，没一会儿，它飞起来了，红色的长嘴衔着一条小鱼。它站在船头，一口把小鱼吞了下去），教学中，教师可以先让学生读读这段话，思考"从这段话你感受到这是一只怎样的翠鸟？"然后让学生思考哪些词语体现了翠鸟动作的敏捷，圈画出动作词。接着，聚焦动词，边读边想象画面，说一说自己看到的翠鸟捕鱼的情形。最后，多种形式朗读，感受抓住动词进行细致观察的好处。

【学情分析】

1. 已知

本单元的学习主题为"留心观察",是习作单元,本课的主要任务是引导学生体会"细致观察"带来的好处。三年级学生对事物有好奇心,能调动自己对事物进行观察,能初步按一定的顺序观察事物,有一定的观察能力。

2. 未知

怎样很好地留心观察周围的事物?如何体会"细致地观察"带来的好处?三年级的学生要解决这两个问题是有难度的,因此,教师在理解课文内容、朗读课文、积累语言方面要融入"体会作者细致观察"的教学,让学生体会细致观察的好处,逐步养成观察的良好习惯。

【设计理念】

本教学设计遵循以学生为主体、教师随机点拨的原则,采用小组合作、互动交流的学习方式,激发学生的学习兴趣,引导学生体会细致观察的好处,养成良好的观察习惯,做生活中留心观察的有心人。

【教学目标】

通过描写翠鸟的语句,了解"我"对翠鸟的外貌、动作所做的观察,感受"我"的细致观察,初步体会留心观察的好处。

【教学准备】

教学课件、动物图片、学习单。

【教学课时】

2课时。

第一课时(自主学习课型)

【教学过程】

板块一:情境与导入

一、创设情境,引出课题

1. 教师导入:发现美,就要留心观察,请你介绍一下你观察到的一个小动物。

2. 学生介绍。

3. 谈话揭题:今天我们学习的这个单元的第一篇课文,作者用善于发现的眼睛观察了一种小动物,它不仅漂亮而且特别聪明,它还会搭船呢。请大家齐读课题:15.《搭船的鸟》。

二、出示要求,明确目标

1. 认识"父、鹦"等4个生字,读准多音字"啦"。
2. 会写"搭、亲"等13个字,会写"母亲、外祖父"等11个词语。
3. 初步感知课文内容。

设计意图:

以谈话的形式引入课题,从课题初步了解课文内容,使学生兴趣盎然地进入教学情境。

板块二:读文与识字

一、自由读文

朗读课文,读准字音、读通句子。

二、集中识字

1. 互读互教。(要求:读对的打"√",读错的请同桌纠正)

fù la yīng wǔ qiāo
父 啦 鹦   鹉 悄

搭	亲	父	沙	啦	响	羽
翠	嘴	悄	吞	哦	捕	

2. 难字辨识。

(1)选难读字(答题器),指名带读。

(2)字理辨识。

钓是形声字。金(钅)表意,表示钓鱼的钩是金属制成的;勺(sháo)表声,是舀取东西的器具;钓是把鱼从水中钩上来,也有取的意思,形旁简化,本义用是鱼钩钓鱼。

（3）全班交流：选择一个生字说一个成语或一句诗，也可以选择三个以上的词语说一段话。

3. 检查读生词。

> 母亲　外祖父　雨点　船夫　用力　船头　羽毛
> 翠绿　静悄悄　翠鸟　捕鱼

三、检测运用

1. 字词检测

我和母亲坐着小船，到乡下外祖父(fù)家里去。我们坐在船舱里。天下着大雨，雨点打在船篷上，沙啦(lā)、沙啦地响。船夫披着蓑(suō)衣在船后用力地摇着橹(lǔ)。

2. 段落检测

① 出示图片（图5-1-6），认识"舱、船篷、船夫、橹"等词。

图5-1-6

② 指名读。
③ 指名评价。

设计意图：

此板块的教学主要采取了自主学习与交流巩固相结合的方式，不仅让学生在学习的过程中进行了字词识记的自主构建，也让学生在交流学习的过程中更好地巩固了认知，进一步扫清了阅读障碍。学生使用应答器进行练习，更是增强了学习兴趣。

板块三：写字与评价

一、范例写字

应答器选择难写的字，学生说理由，并书写。

二、重点指导书写"翠、嘴"两个生字

1. 交流：说说书写这两个生字时要注意什么。

2. 范写指导：结构匀称，位置适中，笔画正确。

3. 学生在学习单上书写。

4. 展示评价。

写字评价三"☆"标准		
结构	位置	笔画
☆	☆	☆

设计意图：

教师对重难点生字的书写进行指导，培养学生爱写字的兴趣，教会学生正确的写字方法，为学生养成良好的书写习惯打下基础。

板块四：梳理与感知

一、复习概括文章主要内容的方法：要素串联法（板书）

1. 快速读文，借助下面的提示，想想课文主要讲了什么内容：课文主要讲了作者对雨点、_____和_____进行了_____。

2. 互动交流：学生用自己的话串讲课文的主要内容。

3. 随机点拨。

二、教师小结

课文主要讲了作者对雨点、翠鸟的外形和捕鱼情景进行了细致的观察。

板块五：总结与作业

一、回读课文

二、推荐阅读《孩子们和野鸭子》

第二课时（互动探究课型）

【教学过程】

板块一：回顾与导入

一、回顾复习

复习巩固这一篇文章的主要内容。

二、教师导入

同学们，法国著名雕塑家罗丹说过："生活中不缺少美，只是缺少发现美的眼睛。"细致观察可以让我们对事物有更多更深的了解。今天我们进一步学习作者细致观察的方法。

三、出示学习目标

1. 通过感悟描写翠鸟的语句，了解"我"对翠鸟的外貌、捕鱼是怎样观察的。

2. 感受"我"的观察细致，初步体会留心观察的好处。

设计意图：

以回顾复习引出新知，既巩固了上一节课学习的内容，又不着痕迹地引出了新课，水到渠成。

板块二：阅读与鉴赏

一、通读课文，感知语文要素

1. 提出问题：作者对雨点、_____和_____进行了细致的观察，你是从哪里知道的？请找出相关的句子。

2. 学生自学。

3. 小组交流。

4. 全班汇报。

5. 教师小结：刚才同学们都说得不错，找到的句子让我们知道作者对翠鸟的外形、捕鱼所做的细致观察，那这是一只怎样的翠鸟？作者是怎样观察的呢？让我们好好地品读一下这些句子。

二、品读重点词句，落实语文要素

（一）品读句子1：我看见一只彩色的小鸟站在船头，多么美丽啊！它的羽毛是翠绿的，翅膀带着一些蓝色，比鹦鹉还漂亮。它还有一张红色的长嘴。

1. 提出问题：从这个句子可以知道这是一只怎样的翠鸟？你是从哪里知道的？

2. 互动交流。（读悟结合，落实语用）

（预设交流情境）

生1：这是一只美丽的翠鸟。我是从第一句"我看见一只彩色的小鸟站在船头，多么美丽啊！"知道的，这是一个总起句。

师：是的，作者描写翠鸟的外形时，用了一个总起句来表达自己的感受。你真会思考！那么你能读出这种感受吗？

生1：朗读句子。（读后可以叫其他学生点评，然后朗读，鼓励个性化朗读）

师：你还从哪里知道翠鸟的美丽？

生2：作者围绕"美丽"一词，分别抓住"翠鸟的羽毛、翅膀和长嘴"进行描写。

师：也就是说作者从"羽毛、翅膀、长嘴"这三方面分别介绍了翠鸟外形的美丽，这是分述描写。所以作者在观察翠鸟的外形时，用了"先总述，后分述"的方法把观察到的事物写出来。请你通过朗读把翠鸟外形的美丽表达出来。

生2：朗读句子。（读后可以叫其他学生点评，然后朗读，鼓励个性化朗读）

3. 点拨拓展：你还从哪里知道翠鸟的美丽的？

（1）学生交流。

（2）随机点拨：指导学生圈画出表示颜色的词——翠绿、蓝色、红色。

（3）汇报交流：你从这些表示颜色的词语中体会到了什么？

（4）指导朗读：它的羽毛是翠绿的，翅膀带着一些蓝色，比鹦鹉还漂亮。它还有一张红色的长嘴。

4. 回读句子：我看见一只彩色的小鸟站在船头，多么美丽啊！它的羽毛是翠绿的，翅膀带着一些蓝色，比鹦鹉还漂亮。它还有一张红色的长嘴。

5. 教师小结：根据我们的体会，知道了观察事物的外形时，可以用一个总起句描写事物的外形，再抓住几个方面围绕总起句去描写。（板书：总起句　分述）

（二）品读句子2：我正想着，它一下子冲进水里，不见了。可是，没一会儿，它飞起来了，红色的长嘴衔着一条小鱼。它站在船头，一口把小鱼吞了下去。

1. 提出问题：从这个句子可以知道这是一只怎样的翠鸟？你是从哪里知道的？
2. 互动交流，随机点拨：圈画翠鸟捕鱼的动词——冲、飞、衔、站、吞。
3. 出示句子，读读这段话，注意加点的词语，想象翠鸟捕鱼的情景。

我正想着，它一下子冲进水里，不见了。可是，没一会儿，它飞起来了，红色的长嘴衔着一条小鱼。它站在船头，一口把小鱼吞了下去。

（1）互动交流。
（2）随机点拨：作者之所以能把翠鸟捕鱼的情景写得那么生动，是因为他抓住了翠鸟的动作进行了细致的观察。（板书：动作）
（3）指导朗读。
4. 回读联想。

汇报句式：读了这段话，我想到了动物活动时的_____（一个词、一句话、一个场景、一个故事、一篇文章），因为_____。

（1）汇报交流。（学生随机板书）
（2）随机点拨。

设计意图：

围绕语文要素进行听说读写的训练，不仅凸显了"生本阅读"教学的厚度，更彰显了"生本阅读"教学的深度。学生在进行语言文字训练时真真切切地感受到了语言的魅力。

板块三：表达与交流

仿写练习：认真观察下面的小动物（图5-1-7），选择其中的一个小动物，用一段话描写它的外形。要求：要有总起句，能抓住几个方面来写。

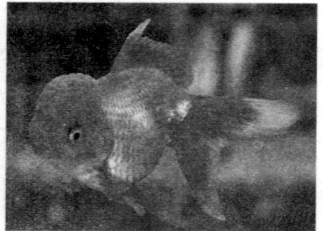

图5-1-7

1. 学生自由练笔。
2. 展示评价。

设计意图：

此环节，学生借助评价，实现了从读到写。学得怎么样，从学生的写作就可见一斑。通过评价，学生的写作就有了依据。

板块四：总结与拓展

一、学生谈收获

1. 教师总结：今天我们认识了一只美丽、敏捷的翠鸟，体会了作者从"总述分述"对翠鸟的外形及动作所做的细致观察，希望同学们以后在学习生活中多留意周围的事物，并进行细致的观察。

2. 推荐阅读：《孩子们和野鸭子》。

二、布置作业

观察身边的一种动物、植物或一处场景，用上今天课堂所教方法，完成"观察记录单"，简要地记录观察所得。观察记录单见表5-1-2。

表5-1-2

观察对象				
观察时间				
观察地点				
观察所得				

【板书设计】

搭船的鸟

翠鸟 ｛ 样子（美丽）：羽毛、翅膀、长嘴
（总起句）　　　（分述）
捕鱼（敏捷）：冲、飞、衔、站、吞（动作）
（留心观察　发现美）

四年级：

学习伟人精神　获取成长力量

——《为中华之崛起而读书》教学设计

【教材分析】

1. 文本分析

《为中华之崛起而读书》是统编版教材四年级上册第七单元的一篇精读课文。文章写的是周恩来少年时代的一件事，他耳闻目睹了中国人在租界里受洋人欺凌却无处说理的事情，从中深刻体会到伯父说的"中华不振"的含义，从而立志要为振兴中华而读书，表现了少年周恩来的博大胸襟和远大志向。本文结构严谨、层次清晰，是引导学生学习在阅读中体会人物的思想感情，激励学生将自己的学习生活与国家繁荣和民族振兴大业联系在一起的好文章。

2. 生字分析

本文要求认识"崛、嚷、效"等8个生字，会写"肃、振、惑"等15个字。四年级下册的生字教学要注重学生的自主学习，引导学生自主发现生字的规律，解决难写、易写错的生字，最后以课堂上听写检测学生学习生字的过关率。

3. 课后习题分析

课后习题第一题——"默读课文，想想课文讲了哪几件事，再连起来说说课文的主要内容"是落实本单元第一个语文要素"关注事件，学习把握文章的主要内容"的一个学习策略，先想想文中讲了几件事，然后用自己的话串联起来。第二题——"课文中出现了'租界''中华不振'等词语，查阅资料了解当时的社会状况，结合下面的诗句理解周恩来立下如此志向的原因"也是进一步落实语文要素"关注人物，学习把握文章的主要内容"的一个策略。这两道习题不是截然分开的，教师在教学中要把两者的教学融为一体。第三题——"小练笔：如果有人问你'为什么而读书'你的回答是什么？想一想，写下来，注意写清楚理由"不仅是一个读写结合的训练，更凸显了本单元的学习主题。学生通过品词析句，学习抓住事件树立自己的理想。

【学情分析】

1. 已知

《为中华之崛起而读书》是四年级上册第七单元的首篇课文，本单元课文以"成长"为主题,训练重点是"引导学生认真阅读,体会课文表达的思想感情"。学生由三年级升到四年级,在自主感悟课文内容方面已有了一定的基础。

2. 未知

本文的时代背景与学生的生活相差太远,学生不易进入文本的情境,与人物产生情感的共鸣。因此,本课的设计力求在读文的基础上,将课内外的语文学习资源整合起来,将听、说、读、写、思、议有机结合,使学生深入体会周恩来立志的原因,并在体验别人成长经历的同时,思考自己成长中存在的问题,学习如何立志。

【设计理念】

遵循"减负增效,张扬个性"的原则,本着"生本阅读"的教学理念,利用导学案,引导学生在先学的基础上,再通过"自学、小组学、全班学"等环节,培养学生的胆量和口头表达能力,体现"生本阅读"教学的"七个有"和"四个放"的原则。

【教学目标】

1. 认识8个生字,会写12个生字。正确读写"帝国主义、伯父、模范、风和日丽、灯红酒绿、热闹非凡、耀武扬威、巡警、吵嚷、得意扬扬、惩处、抱负、胸怀、喝彩、振兴中华"等词语,积累"风和日丽"等四字词。

2. 正确、流利、有感情地朗读课文,了解课文的主要内容。

3. 结合当时的社会背景,抓住关键词句重点深入体会少年周恩来立志的原因,并联系实际,思考自己读书的目的。

【教学重难点】

1. 在阅读中抓住关键词体会人物的思想感情。

2. 了解当时的社会背景,深入体会少年周恩来立志的原因。

【教学准备】

1. 了解课文的时代背景,预习课文,熟读课文,完成学前小研究。

2. 多媒体课件。

【教学时间】

2课时。

第一课时（自主学习课型）

【教学过程】

板块一：情境与导入

一、谈话导入

同学们，梁启超在《少年中国说》中的一段话："今日之责任，不在他人，而全在我少年。少年智则国智，少年富则国富，少年强则国强，少年独立则国独立，少年自由则国自由，少年进步则国进步，少年胜于欧洲则国胜于欧洲，少年雄于地球则国雄于地球。"（课件出示）请你谈谈对这段话的理解或者体会。（引导学生理解少年应该树立远大的目标）

二、读题释题

教师板书题目"为中华之崛起而读书"，解释"中华之崛起"的意思。

三、出示导语，明确目标

同学们，通过这一课的学习，你将：

1. 认识"崛、范"等字，会写"肃、晰"等字，学会写"严肃、清晰"等词语。
2. 正确、流利地朗读课文。
3. 能说出课文讲了几件事并会用事件串联法概括课文的主要内容。

设计意图：

以梁启超《少年中国说》的话语引入课文，激发学生的学习兴趣。通过解题、释题自然而然地明确本课的学习目标，不着痕迹而又有效。

板块二：读文与识字

一、朗读课文

自由朗读课文，注意读准字音，读通句子。

二、集中识字

1. 互读互教。

严肃	清晰	抱负	胸怀	追问	赞叹	总理	疑惑	表情	忘怀
果真	非凡	正当	哭诉	亲人	原来	指望	撑腰	训斥	围观
不幸	体会	分量	响亮	若有所思	中华人民共和国				

2. 难字辨识。

（1）选最难记的字词，教师点拨。（答题器）

（2）全班交流：选择一个生字说一个成语或一句诗，也可以选择三个以上的词说一段话。

3. 全班齐读。

三、检测运用

1. 我会用"＿＿＿＿"给加点字选择正确的读音。

模范（mó　mú）　严肃（sù　shù）　训斥（cì　chì）　淮安（hái　huái）

2. 比一比，再组词。

晰（　）　崛（　）　疑（　）　效（　）（　）

析（　）　掘（　）　凝（　）　郊（　）（　）

板块三：写字与评价

一、观察

观察"肃""赞"两个生字。

二、交流

观看书写笔顺微课，这两个生字书写时要注意什么？

三、指导

这两个字都是上下结构，要注意"肃"字笔顺为"横折、横、横、竖、撇、竖、撇、点"；"赞"第六笔是竖提，最后一笔是点。

四、写字

学生在田字格上练习写"肃""赞"两个生字，教师做个别指导。

五、展示评价

写字评价三"★"标准		
结构	位置	笔画
★	★	★

板块四：梳理与感知

一、自由读文

读准字音，读通语句。

二、默读课文，思考问题

想想课文讲了哪几件事。

三、汇报交流，梳理内容

课文讲了哪几件事？

1. 自学。

2. 小组交流。

3. 全班汇报，随机点拨，你是用什么方法概括这件事的？

4. 概括课文的主要内容。

5. 小结方法：抓住主要人物和事件来概括课文的主要内容（事件串联法）。

设计意图：

充分体现"以生为本"的教学理念，充分发挥学生学习的主动性，鼓励学生结合自己课前的阅读情况，自主阅读。通过提炼本课的教学内容，用自己的话说说课文讲了哪几件事，从中让学生感知事件串联法，突破教学的重点。

板块五：总结与作业

一、朗读课文

二、完成学习单

第二课时（互动探究课型）

【教学要点】

在阅读中结合当时的时代背景，抓住关键词句体会周恩来立志的原因。

【课前交流】

周恩来的资料（同桌站起来互说一分钟，指名学生与其他学生交流）。

【教学过程】

板块一：回顾与导入

一、回顾导入，引出新知

课文主要写了什么？这节课我们继续学习课文，了解周恩来的故事吧！

二、出示导语，明确目标

1. 学会正确、流利、有感情地朗读课文。

2. 了解周恩来立志为"中华之崛起而读书"的原因。

3. 感受周恩来的博大胸怀和远大的志向，树立为国家繁荣、民族振兴而刻苦学习的志向。

板块二：阅读与鉴赏

一、通读课文，体会"中华不振"的原因，理解周恩来立志的原因

1. 默读第1～8自然段，思考：周恩来立下"为中华之崛起而读书"这个志向的原因是什么？你是从文中的哪些句子体会到的？

我知道周恩来立志的原因是_____，我从_____这个句子中的_____（描写方法、关键词、标点等）体会到_____，由此，我想到了（一件中国受欺辱的事、一则新闻、一句话、一个词）_____。

2. 四人小组交流，互说。

3. 全班交流。

4. 小结：同学们抓住了课文中周恩来的所见、所闻这两部分的关键词句，体会并揣摩了他内心的情感，这是一种很好的读书方法。

二、品读重点语句，体会"中华不振"的原因，理解周恩来立志的原因

（一）品读句子1：他们凑了过去，只见人群中有个女人正在哭诉着什么，一问才知道，这个女人的亲人被外国人的汽车轧死了，她原本指望巡警局给她撑腰，惩处这个外国人，谁知中国巡警不但不惩处肇事的外国人，反而训斥她。围观的中国人都紧握着拳头。但这是在外国人的地盘里，谁又敢怎么样呢？大家只能劝慰那个不幸的女人。

1. 提出问题：你从哪些词句体会到"中华不振"？

2. 互动交流（预设）：

（1）我从"握紧拳头"和"劝慰"这两个词语体会到"中华不振"，国民怒不敢言的无奈。

（2）发现方法：抓关键词谈体会。

（3）指导朗读。

3. 点拨拓展。

（1）导语：你还从哪些词句体会到"中华不振"？请你找一找，读一读，想一想。

（2）读文画句：学生默读课文，画出句子。

（3）汇报交流：谁来分享一下你找到的句子？

（二）品读句子2：这一带果真和别处大不相同：街道上热闹非凡，往来的大多是外国人。

1. 提出问题：你从哪些词句体会到"中华不振"？

2. 互动交流（预设）：

（1）我从"＿＿＿＿"这些词语体会到中华不振，因为＿＿＿＿＿＿。

（2）指导朗读。

3. 出示要求：课文多次出现了"中华不振"这个词语，查阅资料了解当时的社会状况，结合下面周恩来写的诗，理解他立下"为中华之崛起而读书"这一志向的原因。

　　　　　　　　　suì
大江歌罢掉头东，邃密群科济世穷。

　　　　　　　　　chóu
面壁十年图破壁，难酬蹈海亦英雄。

——周恩来

4. 补充资料。当时的社会状况：20世纪初的清政府是软弱无能的，从鸦片战争开始，清政府由于腐败无能，一再妥协退让，先后被迫与外国侵略者签订了屈辱的《南京条约》《马关条约》《辛丑条约》。清政府既不能保护自己的子民，又不敢得罪洋人，在制止双方的冲突中既没有做到公正，又没有约束力，致使矛盾升级，酿成大祸。首先，如果清政府是强有力的政府，外国宗教势力就不敢轻视清政府和中国人，也不敢为非作歹，因为清政府会把为非作歹者绳之以法。但是，清政府惧怕洋人，所以造成洋人和"二毛子"横行霸道、欺凌百姓，不把官府放在眼里。其次，正是官府的不公及不作为激起了民众的不满，民众对洋势力的愤恨日积月累，导致暴力发生。清政府先是镇压不住，后是利用义和团和八国联军打仗，最后又出卖义和团，一错再错，差点葬送了中国。

5. 回读联想：你还了解了当时社会的哪些状况？

设计意图：

学生是学习和发展的主体，教师则是他们学习的组织者、引领者。因此，在教学中，教师要努力体现"以学定教""顺学而导"的教学理念，实现"先学后教"，着力培养学生自主感悟语言文字的能力。

板块三：表达与交流

一、学生写话（配乐）

从租界回来后，同学们常常看到周恩来一个人在沉思，他在沉思些什么呢？让我们用心想一想，并把它写下来。

二、学生交流写话内容

略。

设计意图：

回归文本，迁移写法，旨在让学生"立足方法，步步推进"——创设情境，一步一步引导学生尝试运用所学的抓住语言、心理活动的描写方法进行写话训练，使学生真正会写，真正做到学以致用。

板块四：拓展与延伸

一、拓展阅读，感受成长

1. 师：12岁那年的沉思决定了周恩来一生的道路。在修身课上，当魏校长问诸生为什么而读书时他是这样说的：为中华之崛起而读书！（指课题，生读，指导有感情地朗读）

2. 出示课后资料袋，加深对周恩来立志原因的理解。

1917年，周恩来中学毕业后，在同学和师友的帮助下，筹到了一笔赴日本留学的经费，出国前，他回到母校，与小学时的老师和同学话别，他写下的临别赠言是"愿相会在中华腾飞世界时"。

由天津乘船东渡日本前夕，他又写下了一首抒发救国抱负的著名诗篇：

大江歌罢掉头东，邃密群科济世穷。

面壁十年图破壁，难酬蹈海亦英雄。

3. 小结：也正因为周恩来有如此博大的胸怀，他才成为我国伟大的总理！也正因为如此，他得到了全国人民的爱戴，乃至全世界人民的尊重！

4. 拓展阅读：《詹天佑在美国》。

（1）出示《詹天佑在美国》。

快速阅读，思考：我知道詹天佑立志报效祖国的原因是_____，我是从_____这些关键词句中体会到的。

（2）指名说。

（3）小结。周恩来、詹天佑这些伟人的志向都是跟祖国的命运连在一起的。

5. 推荐阅读《周恩来传》，进一步了解伟人。

6. 谈学习收获。

7. 作为共产主义接班人，我们应该立下什么志向呢？（板书：？）

设计意图：

拓展阅读，旨在重视学生阅读方法的习得与运用，很好地将课内与课外有机地融合起来。坚持不懈，学生的阅读量必定大增，语文学习的视野必定日益开阔，语文素养必定逐渐提高，真正实现"大阅读"。

二、布置作业

1. 思考：自己今天为什么而读书？

2. 阅读《周恩来传》，继续了解伟人的成长故事。

【板书设计】

```
                            为中华之崛起而读书
                                  ↑
        耳闻 ┐
             ├──→ 中华不振 ──→ 立志
        目睹 ┘                    ?
```

段意综合法　要素串联法　抓住关键词句　结合时代背景

附：

《为中华之崛起而读书》第一课时先学小研究

班级_____　姓名_____　评价_____

一、我搜集

租界地和周恩来的资料如下。

1. 租界地：_____。

2. 周恩来：_____。

二、我能用思维导图的方式梳理课文的主要内容

三、我能提一个不懂的问题

_____

_____

四、我会思考

读第7~8自然段，你从文中的哪些句子感受到"中华不振"？

我是从_____这个句子中的_____（描写方法、关键词、标点等）体会到_____。由此，我想到了（当时的社会、一则新闻、一句名言、一个成语等）_____。

五、我想说

从租界回来后，同学们常常看到周恩来一个人在沉思，他在想：_____
_____。

《为中华之崛起而读书》第二课时先学小研究

班级_____ 姓名_____ 评价_____

一、我想说：读《周恩来传》的感受

我读了《周恩来传》的"_____"故事，我知道了周恩来是一个_____的人，我是从_____体会到_____。由此，我想到_____。

二、综合性学习，了解别人"成长的故事"，展示自己的学习成果及收获

在综合性学习中，我通过_____（阅读、上网、访问、写信……）方式了解了_____（谁）的"成长故事"_____。

我打算用_____（讲故事、写文章、编短剧、办手抄报……）方式展示，我从中得到的收获是_____。

五年级：

"静"有玄机，"动"现真章
——《鸟的天堂》教学设计

【教材分析】

1. 文本分析

《鸟的天堂》是统编版五年级上册第七单元的课文，是一篇记叙文。本文

是著名作家巴金先生的作品，选作课文时有改动。作品记叙了作者和朋友两次经过"鸟的天堂"时的所见所闻，具体描写了傍晚静态的大榕树和第二天早晨群鸟活动的景象。宽阔清澈的河流、充满生机的大榕树、活泼可爱的小鸟，构成了一幅高雅清幽的风景画，展示了一派美丽动人的南国风光，表达了作者对大自然生命力的热爱和赞美。

2. 生字分析

本文要求认识"桨、桩、暇"3个生字，会写"榕、涨、梢"等10个字，掌握"数"和"干"两个多音字。五年级的学生已有较好的识字方法，有较强的识字能力。因此，生字教学不需要像低年级那样从音、形、义等几个方面逐字讲解、逐字学习，可以以检测的方式进行，课中听写，检测学生学习生字的过关率，并进行课上的即时反馈，对学生掌握不够好的生字进行随机点拨，对难写的生字或多人写错的生字进行书写指导。

3. 课后习题分析

课后习题第一题（朗读课文，说说作者为什么感叹"那'鸟的天堂'的确是鸟的天堂啊"），加引号的"鸟的天堂"是指大榕树，鸟儿们在这里生活得自由自在、幸福快乐，就像在天堂一样，所以在作者心中，大榕树是确确实实的鸟的天堂，所以说"鸟的天堂"的确是鸟的天堂！课后习题要求朗读课文，这也是感悟文章中心思想的一个方法。第二题（课文分别写了傍晚和早晨两次看到"鸟的天堂"的情景，说说它们有哪些不同的特点。用不同的语气和节奏读一读相关段落）是本文教学目标制定的依据，也是教学重难点的落脚点，不同的就是第一次经过鸟的天堂采用静态描写，第二次经过鸟的天堂运用了动态描写。如何去体会这两种描写的不同呢？习题给出了方法，就是通过用不同的语气和节奏读出来，表现出来。教学中，教师要紧紧把握这两道习题，去落实本单元的语文要素，落实本课的教学目标。

【学情分析】

1. 已知

五年级的学生在朗读方面已能用不同的语气和节奏去朗读，具备一定的朗读能力；在阅读力方面，学生在"提取信息、解释与整合"两方面的能力较强，有一定的分析能力；在学习习惯方面，听、说、读、写的习惯已形成一定的技巧。

2. 未知

五年级上学期学生的分析与推论、反思与评价、应用知识等能力比较薄弱，欠缺方法的指引。因此，在本文的教学中，让学生体会静态描写和动态描写的写法时，教师就要利用本单元的语文要素，利用学生已有的经验，利用学生在朗读、阅读方面的优势，落实本课的教学目标，让听说读写的训练融为一体，有效落地。

【设计理念】

本教学设计紧扣单元的训练重点，力求体现立足生本，拓展阅读的广度和深度的教学理念。以"先学小研究"为统领，让学生先学，从初读课文，解决生字词，把握课文的主要内容到提出问题，从尝试自主解决问题到探究主问题，先行自学，根据"先学小研究"中由此展开联想的环节，通过搜集资料，整理、归纳大量的信息，拓展了阅读的广度；通过"先学小研究"中的方法提示抓住描写方法、关键词、修辞、标点符号去体会感悟，进行语言文字的训练，拓展了阅读的深度。以"先学小研究"为媒介，课中着重体现以生为本的理念，从质疑问题、解决问题，都以小组解决反馈为主，到教师只是稍稍点拨；从交流、汇报主问题都以学生为主，学生主持，学生解疑，到处都能看到学生的影子，学生成了学习的主角；从抓住读写的点进行写话都是学生自行领悟写作方法，汇报学生自主选择学生评价，到充分立足生本，发挥生本，发展生本。

【教学目标】

1. 有感情地朗读课文，能用不同的语气和节奏读一读描写榕树样子和鸟儿活动情景的段落，体会静态描写和动态描写的方法。

2. 学习作者动静结合的描写方法，并体会这样写的好处。

【教学重难点】

1. 理解课文内容，体会大榕树为什么被称为"鸟的天堂"。

2. 学习作者动静结合的描写方法，并体会这样写的好处。

【教学准备】

命制"先学小研究"、学习单，制作多媒体课件。

【教学课时】

2课时。

第一课时（自主学习课型）

【教学要点】

1. 朗读课文，认识"桨、桩、暇"3个生字，会写"榕、涨、梢"等10个字，会写"陆续、静寂"等11个词语。

2. 理清课文的写作顺序。

3. 学习第6、7、8自然段，体会文中的静态描写。

【教学过程】

板块一：创设情境，激趣导入

一、插图导入，初谈感受

1. 出示"众鸟纷飞"的图片，学生一边欣赏一边感受。

2. 学生谈体会。

二、揭示课题，质疑问难

1. 揭示课题：板书，齐读课题。

2. 质疑课题。

3. 简单介绍作者巴金。

设计意图：

重视导入环节，创设与文本相适应的图片情境、问题情境，激发学生学习兴趣，造成认知的矛盾冲突，从而激发学生的求知欲望。

板块二：检查预习，整体感知

一、堂上检测，字词过关

1. 明确任务：自由朗读课文，注意读准字音，读通句子。

2. 生字词检测。

（1）听写词语。

（2）评价修正。

（3）学习多音字"数"和"干"。

① 学生自学，正音、理解。

② 汇报。

③ 小结。

二、感知内容，整体把握

1. 明确任务。默读课文，思考问题：作者和他的朋友几次经过鸟的天堂？是在什么时候？看到了什么景物？有什么感受？用思维导图提炼关键信息。

2. 自主学习，完成思维导图。

3. 汇报交流，完善思维导图。

4. 学生用自己的话串说课文的主要内容。

设计意图：

给学生充分的与文本接触的时间，让学生理清作者的写作思路和课文的层次，以便对课文有一个整体的感知。采用"任务性"教学方法，引导学生感受课文内容，了解、摄入知识。

板块三：精准阅读，"静态"鉴赏

一、走进文本，体会静态美

1. 明确任务：学习第6~8自然段，体会榕树的"静态美"。

2. 出示主问题：这是一棵_____的榕树，我是从句子中_____等词语体会到的，由此，我想到了_____。

3. 自学，学生自读自悟，写批注谈感受。

4. 交流汇报。

5. 随机品读句子，进行语言文字训练。

（1）品读句子1：我有机会看清它的真面目，真是一株大树，枝干的数目不可计数。枝上又生根，有许多根直垂到地上，伸进泥土里。一部分树枝垂到水面，从远处看，就像一株大树卧在水面上。

① 自由读，想想这个句子写出了榕树的什么特点，是怎样写的。

② 学生汇报。

③ 指导学生用联系上下文、展开想象、抓关键词等方法去体会作者对榕树的静态描写。

④ 小结，体会静态描写的方法：联系上下文、展开想象、抓关键词。

（2）品读句子2：榕树正在茂盛的时期，好像把它的全部生命力展示给我们看。那么多的绿叶，一簇堆在另一簇上面，不留一点缝隙。那翠绿的颜色，明亮地照耀着我们的眼睛，似乎每一片绿叶上都有一个新的生命在颤动。这美丽的南国的树。

① 小组学习，用品读句子1的方法品读句子2。

② 汇报。

③ 朗读，指导学生读出榕树的静态美。

④ 小结。

二、回读句子，体会写法

1. 多种形式朗读第6~8自然段。

2. 小结。

设计意图：

《义务教育语文课程标准（2011年版）》明确指出，语文课要进行语言文字的训练。语文课是姓"语"的，不应把它上成练习课，而应体现语文课最基本的特点——"以读为本，课堂书声琅琅"。因此，本环节的教学着重以"读"灌输，以"读"引领教学。

板块四：提炼归纳，迁移运用

一、多元交流，归纳写法

1. 回读第6~8自然段，读出节奏。

2. 回顾体会静态美的方法。

二、精准表达，迁移运用

1. 本单元的诗歌或课文，哪些内容运用了静态描写？

2. 明确任务：当一名小导游，向"游客"介绍文中的大榕树，要运用静态描写的方法。

3. 小组练习。

4. 汇报交流。

5. 互动评价。

> 👍 **课堂学习评价**
>
> 我能按一定顺序表达，能得☆☆☆。
>
> 我能表述出静态美，能得☆☆☆。
>
> 我能借助资料，能得☆☆☆。

6. 小结。

设计意图：

回归文本，迁移写法，旨在让学生"立足方法，步步推进"——先学后说，先局部后发散，先扶后放，一步一步引导学生尝试运用所学到的体会榕树静态美的方法进行说话训练。要做到切入点小，针对性强，有"法"可依，使学生真正会说，会体会，真正做到学以致用。

板块五：回顾总结，布置作业

一、生谈收获，自我反思

略。

二、检测巩固，有的放矢

1. 出示练习：读下面的句子，给带点字选择正确的读音，打上"√"。（《阳光学业评价》积累运用，第1题）

（1）这真是一株大树，枝干的数（shǔ　shù）目不可计数（shǔ　shù）。

（2）小明干（gān　gàn）得可起劲儿了，把地打扫得真干（gān　gàn）净。

2. 学生练习。

3. 汇报。

三、教师总结，拓展延伸

1. 教师总结：在本课的学习中，我们抓住了表达方法和有感情地朗读，体会了榕树的静态美，那又怎样体会动态美呢？我们下节课继续交流。

2. 布置作业：

（1）向爸爸妈妈介绍《鸟的天堂》中的大榕树。

（2）积累课文中喜欢的句子。

设计意图：

学生借助板书整理、分享自己的课堂学习收获，有利于形成良好的思维习惯，反思学习行为的有效做法。布置作业与课后设疑的同步能有效帮助学生保持学习的兴趣和积极性，为下一课时的学习做准备。

第二课时（互动探究课型）

【教学要点】

1. 学习第12、13自然段，体会动态描写的方法。

2. 理解课文内容，体会大榕树为什么被称为"鸟的天堂"。

【教学过程】

板块一：复习导入，回顾写法

一、回顾内容，明确写法

1. 回顾内容：学生用自己的话串讲课文的主要内容。

2. 复习体会静态描写的方法。

二、明确任务，导入新课

明确任务：这节课，你想解决什么问题？

设计意图：

以旧知引出新知，有明确的方法做指引，为后续的学习奠定坚实的基础。引导学生从文章的写作方法和内容等方面整体感知课文，为本课时的语言积累做铺垫；同时，明确的任务驱动学生继续进行学习活动，是保持学生学习热情的重要手段。

板块二：精准阅读，动态鉴赏

一、走进文本，体会动态美

明确任务：学习第12、13自然段，体会鸟儿的"动态美"。

1. 出示主问题：这是一个_____的画面，我是从句子中_____等词语体会到的，由此，我想到了_____。

2. 自学，学生自读自悟，写批注谈感受。

3. 交流汇报。

4. 随机品读句子，进行语言文字训练。

（1）品读句子1：起初周围是静寂的。后来忽然起了一声鸟叫。我们把手一拍，便看见一只大鸟飞了起来。接着又看见第二只，第三只。我们继续拍掌，树上就变得热闹了，到处都是鸟声，到处都是鸟影。大的，小的，花的，黑的，有的站在树枝上叫，有的飞起来，有的在扑翅膀。

① 自由读，想想这个句子写出了鸟儿的什么特点？是怎样写的？

② 交流汇报。

③ 学生画出动词。

④ 指导学生抓住动词去体会鸟儿的动态美。

⑤ 小结体会动态描写的方法。

（2）品读句子2：我注意地看着，眼睛应接不暇，看清楚了这只，又错过了那只；看见了那只，另一只又起来了。一只画眉鸟飞了出来，被我们的掌声一吓，又飞进了叶丛，站在一根小枝上兴奋地叫着，那歌声真好听。

① 小组学习，用品读句子1的方法品读句子2。

② 汇报。

③ 朗读，指导学生读出鸟儿的动态美。

④ 小结。

（3）品读句子3：昨天是我的眼睛骗了我，那"鸟的天堂"的确是鸟的天堂啊！

① 自由读，想想你发现了什么。

② 指导学生理解"鸟的天堂"第一个加了双引号和第二个没有加双引号所表达的意思和作用。

③ 交流汇报。

④ 指导朗读。

⑤ 小结。

二、回读句子，体会写法

1. 用不同的语气和节奏读一读第6～8和第12、13自然段。

2. 指导学生发现这些段落的异同。

3. 小结。

设计意图：

通过朗读去体会静态描写和动态描写的特点和异同，让学生对语言文字进行推敲、分析、比较，从而习得语言的规律，得法、得言。

板块三：提炼归纳，迁移运用

一、多元交流，归纳写法

1. 回读第12、13自然段，读出节奏。

2. 回顾体会动态美的方法。

二、精准表达，迁移运用

1. 在本单元的诗歌或课文中，哪些内容用上了动态描写。

2. 明确任务：仿照本文鸟儿动态描写的方法，选一个自己喜欢的画面，用"起初……后来……接着……"的句式写一写。

3. 学生练笔。

4. 汇报交流。

5. 互动评价。

6. 小结。

设计意图：

回归文本，迁移写法，旨在让学生"立足方法，步步推进"——先说后写，先局部后发散，先扶后放，一步一步引导学生尝试运用所学的体会鸟儿动态美的方法进行写话训练。要做到切入点小，针对性强，有"法"可依，使学生真正会说，会体会，真正做到学以致用。

板块四：回顾总结，布置作业

一、生谈收获，自我反思

略。

二、检测巩固，有的放矢

阅读《海上日出》，回答下面的问题。（《阳光学业评价》阅读理解，第2题）

为了看日出，我常常早起。那时天还没有大亮，周围非常清净，船上只有机器的声音。

天空还是一片浅蓝，颜色很浅的。转眼间，天水相接的地方出现了一道红霞。红霞的范围慢慢扩大，越来越亮。我知道太阳就要从天边升起来了，便目不转睛地望着那里。

果然，过了一会儿，那里出现了太阳的小半边脸，红是红得很，却没有亮光。太阳像负着什么重担似的，慢慢儿，一纵一纵地，使劲向上升。到了最后，它终于冲破了云霞，完全跳出了海面，颜色真红得可爱。一刹那间，这深红的圆东西发出夺目的亮光，射得人眼睛发痛。它旁边的云也突然有了光彩。

有时候太阳躲进云里。阳光透过云缝直射到水面上，很难分辨出哪里是水，哪里是天，只看见一片灿烂的亮光。

有时候天边有黑云，而且云片很厚，太阳升起来，人就不能够看见。然而太阳在黑云背后放射它的光芒，给黑云镶了一道光亮的金边。后来，太阳慢慢透出重围，出现在天空，把一片片云染成了紫色或者红色。这时候，不仅是太阳、云和海水，连我自己也成了光亮的了。

这不是伟大的奇观么？

1. 读了这篇文章，你最喜欢的一句体现静态描写的句子是_____，因为_____。

2. 读了这篇文章，你最喜欢的一句体现动态描写的句子是_____，因为_____。

三、教师总结，拓展延伸

1. 教师总结：在日常生活中，我们用眼睛看到的事物，如果它静止不动，我们就说它处于静态；如果在活动，我们就说它处于动态。相对应的描述就是静态描写和动态描写。

2. 布置作业：

（1）如果写《记一次精彩的拔河比赛》，我们可以在什么地方使用静态描写与动态描写呢？

（2）阅读推荐：阅读巴金的文章和书籍。

设计意图：

进行阅读的拓展延伸，以检测评价的方式，深化语言文字的运用，提升学生的语文素养。

【板书设计】

附：

《鸟的天堂》第一课时先学小研究

一、我能把文中容易写错的生字写好

□ □ □ □ □

二、我会搜集关于巴金的资料（用思维导图完成）

[　　　　　　　　　　　　　　]

三、我能用思维导图理一理文章的主要内容

[　　　　　　　　　　　　　　]

四、我会提出一个不懂的问题

_____

五、我能学习第6～8自然段，回答主问题，体会榕树的"静态美"

这是一棵_____的榕树，我是从句子_____中等词语体会到的，由此，我想到了_____。

《鸟的天堂》第二课时先学小研究

一、我发现作者在傍晚和早晨看到"鸟的天堂"的情景有不同，表现在：
_____
_____

二、我会提出一个不懂的问题。
_____
_____

三、我会学习第12、13自然段，回答主问题，体会鸟儿的"动态美"。

这是一个_____的画面，我是从句子_____中等词语体会到的，由此我想到了_____。

四、通过前面几篇文章的学习，我知道一些体会文中静态描写和动态描写的策略：

_____

_____

六年级：

与闰土交，感悟形象

——《少年闰土》教学设计

【教材分析】

1. 文本分析

《少年闰土》一文节选自鲁迅的小说《故乡》，是统编版六年级上册第八单元的第一篇课文。文章通过"我"的回忆描述了一个知识丰富而又活泼可爱、聪明能干的农家少年的形象，反映了"我"和他儿时有过短暂而真诚的友谊，以及对他的怀念之情。

2. 生字分析

本文要求认识"胯、郑、拜"3个生字，会写"厨、毡、撒"等11个字，掌握"正"这个多音字。六年级的学生具备较强的识字能力，所以，生字教学就以听写检测为主，通过听写以及检测练习进行课上的即时反馈，对学生掌握不够好的生字进行随机点拨。

3. 课后习题分析

课后习题第一题（有感情地朗读课文。背诵第1自然段，体会闰土在"我"心中的美好形象）彰显了"以读为本、积累语言"的教学策略，教学中通过感情地朗读课文，并能背诵，体会作者是怎样描写"看瓜刺猹"的闰土的。第二题（课文写了记忆中的闰土、初次相识时的闰土、给"我"讲新鲜事的闰土。结合相关内容，说说闰土是个怎样的少年），教学中，教师可以设置一个主问题——"这是一个_____的闰土，我是从_____（句子或词语）体会到的，因为_____"，让学生抓住事件去感受闰土的形象，从认识文中的闰土到认识别人眼中的闰土，从课内到课外进行延伸。第三题（读句子，注意加点的部分，说说从中感受到"我"怎样的内心世界）是体会人物情感的一个专项训练，教师要通过品词析句、想象画面等方式引导学生感悟人物的内心世界。

【学情分析】

1. 已知

六年级的学生已基本适应高年级阅读教学，已初步养成独立或合作学习课文的阅读习惯，对人物描写已有初步的了解。

2. 未知

鲁迅先生的文章中有许多陌生的词语，加之一些语句的表达形式与现在的表达习惯不同，文章描写的年代也与当代距离较远。因而，学生对文中的一些语句表达的含义理解起来有一定的难度，所以，需要教师提前安排学生查阅资料。

【设计理念】

本教学设计紧扣单元及本课教学目标，践行生本教学理念：以生为本，围绕学生自主、合作、探究的学习方式开展学习。课前通过引领学生搜集和阅读相关资料，自主完成先学小研究；课中，从个人先学到小组交流再到全班交流，引导学生抓住人物语言、动作等感悟人物品质，然后教师点拨，充分发挥学生个体学习、小组学习、全班学习的作用；以学定教，课堂上把主动权交给学生，尊重学生的感悟，让学生在合作探究的学习中各抒己见，相互启发，从课内走向课外，从文本走向生活，感受人物的特点，激扬课堂生命。

【教学目标】

领悟作者抓住人物外貌、语言、动作进行描写，反映人物思想品质的表达方法，并尝试运用。

【教学重难点】

1. 理清文章的思路，体会含义深刻的句子，感受鲁迅先生的崇高精神。

2. 继续学习描写人物的一些基本方法。

3. 领悟作者抓住人物外貌、语言、动作进行描写，反映人物思想品质的表达方法。

【教学准备】

1. 制作多媒体课件，编印"先学小研究"。

2. 先行自学，完成"先学小研究"。

【教学课时】
2课时。

第一课时（自主学习课型）

【教学要点】
1. 学习第1自然段。
2. 根据作者抓住闰土外貌进行描写的方法，认识闰土。

【教学过程】
课前3分钟交流：交流鲁迅的作品。

板块一：单元导读，明确要求

一、默读单元导读

请同学们默读75页的单元导读，用直线画出这个单元的学习主题，用序号标出学习要求。

二、指名汇报

略。

三、小结

课件出示学习主题和学习要求。（主题：认识、了解鲁迅。要求：① 理清文章的思路，体会含义深刻的句子，感受鲁迅先生的崇高精神；② 继续学习描写人物的一些基本方法。）

四、解题，读题

略。

板块二：整体感知，初识闰土

一、导入

课前，我们认识、了解了鲁迅。现在，我们学习鲁迅写的一篇文章。请同学们读题。读了题目，你想知道什么？

二、检查预习

同学们已预习了课文，完成了"先学小研究"，现在我来检测大家的完成情况。打开书本96页，同桌互相检查认读生字的情况。

1. 同桌互读。

2. 小结。

三、根据"先学小研究",说说课文讲了一件什么事

1. 指名汇报,学生完成思维导图。

2. 小结。

板块三:小组交流,了解闰土

一、小组根据"先学小研究",尝试解决问题

二、小组长汇报解决问题的情况

三、全班合作解决浅显问题

四、教师随机总结

设计意图:

通过质疑,提炼出有价值的问题,训练学生质疑问难的能力。同时,利用小组的力量,每个学生都有提出问题、解决问题的机会,很好地提高了学生解决问题的能力,引导学生深入文本,抓住重要段落,抓住关键词句,在反复读悟中解决问题,碰撞出思维的"火花"。这样既保持了语文课程的基本特征(语言文字的训练),又发挥了导学案的导学功能,同时做到尊重学生的多元思维。在质疑中,教师随机点拨,根据学生提出的问题,顺理成章地提炼出本课的教学思路。

板块四:合作探究,领略闰土

一、通过刚才的学习与交流,闰土给你留下怎样的印象?

二、交流主问题

1. 找出文中描写闰土外貌的相关句子,并谈谈闰土给你留下了怎样的印象。

2. 四人小组根据"先学小研究"的主问题进行交流。

3. 指名一个小主持人汇报。

4. 其他同学与小主持人交流。

板块五:写法迁移,走近闰土

一、阅读"中年闰土",看看片段如何写出外貌特点

这来的便是闰土。虽然一见便知道是闰土,但又不是我这记忆上的闰土了。他身材增加了一倍;先前的紫色的圆脸,已经变作灰黄,而且加上了很深的皱纹;眼睛也像他父亲一样,周围都肿得通红,这我知道,在海边种地的人,终日吹着海风,大抵是这样的。他头上是一顶破毡帽,身上只一件极薄的

棉衣，浑身瑟缩着；手里提着一个纸包和一支长烟管，那手也不是所记得的红活圆实的手，却又粗又笨而且开裂，像是松树皮了。

二、仿照描写闰土外貌的写法，写一写自己熟悉的一个人的外貌

第二课时（互动探究课型）

【教学要点】

1. 学习第5～17自然段。

2. 体会闰土的特点。

【教学过程】

板块一：回顾与导入

一、回顾复习

第一课时，我们了解了闰土的外貌，他给你留下了怎样的印象？

二、指名学生汇报

略。

三、小结

课文通过外貌描写，让我们初步认识了一个聪明伶俐的闰土，今天让我们继续走进课文来了解闰土。

四、出示单元导读的学习要求

1. 继续学习描写人物的一些基本方法。

2. 体会含义深刻的句子，感受鲁迅先生的崇高精神。

板块二：阅读与鉴赏

一、梳理事件，解疑问难

1. 出示任务。同学们已预习了课文，完成了"先学小研究"，现在我来检查大家的完成情况：根据"先学小研究"，交流课文记叙了"我"和闰土的哪几件事。

2. 指名汇报，学生完成思维导图。

3. 小结。

4. 小组根据"先学小研究"，尝试解决问题。

（1）小组长汇报解决问题的情况。

（2）全班合作解决浅显问题。

（3）教师随机总结。

设计意图：

充分体现以生为本的教学理念，充分发挥学生学习的主动性，鼓励学生结合自己课前的阅读情况自主识字，提炼出本课的教学内容：用自己的话说说课文讲了一个什么故事，从中让学生感知文中以父爱为线索，突破教学的重点。

二、合作探究，品味特点

1. 通过刚才的学习与交流，你体会到这是一个怎样的闰土？

2. 交流主问题。

（1）课件出示"先学小研究"的主问题：默读第6～15自然段，解决下面的问题：

我从文中"＿＿＿＿"这件事中的句子＿＿＿＿中的＿＿＿＿（词语、描写方法、标点等），看到了一个＿＿＿＿的闰土。由此，我想到（相关人物品质的事情）＿＿＿＿＿＿＿。

（2）四人小组根据"先学小研究"的主问题进行交流。

（3）指名一个小主持人汇报。

（4）其他同学与小主持人交流。

（5）随机品读句子1：他说："这不能。……蓝背……"

① 齐读，这里主要抓住了人物的什么进行描写？（板书：语言、动作）

② 画出句子中的动作词。

③ 我想采访一下闰土：

闰土，你为什么要下大雪才出来捕鸟？

闰土，你为什么要在沙地上捕鸟？

闰土，你为什么要支起一个大竹匾来捕鸟？

④ 从刚才的采访中，我们可以看出闰土是一个怎样的人？

⑤ 师生合作读第6自然段。（合作读读第6自然段，师读黑色部分，生读蓝色部分）

（6）继续交流：谁愿意继续分享交流？

（7）随机品读句子2："月亮地下，你听，啦啦地响了，猹在咬瓜了。你便捏了胡叉，轻轻地走去……""有胡叉呢。走到了，看见猹了，你便刺。"

① 这几句话主要抓住闰土的什么来写？（板书：动作）

②从"轻轻地走"你体会到什么？请你做一做"轻轻地走"的动作。谁再来做一做？

③读评结合："月亮地下，你听，啦啦地响了，猹在咬瓜了。你便捏了胡叉，轻轻地走去……"

A.好，我们一边读一边配上动作读读这句话，大家自由练一练。

B.指名读——你为什么把"轻轻地"读得这么短？还可以拖长读吗？

C."啦啦地响了"可以怎么读？

D.全体起立配上动作读好这句话。

④我们来看看这个句子，你从中看出一个怎样的闰土？

⑤这句话抓住人物的什么来描写？（动作）

⑥指导学生读好"有胡叉呢。走到了，看见猹了，你便刺"这句话。

⑦分角色朗读对话。（男同学当闰土，女同学当鲁迅）

（8）继续交流：谁愿意继续分享交流？

①指名汇报"海边拾贝"这件事。

②随机板书。

③指名汇报"看跳鱼儿"这件事。

④随机板书。

（9）随机品读句子3：他们都和我一样，只看见院子里高墙上四角的天空。

①指着板书：同学们，学到这里，我们知道闰土说的这些事都是"我"往常的朋友所不知道的。他们不知道一些事，闰土在海边时，请大家齐读句子："他们都和我一样，只看见院子里高墙上四角的天空。"

②"他们和我"指的是什么人？联系上下文（第2自然段），理解"少爷"的含义。

③想象：少爷的生活是怎样的？补充资料。

④"院子里高墙上四角的天空"从字面上指的是什么？实际上指的是什么？

⑤你是怎样理解这个句子的？

⑥随机点拨，总结板书理解句子的方法：解释关键词，联系上下文，展开想象。

⑦齐读句子。

设计意图：

每个问题，学生先是从文本出发谈感受，然后跳出去想东西。这期间，学生就要通过网络、课外书、报刊等渠道搜集相关的资料，通过整理、归纳，学生就会涉猎到课本无法提供的丰富的课外阅读知识。持之以恒，学生的阅读量必定大增，语文学习的视野必定日益开阔，语文素养必定逐渐提高，真正实现"大阅读"。同时，语言文字的训练很好地拓展了学生阅读的深度，培养了学生的语文素养。

板块四：迁移写法，书写"人物"

一、学习了课文，你有什么收获？

二、总结

是的，作者正是抓住了闰土的动作、神态、语言来为我们展示一个活生生的闰土的形象的。同时我们学到了理解句子的方法。现在，请同学们用学习课文的这种写法以及理解句子的方法，来读一读下面的故事。

三、学生读短文《科学怪人》，完成下面问题

1. 短文讲了开文迪许的哪几件事？（用小标题概括）分别突出了开文迪许的什么特点？运用了哪些人物描写的方法？请完成思维导图。

2. 理解句子"是的，这位'科学怪人'确实有点怪，其实，他并不怪。"

设计意图：

回归文本，迁移写法，旨在让学生"立足方法，步步推进"——创设情境，一步一步引导学生尝试运用所学的抓住外貌、动作、语言的描写方法进行写话训练，使学生真正会写，真正做到学以致用。

板块五：作业延伸，深化阅读

继续用本课学到的阅读方法去阅读鲁迅的《阿Q正传》。

【板书设计】

少年闰土

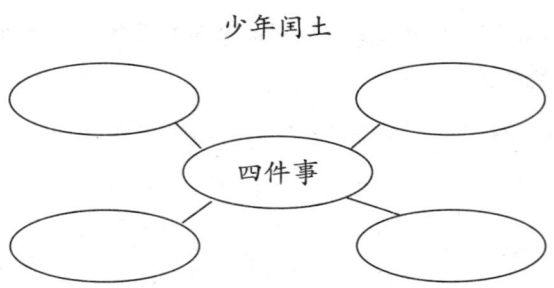

附：

《少年闰土》第一课时先学小研究

一、了解鲁迅（图5-1-8）。（生平、主要作品、成就）

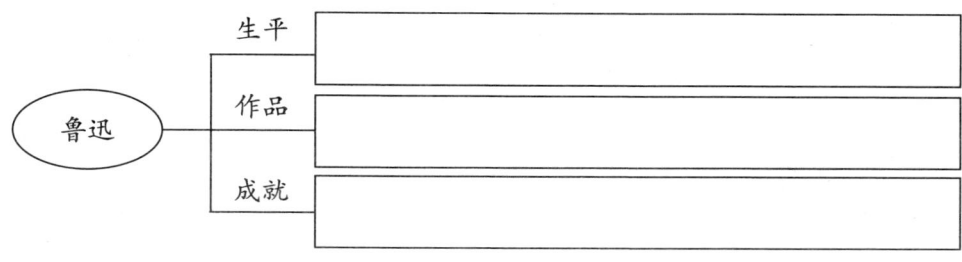

图5-1-8

二、请用六要素方法概括课文主要内容。

_____

课文的写作顺序是：_____。

三、找出文中描写闰土外貌的相关句子，并谈谈闰土给你留下了怎样的印象。

_____

四、仿照描写闰土外貌的写法，写一写自己熟悉的一个人的外貌。

_____

《少年闰土》第二课时先学小研究

一、课文讲了我和闰土的哪四件事？请用小标题概括，完成思维导图（图5-1-9）。

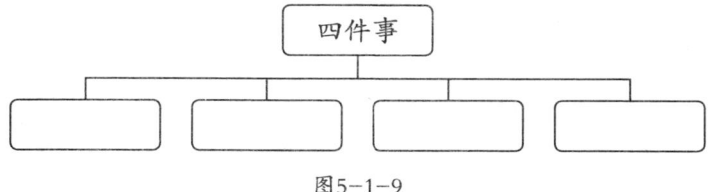

图5-1-9

二、阅读短文后填写

我从文中"＿＿＿＿"这件事中的句子＿＿＿＿中的（词语、描写方法、标点等）＿＿＿＿看到了一个＿＿＿＿的闰土。由此，我想到（有关人物品质的事情）＿＿＿。

三、阅读短文，并完成思维导图

英国化学家开文迪许常常被人们称为"科学怪人"。说他怪，也确实有点怪。

开文迪许把自己的家里布置得很特别。客厅被他改作实验室，餐桌、沙发、床边都堆满了仪器和书籍，他常常想：我必须一伸手就可以拿到仪器，一抬头就可以看到书籍，每时每刻都不能离开工作。所以，开文迪许的主要家当就是图书和仪器。

开文迪许十分珍爱图书。他的藏书很多，别人向他借书，他说："你们要办借书手续，否则一律不借，损坏要照赔。"然后亲自小心翼翼地从书架上抽出书本，再三叮嘱客人书不可折角，他自己从书架上拿走一本书，也要办理手续。他的书从哪里拿，以后还要放回到哪里去。

开文迪许非常珍惜时间。他不喜欢那些慕名来访的人打扰他的研究工作，别人来访问时，他常常是一言不发，眼神直愣愣的，还在思索着科学研究中的问题呢。迫不得已时，他才应付一两句，面无表情，似乎很不耐烦。客人走时，他刚送到门口，就飞也似的奔回实验室，继续埋头做实验。他做实验从来不马虎，只要有一个数据不符合，他就一次次重新测试，直至完美！诸如此类关于开文迪许的怪事多得说也说不完。

是的，这位"科学怪人"确实有点怪，其实，他并不怪。他不愿意把心思用在生活琐事上。他把自己的一切都献给了科学。他死后，人们找到他的许多遗著，发现其中不少具有重要的科学价值。

1. 短文讲了开文迪许的哪几件事？（用小标题概括）分别突出了开文迪许的什么特点？运用了哪些人物描写的方法？请完成思维导图（图5-1-10）。

2. 说说你对"是的，这位'科学怪人'确实有点怪，其实，他并不怪"这句话的理解。

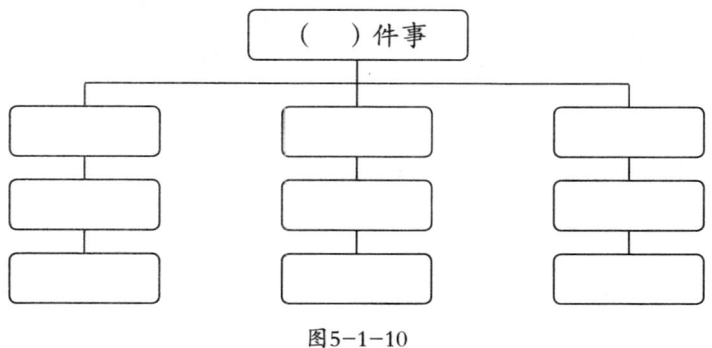

图5-1-10

二、自读课文教学范式

（一）框架流程（图5-1-11）

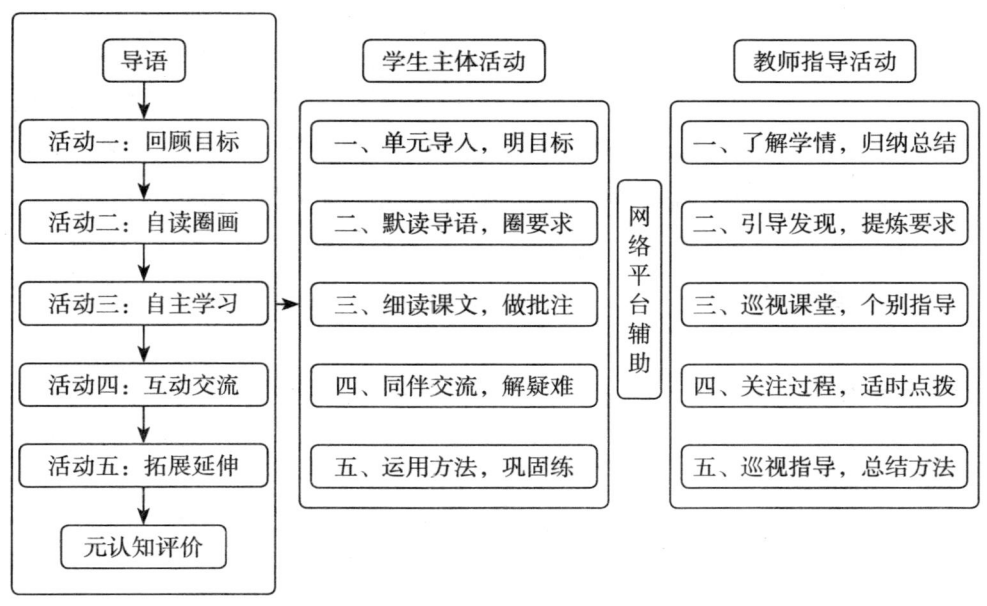

图5-1-11

（二）范式概述

"生本阅读"模式的略读课教学由"一导五活一评"构成主要的教学模块。在具体的实施过程中，"活动"的内容可以根据年级段学习目标、年级段学生特点和具体的教学内容进行相应的调整或改变。

"生本阅读"模式的略读课教学范式是以学生作为学习的主体，通过学生读文、分析、探索、实践、质疑、创造等形式来实现学习目标的。在"回顾目标"环节，引导学生回顾单元导语和学过的几篇精读课文，再一次明确本单元的学习目标；"自读圈画"让学生读导语，找到学习本篇课文要解决的"支点"问题或要求；学生在"自主学习"环节，带着问题或要求细读课文，在自由的时间和空间中与文本充分对话，寻找问题的答案；在"互动交流"环节，组长组织组员汇报自己的思考所得，提出没有解决的问题，其他同学补充、质疑、修正，讨论解决问题的方法，再过渡到全班交流，既可以展示学生的个性和特长，又可以相互学习、相互促进；在"拓展延伸"环节，教师要引导学生小结内容和方法，再根据单元的主题和语文要素，提供课外阅读材料，让学生运用习得的方法解决读写问题。这样的范式体现了自主、合作、探究的理念，体现了习得—运用—巩固—提升的课型内涵。

"生本阅读"模式的自读课文教学范式以学生的"练"作为立足点，充分体现语文学习"习得方法、运用方法、巩固方法、提高能力"的读写规律，引导学生把精读课文中所获得的基础知识、阅读方法、阅读经验等迁移到略读课文的学习中，在网络教学平台的辅助下，自己独立或同学合作解决问题，将现有的知识转化为技能，培养学生的语文素养，充分体现了学生的主体作用，达到学以致用的目的。

（三）教学案例

三年级：

《不懂就要问》教学设计

【教学过程】

活动一：回顾与导入

1. 答题器抢答回顾

（1）具有新鲜感的句子大多具有（　　）修辞手法。（多选）

  A. 反问　　　　　　　　　　B. 拟人

  C. 比喻　　　　　　　　　　D. 排比

（2）具有新鲜感的词语大多是（　　）。（多选）

  A. 动词　　　　　　　　　　B. 叠词

C. 修饰词　　　　　　　　D. 四字词

2. 反馈结果

了解和反馈学生答题情况，并重点对错题进行归因分析。

3. 顺势导入

今天我们一起来学习第3课《不懂就要问》。大家打开书本第7页，认真默读课文导读，看看有什么学习要求。

4. 汇报交流

谁能告诉我，课文导读里提出了什么要求？（学生回答的时候，要求其他学生对照并画出相应的语句）

5. 明确目标

这篇课文的学习要求有两个：一是想想课文讲了一件什么事，二是把有新鲜感的词句画出来和同学交流。

活动二：阅读与感知

（一）落实第一个目标——想想课文讲了一件什么事

1. 导语：请同学们默读课文，用要素归纳法补充课文的主要内容。

少年_____在_____学习时，因为_____，壮着胆子_____的故事。

2. 读文思考：学生自由默读课文，教师巡视。

3. 汇报交流。

4. 小结内容。

（二）落实第二个学习目标——把有新鲜感的词句画出来和同学交流

1. 导语：课文里有哪些有新鲜感的词句呢？请同学们再走进文本，画出相关的词句。

2. 读文画词句：学生自主读文、画词句，教师巡视、指。

3. 相互交流：你找到了哪些有新鲜感的词句？为什么？

4. 小组内交流。

5. 全班汇报：你代表你们组说说你找到了哪些有新鲜感的词句，并说说为什么。

6. 小结评价：你们真棒，能找出自己认识的有新鲜感的词句，并能说出理由（原因）。

活动三：检测与评价

（一）常规检测

给下面的多音字选择正确读音。

（1）小明背（bèi　bēi）着书包回到课室背（bèi　bēi）诵课文。

（2）山羊在羊圈（quān　juàn）里走了一圈又一圈（quān　juàn）。

（二）阅读检测（见学习单）

活动四：拓展与延伸

1. 启发思维：读了课文（或文中的某个句子），我会想到了_____（一个人、一件事、一个道理、一本书、一篇文章），因为_____。

2. 汇报交流。（可以在学生汇报时，让学生随机把想到的课外读物的书目板书在黑板的一角。）

3. 推荐阅读名人故事。

【板书设计】

不懂就要问
要素归纳法　学问学问，不懂就要问

四年级：

《纪昌学射》教学设计

【教材分析】

寓言这种文体闪耀着人类智慧的光芒，指引着我们的生活，是可贵的语文教学资源。《纪昌学射》一文是统编版四年级上册第27课的一则寓言故事，通过讲述纪昌向飞卫学习射箭，最终成为射箭能手这个故事，揭示了与有效学习最终取得成功相关的多重因素，给读者以多方面的启迪，其寓意是丰富而多元的。文中描写纪昌练眼力的结果运用了夸张的写法。

【学生分析】

对于四年级的学生来说，寓言不是一种陌生的文体，他们之前就学习过《亡羊补牢》《南辕北辙》等寓言，但这些寓言相对来说篇幅短小、寓意单一，《纪昌学射》包含多方面的寓意，对四年级的学生来说，是个挑战，但通过默读思考、想象练习、有感情地朗读等形式的练习，学生最终是能够完成学习目标的。

【教学理念】

本教学设计注重发挥学生的自主性，让学生通过的自读自悟、交流分享，从纪昌的动作和飞卫的语言中感悟人物特点，展开想象，进行语言训练，从而深刻、全面、多元地理解寓意。

【教学目标】

1. 认识4个生字，会写"妻子、纪昌学射、百发百中"等词语。

2. 抓住重点词语，体会人物的品质。正确、流利、有感情地朗读课文。

3. 通过《纪昌学射》的故事，明白"只有练好基本功才能学好本领"的道理。

【教学重难点】

1. 结合重点语句体会人物品质，有感情地朗读课文。

2. 根据课文内容明白"练好基本功才能学好本领"的道理。

【教学时数】

1课时。

【教学准备】

教师制作多媒体课件和学生画课文的思维导图。

【教学过程】

课前3分钟分享交流寓言故事。

一、单元整体感知，明确要求

出示"单元导读"，找出本单元主题和学习要求。

设计意图：

根据教材以专题组织单元的特点，从单元导语入手，引导学生明白第八组专题是故事长廊，明确学习内容和学习任务，激发学生的阅读兴趣，让学生对单元学习产生向往之情。

二、游戏导入，揭示课题

1. 看图猜成语：一箭双雕、百步穿杨……同学们，你们有什么发现？

2. 导入课题，板书课题：今天我们学习的一则故事也跟射箭有关，是27课《寓言两则》其中一则。齐读《纪昌学射》（"纪"读作jǐ，不是jì，只有作为姓氏时读jǐ，注音；"昌"是由两个扁日组成的，下边的日要写得比上边的日稍宽。）

3. 全班齐读课题，质疑课题：读了课题，你想知道什么？

设计意图：

从学生喜欢的猜谜语游戏入手，直接切入课文主题，也把学生的学习兴奋点与本课的主题连接起来，既省时又高效。同时通过课题学习生字"昌"，以此引出"纪"这个姓。

三、初读课文，理解大意

1. 自由读文。请带着问题读文，读准字音，读通句子，想想课文主要讲了一个什么故事。

2. 我会认。检查生字词的掌握情况：同桌正音，"开火车"读，齐读。

3. 我会读。"小老师"根据思维导图，带动交流：课文主要讲了什么？你是用什么方法归纳的？还有谁的方法不一样，请跟我们分享？

4. 教师根据学生的回答，对归纳文章主要内容的多种方法进行板书。

设计意图：

检查字词认读情况，学生交流主要内容，在初读感知的整个过程中，把时间和学习实践的主动权交给学生，而教师的归纳使学生概括文章主要内容的能力得到更大程度的提升。

四、品读课文，感悟人物，理解寓意

1. 师：纪昌学射，飞卫为什么先要他练眼力？请找出相关的一句话并读出来。

2. 小组学习：默读第2、3自然段，纪昌是怎样练眼力的？在有关的句子下画直线，在关键词下画三角符号，简单批注。

3. 小组交流。

4. 以学定教，根据小组汇报，出示片段品读感悟。

小组长带领小组成员上台分享交流：现在由我们小组分享，我们小组感受最深的地方是_____（朗读句段）。我从_____（词或句子中）体会或感受到_____，由此，我想到了（可以是某个名句、某句诗、某本书、某个人等）_____。小组成员补充后，跟全班交流：还有谁愿意和我们交流？

出示片段一：

妻子织布的时候，他躺在织布机下面，睁大眼睛，注视着梭子来回穿梭。两年以后，纪昌的本领练得相当到家了——就是有人用针刺他的眼皮，他的眼

睛也不会眨一下。

"相当到家"指的是什么？破折号的作用是什么？学生在品读、评读中体会夸张的写法。

出示片段二：

他用一根牛尾巴拴住一只虱子，把它吊在窗口，然后每天站在虱子旁边，聚精会神地盯着它。那只小虱子，在纪昌的眼里一天天大起来，练到后来，大得竟然像车轮一样。

师：据说，纪昌看虱子练眼力又花了三年时间，才把很小的东西看大。

5. 小结想象：这几年，纪昌的行为会被许多人关注，想一想他身边的人可能会对他说什么？

（学生以不同的身份发表对纪昌练眼力的看法：妻子、兄弟、邻居、孩子、路人、其他箭手、飞卫……）

6. 感悟人物：反对的声音没有改变纪昌学射的初心，支持的声音更坚定了纪昌学射的决心。你认为纪昌是个什么样的人？（板书：勤奋刻苦、坚持不懈）

7. 小结纪昌成功的原因：看来纪昌能成为百发百中的射箭能手跟他个人的努力是分不开的。还有什么原因使纪昌获得成功？（板书画图：名师指点）

8. 理解寓意：飞卫师父为什么不直接教他开弓放箭，而让他花了整整五年时间来练眼力呢？

9. 小结：（板书：练好基本功）看来下大功夫打下了扎实的基本功，掌握一门技能就是水到渠成的事情了。所以文章也浓墨重彩地详写了纪昌的"学"，略写了纪昌的"射"。

设计意图：

纪昌练眼力的句子是故事情节的重点，也是语言表达上的重点，是人文精神与语言发展的结合点。教学中教师让学生通过抓住关键词语、联系实际、创设情境等多种方式品味文字，一步步体会人物品质，感悟寓意，以及纪昌练基本功的艰辛。通过适时的有感情朗读，实现文本多元解读，照顾不同层次的学生。通过情景再现，学生分别站在纪昌和飞卫的角度理解了"学习技艺必须先苦练基本功"这一道理。由此，学生可以进一步感受到飞卫的指点的确有方法，有重点。

五、总结寓言的特点，学法迁移

1. 小结寓言的特点：一则小小的故事，引发了我们这么多的感悟和思索，这就是寓言的特点，也是寓言的魅力所在。有人说："寓言就像一个魔袋，虽然很小，但是可以从中取出很多东西。"

2. 拓展阅读资料：

（1）默读思考《一叶障目》，了解主要内容，体会其中的道理。

（2）同桌交流，小老师带领大家一起交流。

设计意图：

此环节设计由课内拓展到课外，激发了学生的阅读兴趣，使文本内容和学生生活、阅读储备紧密联系起来，既让课堂充满浓浓的生活气息，又达到了学以致用的目的。

六、布置作业

1. 回家把这则寓言讲给父母听，并说说这则寓言对自己的启发。

2. 课外阅读更多的寓言故事，如《伊索寓言》《列子》。

设计意图：

通过复述课文，训练学生的语言表达能力，通过学生正确处理语言，提高学生的学习效率。学以致用让学生的概括能力得到不断提高。推荐课外阅读篇目，把阅读延伸到课外，培养学生良好的阅读习惯。

【板书设计】

寓言两则

纪昌学射

坚持不懈

练眼力　　勤奋刻苦　　百发百中　　（练好基本功）

名师指点

附：

《纪昌学射》先学小研究

一、课前三分钟分享

分享课前阅读的寓言故事的内容和受到的启发。

我跟大家分享的课外书/文章是_____，这个故事主要讲了_____，我从中明白了/知道了_____。由此，我想到了（一个人、一本书、一个故事、一句话等）_____。

二、课文主要讲了什么？你是用什么方法归纳主要内容的？

_____

_____

三、阅读课文

默读第2、3自然段，纪昌是怎样练眼力的？请找出你感受最深的词句交流。

我感受最深的词句是_____，我从_____这些词句体会到_____，由此，我想到了_____（一句诗、一本书、一个故事、一句格言等）。

四、画出《纪昌学射》的思维导图（可画在背后）

五年级：

《金字塔》教学设计

【教学目标】

1. 把握文章的主要内容，体会文章的写作方法。

2. 运用多种方法，体会文中金字塔的静态美和动态美。

3. 根据主题，搜集相关资料，介绍金字塔。

【教学准备】

教学课件、预习单、学习单。

【课时安排】

1课时。

【学习过程】

板块一：创设情境，激趣导入

一、插图导入，初谈感受

看插图，谈感受：相机呈现插图，学生谈感受。

二、揭示课题，质疑问难

1. 导入课文：今天我们学习的课文是第七单元的第20课《金字塔》。板书课题：20*金字塔。

2. 齐读课题。

3. 读题，质疑课题。

设计意图：

重视导入环节，创设与文本相适应的图片情境、问题情境，激发学生的学习兴趣，让学生形成认知的矛盾冲突，从而激发学生的求知欲望。

板块二：整体感知，回顾写法

一、初读课文，把握内容

1. 复习概括主要内容的方法

（1）指名汇报。

（2）小结：概括文章主要内容的方法有要素串联法、解题法、事件串联法、段意综合法……

2. 默读课文，把握文章的主要内容

（1）学生默读思考。

（2）指名汇报。

二、复习回顾，提炼写法

1. 复习本单元《威尼斯的小艇》《牧场之国》这两篇课文中描写静态美和动态美的方法。

2. 学生在《金字塔夕照》《不可思议的金字塔》这两篇课文中圈画出关键词句，体会写作方法。

（1）学生圈画批注。

（2）汇报交流。

设计意图：

给学生充分的与文本接触的时间，让学生理清文章的主要内容，通过回顾阅读方法、学生自主概括的方式，让学生对课文有一个整体感知；采用"以旧知引出新知"的教学方法，引导学生迁移运用，体会静态美和动态美的写法。

板块三：感悟文本，体会静、动态之美

一、走进文本，体会静态美

出示主问题，默读课文，思考：

读了《金字塔夕照》《不可思议的金字塔》这两篇短文，我知道这是一座_____的金字塔，从句子（资料）_____的_____（标点、词语、修辞）我体会到了_____美。

（1）学生自学。

（2）小组交流。

（3）全班交流，有感情地朗读句子。

（4）教师点拨。

预设1：

品读句子：你看，天上地下，黄澄澄，金灿灿，一片耀眼的色调，一幅多么开阔而又雄浑的画卷啊！

① 自由读，想想你体会到什么？

② 汇报交流，学生板书：金色。

③ 通过朗读的方式体会金字塔的静态美。

预设2：

品读句子：那一片迷人的金色，简直把你融化进一个神奇的境界，使你充满豪迈的感受，引起无边的遐想，不由自主地产生一种怀古的幽思……

① 自由朗读，说说你体会到了什么。

② 指名汇报。

③ 想象说话：那一片迷人的金色，使你充满豪迈的感受，引起无边的遐想，使我不由自主地想到_____。

④ 小结：想象也是体会静态美的一种方法。

预设3：

品读句子：共用230万块石头建成，平均每块重2.5吨。整个胡夫金字塔相当于50层楼高，塔底面积有126个篮球场那么大，体积是1万多个教室的总和。

① 自由读，说一说通过资料，你体会到了什么。

② 指名汇报。

③ 小结：列数字、做比较、举例子等说明方法也是体会静态美的方法。

二、走进文本，体会动态美

过渡：金字塔的静态美我们已经感受到了，那你又会用什么方法来感受金字塔的动态美呢？

1. 指名汇报。

2. 小结：我们可以通过看插图、想象、借助资料、推测等方式去感受金字塔的动态美。

3. 出示问题：我通过_____仿佛看到（听到）_____。学生感受金字塔的动态美。

（1）学生自学。

（2）小组交流。

（3）全班交流。

4. 小结。

设计意图：

小组合作学习能充分调动学生的学习积极性，生生间、师生间的讨论交流能激发学生积极主动思考，营造一个良好的学习氛围。学生能从同伴身上受到启发，其中也渗透了探究性学习。所以此环节综合了自主、合作、探究的学习理念，这是充分互动、多向交流、消化知识的阶段。

板块四：比较归纳，迁移运用

一、概括提炼，比较不同

过渡：读了《金字塔夕照》《不可思议的金字塔》这两篇课文，我们感受到了金字塔的静态美与动态美，那这两篇文章的介绍方式有什么不同呢？我们来比较一下。

1. 小组交流。

2. 全班汇报。

3. 小结：《金字塔夕照》是通过作者所见所感来介绍金字塔的，是散文式的体裁；《不可思议的金字塔》是通过具体的数字资料来介绍的，是非连续的文本。

二、归纳写法，迁移运用

过渡：在本文的学习中，我们运用想象、说明、看插图、借助资料、推测等方法去感受了金字塔的静态美和动态美，下面让我们运用这些方法来介绍金字塔。

1. 出示说话练习：小解说员——我会结合本文学到的描写静态美和动态美的方法用自己喜欢的方式给大家介绍金字塔。

2. 小组交流。

3. 代表汇报。

4. 评价。

> 👍 **课堂学习评价**
>
> 我能按一定顺序表达，能得☆☆☆。
>
> 我能表述出静态美和动态美，能得☆☆☆。
>
> 我能借助资料，能得☆☆☆。

5. 小结。

板块五：回顾总结，布置作业

一、学生谈收获

略。

二、教师总结

在本文的学习中，我们运用想象、说明、看插图、借助资料、推测等方法感受了金字塔的静态美和动态美，下面让我们运用这些方法来介绍金字塔。

三、布置作业

1. 搜集资料，了解世界文化遗产。

2. 推荐阅读：与金字塔有关的文章或书籍。

设计意图：

课后让学生搜集资料，并阅读与金字塔有关的文章或书籍，旨在重视学生学习方法的习得与运用，很好地将课内与课外有机融合。持之以恒，学生的阅读量必定大增，语文学习的视野必定日益开阔，语文素养必定逐渐提高，真正实现"大阅读"。

【板书设计】

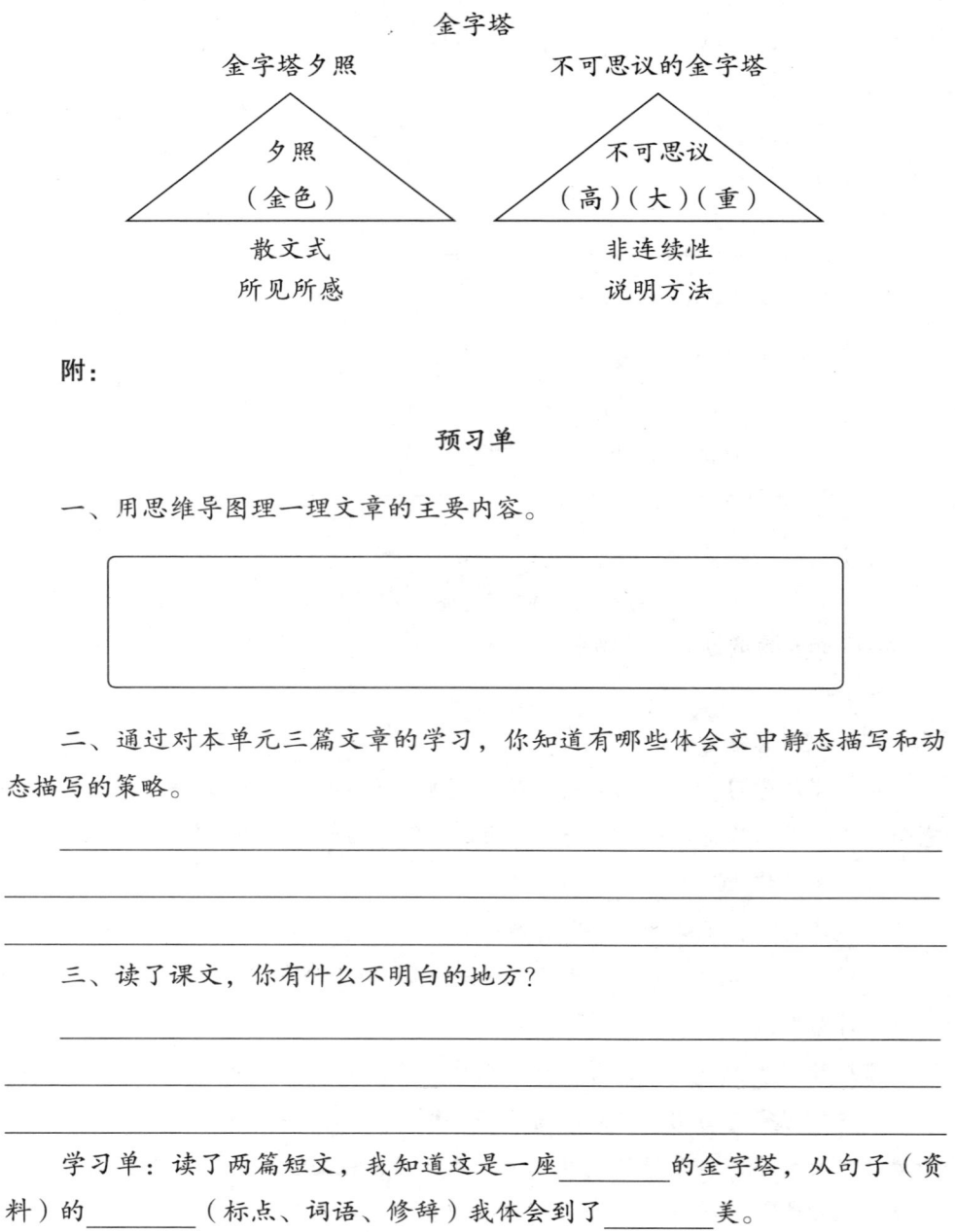

附：

预习单

一、用思维导图理一理文章的主要内容。

二、通过对本单元三篇文章的学习，你知道有哪些体会文中静态描写和动态描写的策略。
_____
_____
_____

三、读了课文，你有什么不明白的地方？
_____
_____

学习单：读了两篇短文，我知道这是一座_____的金字塔，从句子（资料）的_____（标点、词语、修辞）我体会到了_____美。

六年级:

以"鲁迅"为媒,拓展阅读空间
——《我的伯父鲁迅先生》教学设计

【设计理念】

在阅读教学的课堂中,我们实践"生本教育"的理念:一是以生为本,让生生之间积极交流,乐于表达、乐于分享,把课堂学习的时间和空间交给学生,教师进行适当的点拨和指导;二是大阅读,拓展学生阅读的空间,以一篇引多篇,以一文引多本,"让学生更多地直接接触语文材料,在大量的语文实践中掌握运用语文的规律",让语言文字的训练落到实处,从而提升学生的语文素养。

【教学目标】

1. 会写12个生字。正确读写"爱抚、团聚、情节、记性、保存、阴暗、深奥、囫囵吞枣、张冠李戴、恍然大悟、饱经风霜"等词语。

2. 有感情地朗读课文。

3. 让学生联系上下文或结合时代背景理解含义深刻的句子,并通过对含义深刻句子的解读,充分感悟鲁迅先生爱憎分明,为自己想得少,为别人想得多的高大形象和崇高品质。

4. 学习作者通过语言、动作、神态等细节描写刻画人物形象的写作方法。

【教学重难点】

1. 理解含义深刻的句子,感受鲁迅的高尚品质。

2. 引导学生学习作者通过人物语言、动作、神情刻画人物形象的写作方法。

3. 给每部分内容加上合适的小标题。

【教学准备】

设计先学小研究,制作PPT。

【教学课时】

1课时。

【教学要点】

1. 了解课文内容。

2. 体会文中含义深刻的句子,感受人物的高尚品质。

【教学过程】

一、阅读分享，初识鲁迅

1. 请2～3名学生对与鲁迅有关的作品进行课外阅读交流。

2. 小结评价。

设计意图：

《义务教育语文课程标准（2011年版）》在"学段目标与内容"中指出：第三学段（五、六年级）要扩展阅读面，课外阅读总量不少于100万字。课前课外阅读交流为学生的课外阅读交流提供了一个很好的平台，既可以让说的学生有阅读的成就感，又可以让共读的学生产生共鸣，还可以激发听的学生的阅读兴趣，一举多得，确保了学生的课外阅读量。

二、释题质疑，走近鲁迅

1. 导入：鲁迅先生是我国伟大的文学家、思想家和革命家。今天，我们就通过周晔，进一步了解鲁迅。请读课题：18 我的伯父鲁迅先生。

2. 解题：从课题中了解作者与鲁迅的亲人关系，感受作者对鲁迅的敬仰之情。

3. 质疑：作者为什么对伯父鲁迅先生如此敬仰？

设计意图：

题目是文章的眼睛。"以题统文"说的是读文如能以题意提挈则事半功倍。解题后让学生质疑，能增强学生对学习内容的探究欲望。

三、深入文本，感受鲁迅

（一）检查预习

1. 课文写了鲁迅的哪几件事？

2. 引导学生用小标题概括每一件事，并板书。

3. 借助小标题概括课文的主要内容。

设计意图：

对文本的整体感知有利于帮助学生理清文本脉络，然后，学生便能更顺利地抓住学习的重点进入文本学习。

（二）小组交流

1. 出示交流要求：在周晔的眼中，鲁迅先生是一个怎样的人？请同学们找出有关句子，然后结合以下问题在小组内说说你的想法。

思考：我从文中"_____"这件事中的"_____"这个句子里的词语"_____"看到了一个"_____"的鲁迅，因为_____。由此，我想到了"_____"。

2. 四人小组交流。

_____

_____

（三）班上交流

1. 指名学生到讲台上交流自己感悟最深的一点，然后与其他学生交流，并做出适当的评价。

2. 学生在分享交流中感悟、理解重点句子，学习描写人物的基本方法，感受人物形象，体会人物的精神。

预设交流以下重点句子：

（1）伯父摸着胡子，笑了笑，说："哈哈！还是我的记性好。"

① 出示句子，学生读句子。

② 谈感受：引导学生联系上下文并抓住重点句子中的关键词谈感受，了解鲁迅的幽默风趣、关心下一代。

③ 再读句子：用朗读表达自己的感受。个人读，齐读。

④ 请学生板书自己感受的关键词。（关心下一代等）

⑤ 全班学生有感情地朗读句子。

⑥ 小结：作者抓住了人物的语言和动作，让我们感受到了一个幽默风趣、关心下一代的鲁迅。（板书：语言、动作）

（2） "你想，四周黑洞洞的，还不容易碰壁吗？"

① 出示句子，学生读句子。

② 谈感受：引导学生抓住重点句子中的关键词谈感受，重点理解"四周黑洞洞的"和"碰壁"，了解时代背景和鲁迅的顽强乐观。

③ 再读句子：用朗读表达自己的感受。个人读，齐读。

④ 请学生板书自己感受的关键词。（顽强、乐观等）

⑤ 全班学生有感情地朗读句子。

⑥ 小结：作者抓住了人物的语言让我们感受到了一个顽强、乐观的鲁迅。

（3）这时候，我清清楚楚地看见，而且现在也清清楚楚地记得，他的脸上不再有那种慈祥的愉快的表情了，变得那么严肃。他没有回答我，只把枯瘦的手按在我的头上，半天没动，最后深深地叹了一口气。

① 出示句子，学生读句子。

② 谈感受：引导学生抓住句子中的"严肃"和"深深地叹了一口气"这些神态描写，并联系上下文和时代背景想象鲁迅当时的心理活动，体会鲁迅的爱憎分明、忧国忧民。

③ 再读句子：用朗读表达自己的感受。个人读，齐读。

④ 请学生板书自己感受的关键词。（忧国忧民等）

⑤ 全班学生有感情地朗读句子。

⑥ 小结：作者抓住了人物的神态让我们感受到了一个忧国忧民的鲁迅。（板书：神态）

（四）教师小结

1. 小结：通过交流，我们清楚地知道——在周晔心中，伯父鲁迅先生就是这样的一个人：作为一个长者，他关心下一代的成长；作为一个革命者，他顽强、乐观；作为一个先生，他救助车夫、关心女佣，一心为他人着想。

2. 出示句子：的确，伯父就是这样的一个人，他为自己想得少，为别人想得多。

（1）出示句子，齐读句子。

（2）谈感受：从句子中你明白了什么？这一句在全文中起了什么作用？

（3）再读句子，感受鲁迅的崇高品质。

设计意图：

学生是学习和发展的主体，教师则是学生学习的组织者、引领者。因此，教学要努力体现"以学定教""顺学而导"的教学理念，实现"先学后教"，着力培养学生的良好学习习惯与自主学习能力。在这一环节的教学中，以学生为学习的主角，让学生充分交流，教师做适当的点拨，引导学生感受鲁迅的高大形象，感悟鲁迅的高尚品质，同时渗透写作方法和理解句子的方法，从而解决了学习的重点和突破了学习的难点。

（五）理清关系

1. 这一部分主要讲了什么？（板书：受人爱戴）

2. 这一部分与和其他部分是什么关系？（板书：果、因）

设计意图：

理清文章层次以及内容之间的联系能让学生学会在写作中更合理地安排内容。因此，在整体把握全文的基础上，引导学生探究第一部分与后面几个部分的关系，能让学生对课文的结构有更清晰的印象。

（六）说说鲁迅

结合搜集的资料谈谈鲁迅先生在自己心中的形象。

1. 指名说。

2. 小结评价。

设计意图：

有道是"得法于课内，得益于课外"。语文学习要向开放的生活要内容。因此，让学生在课前搜集、阅读有关鲁迅的资料，然后在课堂上交流，能让鲁迅先生的形象更高大完美。

（七）写颁奖词

结合课文的学习交流、自己搜集的资料和阅读鲁迅相关的作品，为鲁迅写上一段颁奖词。

1. 学生动手写。

2. 展示交流，评价。

设计意图：

崔峦先生说过："在我们的语文教学中，一方面要加强阅读教学，另一方面要加强读写联系，做到读写渗透，读写结合。"读和写是相辅相成的，让学生在充分阅读交流后，为鲁迅写一段颁奖词，就是把握读写结合的策略，能有效提高学生的书面表达能力。

四、拓展阅读，深入鲁迅

1. 阅读巴金的《悼鲁迅先生》《永远不能忘记的事情》、萧红《回忆鲁迅先生》。

2. 阅读鲁迅的作品《朝花夕拾》。

设计意图：

语文课外阅读是学生语文学习的有机组成部分，对提高学生的人文素养起着至关重要的作用。让学生在长期的课外阅读过程中日积月累，学生才能吸收文化，感悟积累，正确地运用祖国的语言文字。

【板书设计】

我的伯父鲁迅先生

（果）　　　　　　　　　　（因）

受人爱戴 ｛ 畅谈《水浒传》　　关心下一代
　　　　　　笑谈"碰壁"　　　顽强斗争
　　　　　　救助车夫　　　　忧国忧民
　　　　　　关心女佣　　　　一心为他人着想

（语言、动作、神态）

设计意图：

板书是由学生在学习交流中抓住重点词句，在教师的引导下完成的。简洁、清晰的板书突出了本节课学习的内容，起到了画龙点睛的作用，使学生一目了然。这是学生学习交流的精华，是学生本节课学习收获的呈现。

附：

《我的伯父鲁迅先生》先学小研究

班级：＿＿＿＿＿＿　姓名：＿＿＿＿＿＿

一、我能继续了解鲁迅（别人对他的评价、他的事迹、鲁迅的作品）

＿＿

＿＿

二、我会感受

默读第2~23自然段，回答下面的问题：

我从文中"＿＿＿＿＿＿"这件事中的句子＿＿＿＿＿＿中的词语＿＿＿＿＿＿看到了一个＿＿＿＿＿＿的鲁迅，因为＿＿＿＿＿＿。由此，我想到＿＿＿＿＿＿。

三、我会颁奖

我想为鲁迅先生颁"＿＿＿＿＿＿"奖，颁奖词是：＿＿＿＿＿＿＿＿＿＿＿＿＿＿＿

＿＿＿＿＿＿＿＿＿＿＿＿＿＿＿＿＿＿＿＿＿＿＿＿＿＿＿＿＿＿＿＿＿＿＿＿＿＿。

四、我会推荐

我想向大家推荐阅读关于鲁迅的作品：＿＿＿＿＿＿。推荐的理由是：＿＿＿＿＿

＿＿＿＿＿＿＿＿＿＿＿＿＿＿＿＿＿＿＿＿＿＿＿＿＿＿＿＿＿＿＿＿＿＿＿＿＿＿。

第二节　小组合作，构筑"生本阅读"实施的桥梁

小组合作学习是"生本阅读"教学关键的学习方式，它由4~6名能力各异、成绩各异、性格各异的学生组成一个"小团体"，以合作、探究和互助的方式进行学习活动。有效的小组合作学习能促使学生主动学习，彰显学生的主体地位；培养学生公平公正的意识，每个学生都是小组的一员，有责任、有权利去完成学习的每一项任务；体现合作精神，成员群策群力、互帮互助；培养学生的竞争意识，小组成员虽然各方面都不一样，但互相鼓励、团队共赢的意识促使暂时落后的小组成员严格要求自己，不断进步；实现了全员参与，小组合作讲究的是互动、交流、辨析，每个成员都有机会，都要投入到学习中；发展学生的思维能力，小组围绕学习主题展开讨论、辨析、比对、整合、归纳，培养高阶思维；培养学生的创新精神，宽松的学习氛围下，学生的思维得到碰撞，能生成很多个性化的理解。

在"生本阅读"教学中，为了避免小组合作学习流于形式、低效，甚至无效，我们从小组合作的分组、分工、组内公约、小组文化建设、小组评价等方面进行不断研磨，使小组合作学习真正为"生本阅读"教学"开山辟路"。

一、按需求分小组，实现均衡

根据学生的成绩、能力、性格和学科等情况进行均衡分组，每组4~6人不等。学生民主选出能力强、责任心强、有带头作用和成绩好的小组长，并采取组长负责制的方式进行分组，这样组建小组能为组与组之间的公平竞争创造良好的条件，进而激发学生的学习积极性，提高学习参与率。开始尝试"生本阅读"教学的时候，笔者根据学生自愿、班主任和任课教师适当调配的原则，再

根据学生的成绩、能力等情况进行均衡分组，把全班分成11个组，每个学习小组4个人。然后，由学生民主选出能力强、责任心强和成绩好的小组长。这样的组合可以让组长根据小组成员掌握知识的情况随时调整学习策略。

二、规范组内分工，明确职责

分好学习小组后，我们还要规范组内的分工。我们都统一安排为1号、2号、3号、4号，每个角色在组内活动时都有不同的职责。一般情况下四人小组应有四个角色：小组长，负责组织全面讨论与合作；记录员，负责本小组具体合作学习情况的记录；汇报员，负责把小组合作学习的情况在全班做汇报；评价人，进行总结评价。组内的角色分工还可以视具体情况进行轮换，一旦角色明确就不容易造成少数人包办小组合作学习的现象。我们有时也根据不同活动的需要设立不同的角色，并要求小组成员既积极承担个人责任，又互相支持，密切配合，发挥团队精神，有效地完成小组学习任务。有时，要适当调换他们的分工，让每个学生都参与小组合作学习，试着在不同的"岗位"上参与学习，做到积极发言、主动发表见解，这才是真正面向全体学生，开展真实而高效的学习。

三、构建小组文化，赋予内涵

小组建立之初，笔者就对全班进行小组文化建设，主要包括确定组名与口号，用口号激励组员努力学习；预设小组目标，由组长和组员制订个人计划和小组计划，并定期检查是否完成预期计划；进行小组评价，小组学习评价以进步合作学习小组和优秀合作学习小组为参考标准来评价小组。通过对比评价的方式，对各小组进行定性或定量的评价，促进各组之间的文化交流和借鉴。

四、规范交流指引，有效合作

1. 培养出色的小主持人

一个学习小组，合作学习效率的高低首先取决于是否有一个能干得力的学习小组长。所以，在每个合作小组中，我们选择本组中知识水平良好、发言积极、组织和操作能力最强、表现欲强烈的学生当学习小组的组长，然后对组长进行有效的培训，新组长上任之前，对他们进行培训，培养他们组织、安排、协调、归纳的能力，促进合作交流的有效进行。

（1）方法引路。

例如，在教学《景阳冈》时，笔者用PPT出示主问题：我印象最深刻的画面是_____，我从句子"_____"中的_____等词语感受到了武松是一个_____的人，由此，我想到了_____。笔者是这样教小主持人组织组员和全班学生解决主问题的：首先，针对主问题准确完整地表述自己的看法；其次，继续和组员分享；再次，全组有感情地朗读重点句子；从次，全班分享并进行即时总结评价，提炼出有效的信息，让参与分享的学生板书；最后，让全班学生质疑解疑。分享期间，笔者特别要求小主持人用清晰的语言提醒全班学生注意倾听，如"请同学们看第几自然段第几句话""有请下一位""还有哪些同学要和我分享的？""听了我们组的汇报，你们有疑问吗？"

（2）个人练习。

为了让小组长成为一个出色的小主持人，笔者还让小组长每天在家里对着镜子练习，家长在旁边负责督促、评价。

（3）磨炼实践。

① 组织讨论。每一次的小组讨论汇报时，笔者都让主持人站着组织学生进行讨论，当听到其他组员补充后，要用上丰富的语言进行评价，如"听了你的汇报，我知道了（我明白了）你是一个聪明的人！""由此，我想到了_____"。例如，在教学《晏子使楚》时，指导小主持人按照"小主持人表述自己的看法→组员补充→主持人总结评价→朗读重点句子→组内质疑解疑"这个模式进行训练，让小主持人学会提炼同学们的有效信息，形成自己独特的见解。

② 全班展讲。我们都知道，榜样的力量是无穷的。因此，笔者常常以做得好的、成绩进步快的小主持人作为学生学习的榜样，每节课都让他们在班里进行展讲，还拍照留念。

2. 明确小组合作要求

（1）小组合作七字诀。

① 靠：左拿资料转身靠，伸出右手说口令。

② 轮：组长组织先发言，按逆时针轮着说。

③ 摆：双手拿好学习单，避免挡住自己脸。

④ 析：每人发言要清晰，说清观点和原因。

⑤ 赏：发言完毕互评价，优的给个大拇指。

⑥ 辩：不同观点提见解，交流辩论达共识。

⑦ 记：认真倾听并记录，养成记笔记习惯。

（2）注重培养学生的交流技能。

① 学会倾听，不随便打断别人的发言，努力掌握别人发言的要点；对别人的发言做出评价。

② 学会质疑，听不懂时，请求对方做进一步的解释。

③ 乐于陈述自己的想法，修正他人的观点。

④ 勇于接受他人的意见并修正自己的想法。

⑤ 学会组织、主持小组学习，能根据他人的观点，做总结性发言。

（3）明确小组交流的要求。

① 交流时声音要适度，以双方及组内成员听清为准，切忌大喊大叫，小组交流起立时，不要拥挤。

② 学生交流离座时要把凳子轻轻放在桌下，便于交流。

③ 交流时，鼓励学生畅所欲言、神采飞扬、各抒己见，避免一言不发和人云亦云。

④ 严禁假交流、随意交流，更不能借交流之机嬉戏、玩耍。

⑤ 合作分工时具体明确，做到人人有事做，事事有人做，时时有事做，行动要迅速。

（4）规范交流范式。

生本课堂有个重要的环节，那就是小组合作学习成果的汇报交流。刚开始的时候，学生会说得乱七八糟，甚至不能清楚地组织语言表达真实的想法和观点。于是，笔者利用课余时间对小组长进行培训，让他们把小组的4个人编上号，每次都按1、2、3、4号的顺序来发言。一个人发言的时候，要求其他人注意倾听，有不同意见先举手示意，经组长同意后再补充。例如，在教学《冬阳·童年·骆驼队》这一课时，我是这样教学生解决主问题的。第一步，我先让学生围绕主问题"我最感兴趣的是_____这个画面。我是从句子_____中的_____等词语感受到了_____，由此，我想到了_____"进行小组讨论，互相补充不足。第二步，再抽一些"先学小研究"做得好的小组进行全班交流分享，品味语言文字。第三步，全班分享。

①组内交流。

A. 小组长组织呼号（如小组合作智慧多多）

B. 小组长组织组员独立思考：现在同学们用2分钟来想想你们小组用什么组名比较好？2分钟后轮流发言，××同学做笔记，现在开始思考。（可把组员分成1、2、3、4号，然后按顺序发言）

C. 小组长组织组员交流：现在开始交流，先由1号同学发言。

1号同学：对于"组名"这个问题，我的观点是……理由是……

1号同学发言完毕后说：发言完毕，有请下一个同学发言。

D. 2号和3号同学继续发言：我的观点是……理由是……

E. 总结（组长）：大家提出的观点有……可见大家都认真思考了，希望以后同学们发言的时候声音响亮，条理清晰。（发表观点+总结组员发言观点+提炼优点+提出希望）

②向全班汇报。

A. 小组长：下面由我们组来汇报分享，我先汇报……我的汇报完毕，请下一位！

B. 组员2号：我补充……我的汇报完毕，请下一位！

C. 组员3号：我补充……我的汇报完毕，请下一位！

D. 组员4号：我补充……我的汇报完毕。

E. 小组长指名交流总结：

a. 听了我们小组的汇报，谁与我们组交流？（"将军点兵"4～5个交流）

b. 谢谢同学们的补充，下面由我来简单总结一下（简单总结+提出希望）。

F. 交流结束：

小组长：我们小组交流完毕。

全体成员：谢谢大家！

全班学生：齐齐拍掌以示鼓励。

五、完善评价机制，激活内因

善于倾听是准确评价的保证。在平时的语文教学中，笔者注重全方位地指导学生倾听。教学生学会倾听的具体方法是：当听到小主持人说"请同学们看……"时，大家的目光都要投到该处，然后把这个重点句段画出来，接着，我们还要教学生认真倾听小组的汇报，积极捕捉信息，抓关键词，并及时在自己的书中做批注，真正地学会倾听、学会学习。

在生本课堂教学中，作为教师还要用欣赏的眼光、专注的神情去寻找学生的闪光点，这是对学生最好的鞭策和激励，以满足学生被赏识的自我需要。例如，遇到精彩的回答，给予他们最真诚的表扬："你的体会真深刻！""你获得的知识真多，说明你很爱看书！"课堂上，学生随时需要来自生生之间的即时评价，这就要求小主持人具备超常的应变能力了。平时，笔者教会他们抓住关键词、抓住有效信息等进行有效的评价，这时，学生的技能就能派上用场了。例如，"从你的回答中，我知道了武松是一个武艺高强（关键词）的人""从你的回答中，我认识了《老人与海》中勇敢顽强的老人（扩大阅读面）。"

生本课堂中用得最多评价的是小组评价。我要求每一个学习小组都有一套评价方法。例如，上课时，能够在组里回答问题的组员就奖励一颗星；能够在班上回答一次问题的就奖励三颗星；当一次主持人就能够获得十颗星。每个星期进行夺星总结，笔者以夺星颗数作为评价依据，评出班上的"学习之星"加以表扬。这样多样化的评价，激活了学生学习的内因，满足了不同学生的发展需要，提高了课堂的实效。"超前睿智组"生本教学评价表见表5-2-1。

表5-2-1

评价项目	前置作业（2分）	学习探究（2分）	自我测评（2分）	延伸拓展（2分）	课堂表现（2分）	奖励及其他（2分）	总分
小明							
小芳							
小文							
小青							

第三节 互动交流，打开"生本阅读"实施的通途

"生本阅读"教学在经历学生自学、小组合作探究两个环节后，教学的知识点已经被"照葫芦画瓢"——呈现出来，在课堂上，教师就不必像传统教学那样照本宣科、满堂灌，而应抓汇报——互动交流，就是学生个人、同伴、小组、全班间互动交流观点、发表观点，通过自身多元论证、多角度思考，最终让学生在大量有效的敢说、善说、会说的训练中习得学习方法，提升个人素养。"生本阅读"的互动交流方式通常体现为以下"五式"。

一、"渔夫撒网"式

"渔夫撒网"式"生本阅读"互动交流就是学生A就一个问题汇报完后，说"还有谁与我交流"，然后请学生B回答同一个问题，可补充（谈体会或由此展开）或质疑，学生B回答完后，再请学生C回答，以此类推。

这种汇报方式的最大特点是就一个问题进行阐述，较集中，学生汇报的面广，参与率高，教师可随机点拨，对学生进行语言文字的训练。

案例1：

在统编版一年级《拍手歌》拓展延伸的环节，卢老师设计了这样一个训练：在动物王国，你还会看见什么动物？请仿照课文，说一说：

你拍一，我拍一。

————————。

你拍二，我拍二。

_____。

你拍三，我拍三。

_____。

芦老师先让学生在小组里练习，然后进行全班互动交流。她运用了"渔夫撒网式"的汇报方式，组织学生进行互动交流，交流情况如下。

小青：你拍一，我拍一，猴子树上荡秋千。我的汇报完毕，有请小明同学。

小明：你拍二，我拍二，热带雨林有蟒蛇。我的汇报完毕，有请小花同学。

小花：谢谢你的分享。你拍三，我拍三，鲨鱼海里追小鱼。有请小文同学。

小文：你很自信，我要向你（小花）学习。你拍四，我拍四，猎狗深山睡大觉。有请小英同学。

小英：你拍五，我拍五，老鹰天空捉小鸟。我的汇报完毕，有请小锋同学。

小锋：你拍六，我拍六，小狗地上摇尾巴。我的汇报完毕，有请小惠同学。

小惠：你说得真棒！声音很响亮，我要向你学习。你拍七，我拍七，蟋蟀夜里忙歌唱。我的汇报完毕，有请小山同学。

小山：你的想象力真丰富。你拍八，我拍八，小鸡沙地找食物。有请小东同学。

小东：你的声音真好听。你拍九，我拍九，金鱼水里学游泳。有请小红同学。

小红：你拍十，我拍十，乌龟冬眠缩成团。我的汇报完毕，有请下一位同学。

……

案例2

在三年级下册《童年的水墨画》的教学中，感知课文的主要内容后，胡老师出示了这样的主问题："我最喜欢的是《_____》这首诗，通过_____这个词（句）我仿佛看到了_____，由此，我想到_____（童年的一件事，看过的一本书，一句诗、一首歌）……"让学生思考，并进行小组合作学习，在全班交流互动的环节，胡老师采用了"渔夫撒网式"的交流方式。学生的互动情况如下。

学生A：我最喜欢的是《溪边》这首诗，通过"人影给溪水染绿了，钓竿上立着一只红蜻蜓"这句诗，我仿佛看到了一群群的小孩在溪边玩耍、嬉戏，一只美丽的红蜻蜓在欣赏孩子们的"游戏"，它也想玩。由此我想到了一首歌《红蜻蜓》："晚霞中的红蜻蜓，请你告诉我，童年时代遇到你，那是哪一天，拿起小篮来到山上，桑树绿如阴，采到桑果放进小篮……"优美的歌词写出了童年生活的无忧无虑，多么美好，正如《溪边》这首诗描绘的画面一样。我的汇报完毕，请问有谁也要交流《溪边》这首诗？

学生B：你描绘的童年生活真美好。我最喜欢的也是《溪边》这首诗，通过"忽然扑腾一声人影碎了，草地上蹦跳着鱼儿和笑声"这句诗，我仿佛看到孩子们在草地上翻滚、打闹，仿佛听到孩子们大声地说"追我，来追我"，然后就哈哈大笑起来。由此我想到了朱自清的《春》："小草偷偷地从土里钻出来，嫩嫩的，绿绿的。园子里，田野里，瞧去，一大片一大片满是的。坐着，躺着，打两个滚，踢几脚球，赛几趟跑，捉几回迷藏。"这几句话描写的小孩在草地上玩乐的情景跟《溪边》描写的情景很相似，小孩都是那样天真，那样快乐，那样纯真。还有谁与我交流？

学生C：谢谢你的分享，我们在草地上经常玩得很疯。我最喜欢的是《街边》这首诗，通过"书页在膝盖上轻轻地翻动，嘴角漾着丝丝抹不掉的笑"这句诗，我仿佛"看到孩子们读起书来特别认真，就算周围怎样吵闹，都影响不了，有个小女孩还一边看书，一边甜甜地笑，看得很入迷"。由此我想到了自己，我很喜欢看书，有一次我躲在被窝里看书，不时发出嘻嘻的笑声，妈妈催我睡觉，我一边答应，一边继续偷看，童年的生活就是这么让人回味无穷。请问还有谁与我交流？

学生D：你分享的读书故事真有趣。我最喜欢的是《江上》这首诗，通过"是哪个'水葫芦'一下钻入水中，出水时只见一阵水花两对虎牙"这句诗，我仿佛"看到孩子们在水里耍欢的情景，他们时而比赛跳水，时而在打水仗，时而在玩捉小人的游戏"。由此我想到了自己，有一次，我到小姨家玩，经过一个鱼塘，我看见几条鱼在鱼塘里游来游去，我就扑通一下跳进鱼塘里，想去捉鱼。可是我不会游泳，手和脚慌乱地划水，小姨大声喊："救命，救命。"这时候，几个小伙子看见了，就过来把我拉到岸上。一上来，小姨就说："你的胆子太大了。"虽然我被淹了，但是我很喜欢游泳。有谁与我分享你的童年生活？

学生E：谢谢你的分享，你的童年生活很惊险，也充满童真。由此我想到了我最快乐的一件事。有一次，我回到奶奶家，和同村的几个小伙伴在一个水塘里捉泥鳅。有一条小泥鳅被我捉住了，可是它特别调皮，一下子钻进我的衣袖里。它的身子滑溜溜的，搭在我的手上冰凉冰凉的，我特别紧张，便大吼大叫起来，不断地甩手，手上黏着的泥巴便甩到了伙伴们的脸上、衣服上。大家大声嚷嚷，嘻嘻哈哈的，都像我那样去甩手。顷刻间，我们都成了大花脸，你看我，我看你，笑得仰面朝天。听了我的分享，你们是不是觉得童年真的很快乐。我的汇报完毕，还有谁与我交流？

学生F：我补充，由此我想到了一首诗《童年》："童年是一幅画，画里有我们多彩的生活；童年是一首歌，歌里有我们的幸福和欢乐；童年是一个梦，梦里有我们的想象和憧憬。"童年给我们留下很多的快乐，让我们好好珍惜我们的童年。我的汇报完毕，还有谁与我交流？

学生G：是的，童年是难忘的，有笑也有泪。由此我想到和爷爷一起去放牛的事。我想坐在牛背上，爷爷劲儿大，一下子就把我抱到了牛背上。一开始，我觉得很好玩，可是，牛跑起来了，我吓得哇哇大哭起来。我的手紧紧地抓住牛绳，使劲儿地喊，村里的叔叔阿姨看见都笑了。虽然这件事过去很久了，但每次想起来，我还是想跟爷爷去放牛。

……

二、"将军点兵"式

"将军点兵"式"生本阅读"互动交流是由一个学生作为主交流就一个问题汇报完后，就说"还有谁与我交流"，然后像"将军"一样点"兵"，就是指名其他同学交流，交流的焦点是同一个问题或同一个句子。"将军"要认真倾听，可抓住"兵"回答的关键词、落脚点做评价，也可以叫"兵"读句子，还可以叫"兵"提问题。具体的汇报流程如下。

将军：下面先由我进行汇报，我的观点是：……我的发言完毕，请问大家还有什么需要补充的？

兵1：听了……的介绍，我又增长了很多知识，我再补充一点……

兵2：我来补充××的发言，我认为……

兵3：我和××的想法是一样的，但我还从其他方面找到了答案……

兵4：××讲得真好，我也想要说说自己的想法……

兵5：我不同意××的观点，我想和大家讨论一下……

兵6：××真是个善于思考的人，下面由我来发言……

……

"将军"根据"兵"的发言做总结。

这种汇报方式的最大好处就是"将军"能较好地集中"兵"去解决问题，并相应地做出赏识评价。

案例1

教学二年级下册《大象的耳朵》的生字环节，某教师就采用了"将军点兵式"的汇报方式，她让学生同桌互读本课的生字后，提出这样的问题：你认为哪些字音要提醒同学们注意？同时出示了汇报格式：我要提醒大家注意_____，_____不要读成_____，请大家跟我读_____。学生先行练习后，教师就说：谁第一个发言？学生A依据格式汇报完后，就说"谁与我交流？"（学生A请学生B回答）学生B依据格式汇报完后，学生A又说"谁与我交流？"以此类推。学生A作为"将军"，邀请更多的"兵"回答，直到解决问题为止。

案例2

教学《我的伯父鲁迅先生》时，某教师让学生围绕主问题"我从文中_____的这件事中的_____这个句子里的词语_____看到了一个_____的鲁迅，因为_____。由此，我想到了_____"探讨鲁迅先生的品质，学生围绕主问题进行汇报交流。现截取"将军点兵式"的汇报如下。

将军：我从文中"救助车夫"这件事的句子"这时候，我清清楚楚地看见，而且现在也清清楚楚地记得，他的脸上不再有那种慈祥的愉快的表情了，变得那么严肃。他没有回答我，只把枯瘦的手按在我的头上，半天没动，最后深深地叹了一口气"中的两个"清清楚楚"看到了一个忧国忧民的鲁迅，因为他的情绪变化告诉我，他是因为担心车夫，再次让我们看到当时社会的黑暗，由此我想到了陆游的一首诗《示儿》："死去元知万事空，但悲不见九州同。

王师北定中原日，家祭无忘告乃翁。"文中的鲁迅和陆游一样，他们的爱国精神是那样执着、热烈、真挚。请问有同学也要分享这句话吗？

兵1：我也从这件事看到了一个忧国忧民的鲁迅，由此我想到了南宋时期的爱国将领岳飞。岳飞小时候，岳母在他的背上刺上了"精忠报国"四个字，这成了他一生的座右铭。他率领岳家军与金兵进行了数百次战斗，所向披靡。他忧国忧民，所率领的军队纪律严明，即使饥饿，也不扰民，宁可冻伤，也不进屋，一直受到人民的爱戴。难道岳飞这种忧国爱民的品质不正和鲁迅一样吗？

将军：从你的发言中，我知道了一个忧国忧民的岳飞，请你把"忧国忧民"这个词语板书在黑板上。谁继续与我交流？

兵2：由此我想到了周恩来总理，他一生清贫，却经常关心、资助老百姓，可他的住所陈设简单，生活简朴，他也像鲁迅先生一样，心系国家，心系百姓。

将军：这就是忧国忧民的总理，这就是忧国忧民的鲁迅。请问还有谁要与我分享这句话？

兵3：由此我想到了杜甫的诗句："安得广厦千万间，大庇天下寒士俱欢颜。"这句诗表现的杜甫的思想难道不是和鲁迅一样对百姓有极强的同情心吗？

将军：谢谢你的分享，让我知道鲁迅是一个具有同情心的人，请你读读这个句子，把鲁迅的情感表达出来。

兵3：读句子。

将军：还有谁继续分享？

兵4：请同学们把目光投向第18自然段的第2~3句："他们把那个拉车的扶上车子，一个蹲着，一个半跪着，爸爸拿镊子给那个拉车的夹出碎玻璃片，伯父拿硼酸水给他洗干净。他们又给他敷上药，扎好绷带。"从句子当中的"扶、蹲、跪、拿、夹、洗、敷、扎"等一系列动词，我看到了一个乐于助人的鲁迅。由此我想到了一句关于乐于助人的名言：助人应从日常小事做起，不因善小而不为。这句名言不正写出了鲁迅先生乐于助人的精神吗？

将军：谢谢你的介绍，让我认识了一个乐于助人的鲁迅。谁继续分享这个句子？

兵5：由此我想到了华罗庚的一句名言："人家帮我，永志不忘；我帮人家，莫记心上。"

将军：从同学们的发言中，我们感受到鲁迅先生忧国忧民的品质，让我们好好地再读一读句子。

三、"团体互助"式

"团体互助"式"生本阅读"互动交流就是以一个小组为"小团体"来汇报同一个画面、同一个方面或同一件事的内容，学生A根据主问题做整体的汇报，学生B可补充资料，学生C可谈由此展开的内容，学生D可补充体会，也可指导读书。小组汇报完毕后，由学生A作为主交流与下面的同学互动。其具体的操作流程如下。

小组长组织发言：现在由我们（　　　）组来汇报，有请1号同学先发言。

1. 汇报不相同方面

1号同学：我们的观点是（对于这个问题，我的答案是）……理由是……我的发言完毕，请问大家还有什么需要补充的？

A同学：听了××的介绍，我又增长了很多知识，我再补充一点……

B同学：我来补充××的发言，我认为……

C同学：我和××的想法是一样的，但我还从其他方面找到了答案……

D同学：××讲得真好，我也想要说说自己的想法……

E同学：我不同意××的观点，我想和大家讨论一下……

F同学：E同学真是个善于思考的人，下面由我来发言……

2. 汇报相同方面

1号同学汇报完，就说"我的发言完毕，有请2号同学"。

组长总结：总结观点+优点+提希望（高年级同学可用名言警句）。

这种方式的最大特点就是小组要群策群力，分工明确，从而拓展语言文字训练的广度和深度。

案例1

在统编版二年级《蜘蛛开店》的生字教学中，为了让学生用识字方法记住此文的生字，一位教师出示了下面的训练，让小组进行交流。

我会记

店　蹲　寂　寞　罩　编　顾　付　夫　换　颈　袜　匆　蜈　蚣

我会用＿＿＿＿方法记住＿＿＿＿字，我会组词＿＿＿＿、＿＿＿＿。

小组同学在组内交流后，这位教师指名小组在全班进行交流汇报，现截取一个小组的汇报情况。

组员1（小组长）：下面由我们"学霸组"给大家汇报分享，我会用"编故事"的方法记住"付"字，"一个人在量尺寸就是付"，我会组词：支付、付钱。谁也是用"编故事"的方法来记住生字的？请与我交流。

学生A：我用"编故事"的方法记住"店"字：广字下面有一个人"占"着，它们成了好朋友。

组员1（小组长）：谢谢你的分享，让我记住了"店"字，有请我们小组的下一位同学来分享。

组员2（小芳）：我补充，我会用"猜谜语"的方法记住"袜"字，"没买衣服就是袜"，我会组词：袜子、裤袜。下面有哪位同学也是用"猜谜语"的方法记住生字的？请与我交流。

学生B：我也是用"猜谜语"的方法记住"夫"字的，二人合力顶过天，我会组词：夫人、大夫。

组员2（小芳）：谢谢你的分享，让我记住了"夫"字，有请我们小组的下一位同学来分享。

组员3（小明）：我用"加一加"的方法记住"蚣"字，"虫加公"就是"蚣"字，我会组词：蜈蚣。下面有哪位同学也是用"加一加"的方法记住生字的？请与我交流。

学生C：我也是用"加一加"的方法记住"蜈"字的，"虫加吴"就是"蜈"字，我会组词：蜈蚣、蜈蚣船。

组员3（小明）：谢谢你的分享，让我记住了"蜈"字，有请我们小组的下一位同学来分享。

组员4（小青）：我会用"组词法"记住"付"字，交付、付出。下面有哪位同学也是用"组词法"记住生字的？请与我交流。

学生D：我也会用"组词法"记住"罩"字，我会组词：口罩、罩住。

组员4（小青）：谢谢你的分享，让我记住了"罩"字。

组员1（小组长）：听了我们小组的汇报，谁来评一评我们小组的发言。

学生E：你们小组在发言时，小芳和小明发言很自信，声音很响亮。

学生F：小青在发言时声音太小了，要大胆一些。

组员1（小组长）小结：虽然我们小组有同学在发言时声音不够响亮，但是我相信经过大家的共同努力，他一定会进步的。

案例2

为了更好地感悟武松的形象，在教《景阳冈》的第二课时中，某教师先出示主问题"我最感兴趣的画面是_____，我从句子_____中的_____等词语感受到了武松是一个_____的人。由此，我想到了（武松的故事、武松的歇后语、我国四大名著中的人物、世界名著中的人物、生活中的人等）_____"让小组进行合作学习，然后让小组来汇报，现截取其中一个小组的汇报展示。

组员1：现在由我们小组来汇报，我最感兴趣的画面是喝酒，请同学们看第2自然段："武松走进店里坐下，把哨棒靠在一边，叫道：'主人家，快拿酒来吃。'只见店家拿了三只碗，一双筷子，一盘熟菜，放在武松面前，满满筛了一碗酒。武松拿起碗来一饮而尽，叫道：'这酒真有气力！主人家，有饱肚的拿些来吃。'店家道：'只有熟牛肉。'武松道：'好的切二三斤来。'店家切了二斤熟牛肉，装了一大盘子，拿来放在武松面前，再筛一碗酒。武松吃了道：'好酒！'店家又筛了一碗。"我从句子中的"一饮而尽、叫道、切了二斤、再筛一碗、好酒"等词语感受到武松是一个豪爽、不拘小节、食量极大的人。由此，我想到了《红楼梦》中的贾宝玉，他崇尚自由生活，不喜欢按照传统规矩去做事，他不拘小节，在一众兄弟姐妹中最是活泼，也最洒脱，没有城府心计，也不受任何束缚，他的不拘小节的性格跟武松很相似。我的汇报完毕，有请下一位同学。

组员2：我来补充，请同学们看第4自然段中的句子："武松听了，笑道：'我是清河县人，这条景阳冈少也走过了一二十遭，几时听说有大虫！你别说这样的话来吓我。就有大虫，我也不怕。"店家道："我是好意救你，你不信，进来看看官府的榜文。"武松道："就真的有虎，我也不怕……'"我从句子中的两个"我也不怕"感受到武松是一个倔强、勇敢的人，由此我想到了"武松醉打蒋门神"的故事，这个故事主要讲述了武松发配至孟州牢营，管营施忠之子施恩，慕其名，二人结拜。施恩之酒店被恶霸蒋门神霸占，武松闻之大怒，带酒赶至快活林，痛打蒋门神，夺回酒店。从中我看到了一个敢作敢当、知恩图报的武松。我的汇报完毕，有请下一位同学。

组员3：我补充，由此我想到了"鲁智深拳打镇关西"的故事，这个故事主要讲了鲁达、史进、李忠三人结伴到酒楼喝酒，听到卖唱的金家父女对镇关西强媒硬娶，强占翠莲，又将她赶出，虚钱实契，还追要典身钱的血泪控诉，激起鲁达对镇关西的愤怒，当即赠送银两，又亲自保护金家父女逃出虎口，然后到状元桥郑屠肉铺，借买肉刁难、激怒郑屠，继而三拳打死郑屠，为民除害，随后，鲁达为避官司出走。鲁智深酒后勇武过人、爱打抱不平，不正和文中的武松一样吗？我的汇报完毕，有请下一位同学。

组员4：听了我们组同学的汇报，我的体会更深刻了。我从句子中的"一二十遭、几时、不怕"等词语感受到武松是一个果断、坚强、浑身是胆的人，由此我想到了我的爸爸，他原来是有固定单位的，后来为了实现自己的梦想，辞职了，出来创办了自己的公司。很多人都劝爸爸不要轻易放弃固定的工作，可爸爸依然坚持，最后他把公司办得有声有色，难道我的爸爸不是像武松那样坚强勇敢吗？

组员1（小组长）：在本次汇报中，我们小组的成员能够大胆发言，越来越自信，真是芝麻开花——节节高，希望我们小组的同学在搜集资料上再下苦功，争取取得更大的进步。

四、"媒体介入"式

"媒体介入"式"生本阅读"互动交流就是借助PPT或思维导图，由四个学生围绕主问题，分工合作完成PPT或思维导图，然后由小组合作分工汇报。

这种方式的最大特点就是直观性强，能训练学生归纳、概括、动手操作的能力。

案例1

解决《呼风唤雨的世纪》中"先学小研究"的一个主问题："随着科技的发展，我们的生活发生了巨大的改变，那除了课文中提到的变化，你还知道哪些变化呢？请以小组为单位用PPT的形式呈现。"学生依据这一任务，在小组里分工合作，谁负责搜集资料，谁负责制作哪部分的内容，谁负责PPT的合成，他们都会同心协力地完成。在课堂的汇报中，教师会让学生借助PPT这一媒体给同伴展现更多的科技变化，PPT所展现的信息比单一的文字资料更立体、更精美、更多元、更能让学生牢记。

案例2

教学《少年闰土》一课时，在课前的预习中，某位教师为了让学生更好地了解鲁迅先生，为了让介绍变得生动、形象，就让学生以小组为单位，分工合作制作有关鲁迅生平、主要作品、成就、名言名句、他人的评价的电子小报，或课件，或视频，或微电影。现摘录某一小组利用课件介绍鲁迅的案例。

组员1：下面由我们小组利用PPT来介绍鲁迅，我介绍鲁迅的生平，请看屏幕：鲁迅，本名周树人，原名樟寿，字豫才，以笔名鲁迅闻名于世，浙江绍兴人，为中国近代著名作家，新文化运动领袖之一，中国现代文学的奠基人和开山巨匠，是在西方世界享有盛誉的中国近代文学家、思想家。请问还有谁要补充鲁迅的生平？

学生1：我补充。1936年10月19日清晨5点25分，鲁迅在上海因肺结核病去世，终年55岁。他的死讯引起全中国人民的关注，在上海，上万名民众自发为他举行前所未有的隆重葬礼。

组员1：你的补充很具体，谢谢你的分享。有请我们组的下一位同学。

组员2：我介绍鲁迅的作品，请看屏幕。鲁迅的代表作品，小说集：《呐喊》《彷徨》《故事新编》，其中《阿Q正传》《狂人日记》等皆收于《呐喊》中；散文集：《朝花夕拾》；文学论著：《中国小说史略》；散文诗集：《野草》，含《风筝》《雪》等作品；论文集：《门外文谈》；杂文集：《坟》《热风》《华盖集》《华盖集续编》《南腔北调集》《三闲集》《二心集》《而已集》《花边文学》《伪自由书》《附集》《准风月谈》《集外集》《且介亭杂文集》《且介亭杂文二集》《且介亭杂文末编》等19部。请问还有谁要补充？

学生2：我补充。鲁迅在1918年5月首次以"鲁迅"做笔名，发表了中国文学史上第一篇白话小说《狂人日记》。他的著作以小说、杂文为主。

组员2：听了你们的介绍，我对鲁迅有了进一步的了解。下面有请我们组的下一位同学进行交流。

组员3：下面由我介绍鲁迅的成就：文艺成就——鲁迅是20世纪的文化巨人，他在小说、散文、杂文、木刻、现代诗、旧体诗、名著翻译、古籍校勘和现代学术等多个领域都有巨大贡献；学术成就——作为一名学术研究者，一方面，鲁迅不仅结束了"中国之小说自来无史"的时代，也创造了文学史著作的典型范例，还整理校对勘正了《古小说钩沉》《嵇康集》《汉画像集》《会稽郡故书杂集》等数十部古籍，为后世的古典文学研究留下了一笔巨大财富；精神成就——鲁迅堪称现代中国的民族魂，又是20世纪世界文化巨人之一；政治成就——鲁迅一生追求民主，早在新文化运动伊始便向封建旧文化宣战，不断与压迫民众的旧思想、旧文化做斗争，他不畏强暴，执笔对战，表现出一个正直文人的气概。我的汇报完毕，请问还有谁要与我交流？

学生3：我补充。鲁迅开辟了白话文的先河，是新文化运动的主将。无论是散文、小说，还是杂文都有非常大的成就，他的杂文被誉为插向敌人胸口的一把匕首！

组员3：鲁迅的成就是辉煌的，是值得后人推崇的。下面有请我们组的下一位同学进行交流。

组员4：下面由我和大家分享他人对鲁迅的评价：毛泽东评价鲁迅是伟大的无产阶级文学家、思想家、革命家，是中国文化革命的主将，是向着敌人冲锋陷阵的最正确、最勇敢、最坚决、最忠实、最热忱的空前的民族英雄；叶圣陶评价鲁迅——与其说鲁迅先生的精神不死，不如说鲁迅先生的精神正在发芽滋长，播散到大众的心里；郭沫若这样评价——鲁迅先生无意做诗人，偶有所作，每臻绝唱；日本著名作家大江健三郎称鲁迅是"20世纪亚洲最伟大作家"。请问还有谁要补充？

学生4：我补充。韩国文学评论家金良守评价鲁迅是"20世纪东亚文化地图上占最大领土的作家。"

学生5：我补充。苏联作家法捷耶夫评价鲁迅为"中国的高尔基"。

学生6：我补充。日本文学评论家竹内好称鲁迅是"现代中国国民文化之母"。

组员1（小组长）小结：刚才听了我们小组同学的汇报，以及其他同学的补充，先谢谢大家的分享，大家搜集的资料涉及鲁迅先生的很多方面，让我们全面认识了鲁迅先生。大家介绍的思路很清晰，希望以后大家介绍时不要只看着屏幕读，要和下面的同学有眼神的交流，并且最好用自己的语言讲出来。

五、"星星之火燎原"式

"星星之火燎原"式"生本阅读"互动交流就是在班上寻找、培养一两个各方面的能力都比较强的学生,交给他们任务,明确每次任务完成的方法,引领他们去教学生,等这一两个学生成熟后再培养更多学生。例如,生字教学、练习讲评、阅读指导、阅读分享、听写评讲,这些内容,教师都可以先教给学生方法,敢于放手让学生尝试去教学生。在教的过程当中,教师不能局限于一两个学生,要培养更多的学生具备在引领他人的同时,自己也在学习知识,也在提升能力,也在自我成长的意识。同时,教师要做好随时随地引领、点拨的准备,而不是学生在教学生时,教师就高高在上,两耳不闻"教室事"。

这种方式的最大特点就是学生可以独当一面,以同龄人的方法引领同龄人,更具吸引力、说服力,同时互动交流的面广,让全班的学生都参与其中。它有"将军教兵"式和"兵教兵"式两种表现形式。

1. 将军教兵式

在"生本阅读"教学中,一个学生围绕某个教学内容,充当"将军"的角色,有条不紊地组织教学内容,"指挥"学生完成教学任务。其他学生充当"士兵",听从"将军"的指挥与"调度""将军"和"士兵"相互支持,相互配合,形成和谐的互动交流氛围。这种方式体现的是互动交流牵一发而动全身的特点,"将军"拥有绝对威信,"士兵"听令而行,比起教师教学生更能打动学生,更能指引学生,更有实效。

案例1

"生本阅读"教学的一个显著的特点就是课前先学,学生根据导学案进行前置性学习,课中以汇报交流为主,对于一些常规性的知识点,如生字、感知课文内容等,教师通常会采用"将军教兵"的方式。例如,在教学《草原》一课时,检查学生对课文主要内容的把握时,教师就运用了这种方式,让学生当"将军"去"教"学生概括本文的主要内容。

将军:请同学们回顾一下,老师介绍的概括课文主要内容的方法有哪些?

兵1:要素串联法。

兵2:段意综合法。

兵3：抓关键词句概括法。

兵4：题目扩展法。

将军：同学们能把老师平常教给我们的方法总结出来，说明同学们都对这些方法理解并记住了。下面谁来说说《草原》这篇课文主要讲了什么内容？谁第一个发言？

兵5：《草原》这篇课文主要讲了作者第一次来到草原看到的美丽景色以及受到蒙古族同胞热情欢迎、款待的情景。

将军：请问你是用什么方法来概括的？

兵5：我用的是要素串联法。

将军：你概括得很准确，还有谁要补充？

兵6：这篇课文主要讲了作者第一次来到草原，描写了"草原风光、欢迎远客、主客联欢、依依惜别"等画面。

将军：请问你是用什么方法概括的？

兵6：我用的是抓住关键词句概括法。

将军：你用这种方法概括得很具体，请问还有谁要补充？

兵7：这篇文章主要讲作者在草原看到了迷人的景色和感受了蒙古族的民族风情，我是用题目扩展法进行概括的。

将军：大家都能学以致用，希望以后大家继续把学到的方法灵活地运用到概括文章的主要内容中去。

案例2

统编版三年级上册第四单元的课文以童话的形式出现，课文语言形式丰富，有大量的对话，"语文园地"有一个知识点就是领悟对话中提示语的三种用法，在第一、二篇课文的教学中，钟老师就结合文中的具体例子讲解了提示语的三种运用方法。在教自读课文《不会叫的狗》时，笔者结合本文的对话，重点训练了"提示语三种用法"这一知识点，首先，让学生找出体现提示语三种用法的句子；其次，运用多种形式进行朗读，去感受三种用法的好处；最后，出示了如下三道加标点符号的练习题让学生练习。

1. 老师坚定地说 □ 好好学习才能报效祖国 □

2. □ 救命啊 □ 救命啊 □ 红头拼命地叫起来 □

3. ☐不要紧☐小公鸡说道☐第一次能这样已经很不错了☐

在学生练习完后，笔者就让一名学生充当"将军"进行评讲。现摘录"将军"评讲时跟学生互动的情况。

将军：我们先来复习提示语用法的儿歌，谁来说说"提示语在前"的用法？

兵1：提示语在前是熊大，熊大熊大是老大，要有冒号、双引号。

兵2：提示语在中间是熊二，熊二熊二是老二，冒号变逗号，前面要有双引号，后面也要有双引号。

兵3：提示语在后是光头强，光头光头是老三，冒号变句号，前面要有双引号。

将军：同学们能把提示语三种用法的儿歌记在心上，那大家会运用吗？现在我来看看大家掌握得怎么样。请你们说说这三道题分别运用了第几句儿歌的用法。

兵4：第一句是提示语在前，"提示语在前是熊大，熊大熊大是老大，要有冒号、双引号。"所以，"说"字后面要有冒号和前引号，"祖国"后面是句号和后引号。

将军：是的，你填对了，并且能说出理由。谁能像这位同学那样说说第二道题和第三道题应该填什么标点符号？还要说说为什么要这样填。

兵5：第二句是提示语在后，"提示语在后是光头强，光头光头是老三，冒号变句号，前面要有双引号。"所以，"救"字前面填前引号，第一个"啊"字后面填感叹号，第二个"啊"字后面填感叹号和后引号，"来"字后面填句号。

兵6：第三句是提示语在中间，"提示语在中间是熊二，熊二熊二是老二，冒号变逗号，前面要有双引号，后面也要有双引号。"所以，"不"字前面填前引号，"紧"字后面填逗号和后引号，"道"字后面填逗号和前引号，"了"字后面填句号和后引号。

将军：大家对提示语三种运用方法掌握得很好，希望以后大家在写作中多用提示语的三种用法，把对话写得更生动。

2. "兵教兵"式

在"生本阅读"教学中，每节课都会用到同桌或小组互教的方式，也就是同桌的两个学生相互帮助、相互监督、相互教对方；小组内会的学生教不会的学生，或由组内的一人教其他组员。这都是"兵教兵"式的最好体现，学生都是"兵"，不分等次，不分高低，"兵"都有绝对的威信，都有均衡的机会，都有平等的"待遇"。互动交流的面广了，学生的自主学习能力就提升了。

案例1

"生本阅读"教学的识字自主学习课型的"互读互教"环节就运用了"兵教兵"的方式，如统编版三年级下册《荷花》的生字教学。

1. 出示生字和词语：

挨 飘 瓣 蓬 胀 裂 姿 势 仿 佛 随 蹈 止

荷花 清香 赶紧 圆盘 花瓣 莲蓬 花骨朵儿 破裂 姿势

眼前 画家 本领 了不起 仿佛 随风 飘动 舞蹈 停止

2. 出示要求：请同桌间相互检查指定的生字和词语，同桌每读对一个，就请在他的课后生字表对应的字上打"√"，如是同桌教读后才读对的用"○"圈出来。

3. 同桌互读互教。

从这一案例可以看出，同桌的互教互读更能实现因材施教，更能提升学生的自主学习能力。

案例2

在"生本阅读"教学当堂进行专项训练检测的环节中，笔者会有意识地在每个小组挑选做得快而且质量高的学生，给他们全部批改完后，就给他们分配任务，让他们负责批改所在组同学的练习题。通常情况下，能在课堂上完成的，我们都能帮他改完。改完后，笔者会马上让刚才的"先头兵"重点评讲多人做错的题目，让学生及时改正。这样一来，"兵改兵"，"兵教兵"，不仅省时，而且高效。

实践证明，"生本阅读"的互动交流"五式"能最大限度地给予学生参与学习的机会，调动学生学习的积极性。学生在与同伴互动交流的过程中思维得到了发展，交际能力得到了提高。

第四节　信息延展，开启"生本阅读"实施的屏障

"生本阅读"的广度是指在"生本阅读"教学中实践阅读信息的延展，以文本内容为依托，以"大阅读"思想为支撑，以课内外结合为线，以提升学生的阅读力为目的，引导学生对信息进行纵向的、横向的整理、归纳、提炼、表达，从而拓宽学生的视野，使教学忠于文本，又超越文本。阅读信息的延展包括课前的阅读推荐、课前背景资料的搜集、课中主问题的延伸（学生由文本想到相关的文章、故事、新闻、古诗、名言等）、小组合作的资料补充等。这些实践活动让信息上下延展，构成了一个广阔的、立体的阅读单元。

一、课前积累——建构信息习得的源泉

1. 资料搜集，实现信息界限的突破

在"生本阅读"教学中，课前的"先学小研究"都会有一个小环节，就是让学生搜集背景资料。资料的内涵众多，有作者简介、作品介绍、时代背景的了解、主题资料的提炼等。因此，教师在设计这一环节时要认真地解读教材，从落实教学目标出发，真正让学生搜集到的信息很好地为教学服务，并凸显信息的时空性、多元性。通过学生的先行整理，让学生在积累的过程中很好地了解与文本相关的背景资料，为后续的学习奠定基础。

每一篇课文的教学，笔者都会让学生搜集背景资料。例如，在设计《威尼斯的小艇》的"先学小研究"中"我会搜集资料"的环节时，笔者就让学生搜集关于马克·吐温的资料（简介、事迹、作品、马克·吐温的家人及朋友对马克·吐温的评价等），使学生一边了解一边思考，对马克·吐温进行一个全方位的剖析；在设计《只有一个地球》的"先学小研究"中"我会搜集资料"的

环节时，笔者就让学生搜集关于地球的资料。学生从多个角度去挖掘，有对地球注解的资料，也有地球演变的资料；有古代的资料，也有近代的资料；有数据资料，也有图文并茂的资料；有展示地球美丽的资料，也有反映地球被破坏的资料。这些资料可以说跨地域、跨时空。一个个数据掷地有声，一幅幅画面让人犹如身临其境，重重地撞击着学生的心，让学生感受地球美丽的同时，激发了学生保护地球的情感。学生搜集到的信息，从横向来说，体现了多元性；从纵向来看，体现了时空性。

2. 问题导读，实现信息体系的突破

"生本阅读"能否顺利开展，主问题的设计至关重要，因为课中汇报交流的环节就是围绕主问题来进行的，而这一环节正是进行课外阅读渗透的最佳平台。为此，在主问题的设计上，教师要遵循"问题导读"的原则，让主问题引领学生进行"大阅读"，并对信息进行筛选、比对、整理、归纳，让这些信息紧扣教学目标，并为落实教学目标服务。

例如，《草船借箭》"先学小研究"的主问题，笔者是这样设计的：

我觉得诸葛亮是_____的人，我是从句子_____中的词语体会到了_____，由此，我想到了（一个人、一个故事、一个诗句、一句名言或一个成语等）_____。

这个主问题的核心目标就是学生通过信息的延展，去体会诸葛亮的品质。学生解答时，先从文本入手，对字词句进行感悟，从中体会诸葛亮的品质，再展开联想，延伸到课外，筛选出与主问题相关的故事、名言、成语、诗句等信息。一个学生写道："我由此想到了一个成语——望梅止渴。望梅止渴出自《三国演义》第二十一回，主要讲了曹操在征讨张绣的途中，士兵因天气炎热而口干舌燥。曹操为鼓舞士气，告诉士兵前面有一大片梅林。一下子，士兵们口舌生津，军心大振。难道曹操不跟文中的诸葛亮一样聪明吗？"另一个学生写道："我想到了一个人——吴用。他满腹经纶，文韬武略，足智多谋，道号'加亮先生'，人称'智多星'。有一次，吴用为晁盖献计，智取生辰纲，用药酒麻倒了青面兽杨志，夺了北京大名府梁中书送给蔡太师的金银珠宝。从这里可以看出他与诸葛亮一样神机妙算……"

可见，在主问题的引领下，学生由内及外，由文本内容想到很多相关的信息，有诗句，有文章，有故事，有名言，有事件，构成了一个多元信息的体

系，很好地拓展了阅读的广度。

二、课中交流——点燃信息完善的火花

学生在课前学习中进行了充裕的阅读积累，但毕竟是小学生，他们在搜集资料或进行问题导读时，难免会产生偏颇，搜集到的信息未必与文本相关。这是他们在理解上的差异引起的，这就需要教师给予引导，让他们通过小组学习或同伴学习来补充完善自己的信息，不断地扩大自己的知识面，拓展阅读的广度。

1. 小组交流——完善信息

小组虽是一个小团体，但在"生本阅读"教学中，小组学习却起着提纲挈领的作用，它在多个教学环节中担负着重要的角色，为学生的自主探究保驾护航。"生本阅读"教学大致分为五个教学环节：第一个教学环节——单元导读，明确目标；第二个教学环节——检查预习，了解内容；第三个教学环节——小组交流，分享阅读；第四个教学环节——解决主问题，深化阅读；第五个教学环节——拓展延伸，推荐阅读。所有的教学环节都和"大阅读"密切相关，特别是第三个教学环节，学生要在小组内分享阅读，但这并非是简单的阐述，而是要求学生学会五会：会听、会记、会完善、会质疑、会评价。学生在组员的协助下，要不断完善自己的信息，让自己的思维更开阔。

例如，一个小组交流《"精彩极了"和"糟糕透了"》的主问题，笔者是这样设计的：

父亲对巴迪是一种_____的爱，我是从句子_____中的词语体会到_____，由此，我想到_____。

这个小组的一个学生在解答上述主问题中"由此，我想到_____"这个内容的，是这样解答的：儿子很担心他的爸爸，为了多挣点钱，就晚上起来帮爸爸抄写文稿，后来被爸爸发现了，爸爸严厉地批评了他。这样的答案跟主问题有点出入，后来在小组的汇报交流中，在同伴的帮助下，她不断地修正答案，完善了自己的信息，并用便利贴做了如下修改：我由此想到了一部电影《摔跤吧！爸爸》，它根据真人真事改编，电影中的爸爸生活在印度，本是摔跤冠军，因生活拮据被迫回乡，他想让儿子完成他的心愿——为印度赢得世界级大赛金牌，却连生了四个女儿。在印度，女性不受尊重，到了14岁就要嫁

人。爸爸不想让他的女儿们这样,所以他处处严格要求女儿,让她们经受很多考验、磨难,他为几个女儿们安排"地狱式"严苛的训练。正是他对她们的严厉,成就了两个世界摔跤冠军,这不正如文中巴迪的父亲一样吗?对比这个学生前后两个答案,很明显后者更贴合主问题。

可见,在小组的交流互助中,学生能不断地完善、不断地吸收、不断地积累、不断地生成,让自己的思维越发发散,让自己的习得越发丰富。

2. 汇报分享——补充信息

一个人了解到的信息毕竟是有限的,只有在合作学习的过程中,通过汇报分享,学生才能在同伴的分享中了解到更多的信息。在这个过程中,教师要指引学生当同伴分享其他信息时认真倾听,用心牢记,用关键词提炼并记录下来。这样,学生了解的信息就会越来越多,越来越丰富。

例如,学生汇报《桥》的主问题,笔者是这样设计的:

我从句子_____中的_____(词语、标点修辞手法等)感受到了_____,由此,我想到了_____。

对"由此我想到了_____"这个问题学生的答案层出不穷。学生A说:"由此我想到了董存瑞,董存瑞是一个爆破手。有一次,他们要进攻敌人的碉堡,可是敌人的火力很强,只能让爆破手去炸。连长派了董存瑞去,可是,敌人的碉堡位置太高,不好爆破,董存瑞没办法了,就点燃了炸药包,用手托举着,随着一声巨响,敌人的碉堡被炸毁,董存瑞用自己的生命为部队开辟了前进的道路,他这种舍己为人的精神不正像文中的老汉一样吗?"学生B说:"我想到了一句话:泰山崩于前而色不变。这句话的意思是泰山在眼前崩倒了也能保持脸不变色心不跳,就是描写沉着冷静、临危不惧的人。文中的老汉不就是这样的人吗?"学生C说:"由此我想到了一句成语:鞠躬尽瘁,死而后已。意思是说用尽自己一生的力量以及自己所能做的所有事情,哪怕贡献出全部精力,也没有关系。这句成语正好可以反映文中老汉那种心系群众、临危不乱、先人后己的精神。"学生D说:"由此我想到了一句歇后语:诸葛亮弹琴退仲达——临危不乱。这句歇后语讲的是诸葛亮冷静地抚琴玩乐,利用对方对他的了解吓退对方。诸葛亮的冷静机智不正和老汉一样吗?"……当学生说了很多很多时,听的同学也记了很多很多,把同学说的故事、诗句、成语名言、歇后语用关键词记在书本上,密密麻麻。这是学生在同学的汇报分享中,尽最大可能地补充信息，让自己吸取得更多，这和他们"单枪匹马"地了解到的信息是无法比拟的。

3. 拓展延伸——深化信息

在"生本阅读"的课堂中，解决主问题后，教师就要围绕主题进行拓展延伸，可以引出相关主题的人物，可以推荐反映该主题的作品，进行信息的延伸。特别是学习了某类作品的某篇文章后，教师可以以这篇文章为切入点，引导学生去赏析这类作品的其他人物或情节，从而深化学生对这类作品的研读。

例如，在教学《真理诞生于一百个问号之后》一课时，笔者设计了如下的主问题：

我最感兴趣的是_____（谁）的事例，我认为他能发现真理的关键是（在文段中找出语句）_____，通过_____，我体会到了_____，由此，我想到科学家_____（谁）的故事_____。

学生根据主问题展开联想，想出了很多科学家的故事，有的想到了"巧问妙答"这个故事：雨果用"？"表示想知道作品能否出版；出版商用"！"表示作品棒极了，可以出版。这不正和文中一样，把一个抽象的道理用直观形象的方法进行表述吗？有的想到了牛顿的故事：1665年秋季，牛顿坐在自家院中的苹果树下思考问题。这时，一个苹果掉下来，落在牛顿脚边。本来一件很平常的事，却引起了牛顿的注意。于是，他经过不断探索，终于知道这是引力的作用，这和文中的谢皮罗教授的精神是一样的。有的想到了瓦特的故事：以前，蒸汽机是十分不好用的，可经过瓦特的不断改进，蒸汽机越来越完善。瓦特是个善于观察的人，在他的故乡，家家户户都生火烧水、煮饭，但除了瓦特之外，没有人留意过。有一次，他在厨房看祖母做饭。灶上烧着一壶开水，开水不停地沸腾，壶盖不停往上跳动。瓦特感到很奇怪，不知道是什么缘故。连续几天，每当祖母做饭时，他就在旁边细心观察着，每当壶盖跳动时，他都会不断掀开。他反复验证，终于明白是水蒸气推动壶盖跳动。最后瓦特把蒸汽机改为单动式发动机。这样，学生跳出文本，联系主题，想到了很多科学家与文中相似的事例。他们尝试仿照文中的表达方式来提炼、整理、表述这些故事，在不知不觉中进行语言文字的运用，同时又不局限于文本，跳出文本，超越文本，拓展了语言文字运用的广度。

又如，《总也倒不了的老屋》的主问题笔者是这样设计的：

在阅读童话的过程中，当我读到_____时，我就从_____（说、想、做）预测到_____，我的依据是_____，由此，我想到_____。

学生从文本掌握了预测方法，再由此展开这一内容就很好地延伸开了：有的说我由此想到从蚂蚁搬家预测到天就要下大雨了；有的说我由此想到从天上出现鱼鳞斑预测到天气晴朗；有的说我由此想到从妈妈脸上露出灿烂的笑容预测到妈妈的心情特别高兴；有的说我由此想到从小明真诚地向我承认错误预测他是一个知错能改的人；有的说我由此想到从小花在课堂上积极发表见解预测她是一个见多识广的小女孩……。学生说了很多很多预测到的东西，并且是有理有据的。虽说表面上学生没有进行听说读写的训练，但实际上这是语用的最高境界，不着痕迹地表达就是深层次的语言文字运用。

可见，在拓展延伸环节，围绕同一主题进行阅读探究，阅读信息显得多样、丰富，不是单一呈现，让学生的积累变得大气、厚重。

第五节　语言训练，嵌入"生本阅读"实施的内涵

"生本阅读"的深化是指在"生本阅读"教学中要进行语言文字的训练，就是在字、词、句、篇的解读中落实听、说、读、写的训练，其具体体现为五个层面的训练：第一个层面——理解词语、句子、文章内容；第二个层面——概括段意、小标题、文章的主要内容，读懂课文，并回答问题；第三个层面——领悟文章表达方法，体会文章的思想感情；第四个层面——对句子或文章做出欣赏评价；第五个层面——进行阅读想象、写法迁移、比较阅读，一篇带多篇。"生本阅读"的课堂教学基本体现为"阅读—交流—语用—表达"等流程。阅读是根本，交流、语用、表达建立在阅读的基础之上。简而言之，"生本阅读"教学要凸显阅读的深度，其实就是要落实语言文字训练，促进学生语言组织能力和语言表达能力的发展。

一、感知大意，为语言文字训练立基

感知大意是提升语言表达能力的根，只有在感知大意的环节中进行多维度的训练，才能培养学生的概括能力、归纳能力、表达能力，才能把握住教学目标、教学重难点。学段不同，感知大意的要求应该有所不同，呈现一个梯度：一、二年级可以是提炼零碎的、发散的信息。例如，读了课文，你知道了什么？三、四年级按"把握内容—总结方法—运用"的步骤进行训练。五、六年级复习概括主要内容的方法，再让学生汇报。

在具体的实施中，感知大意这个环节的教学可采用互说、汇报、解难三个环节来实施。

（1）同桌两个学生站起来说主要内容，要求学生"你说你的，我说我的"或者"你说给我听，我说给你听"。其目的是让学生敢说，会说。

（2）主交流汇报主要内容后，请其他同学补充，并组织其他同学提问题。

（3）教师针对学生在概括主要内容时遇到的问题进行解疑，并组织学生解决能马上解决的问题。

这三个步骤的训练让学生习得感知大意方法的同时，又很好地进行了语言文字的训练；让学生的概括能力、表达能力得到提高的同时，提高了学生的自信心；让学生把握学习目标的同时，为后续的训练奠定了基础。

二、要素搭架，为语言文字训练立法

"生本阅读"教学的最大特点就是学生自始至终紧紧围绕教学目标开展自主探究的实践活动，教师不着痕迹地简化语用流程，把语用方法的指引最大化。根据统编版教材的编排特点——语文要素清晰、课后练习呈现很多的图表，教师可以在语用方法的指引下，搭起语用的支架，指导学生在语言的表达形式、表情达意上进行挖掘，通过识记、理解、应用、分析、创新等思维活动进行比对、提炼、整合，从而让学生的语言文字运用有依据，使学生的言语学习有深度。因此，在教学《总也倒不了的老屋》这篇课文时，在语用方法的指引上，笔者为学生搭起两种支架。

1. 图表式支架

图表式支架就是根据语文要素，通过图形或表格，指明语言文字运用的路径或方法。在《总也倒不了的老屋》一课的教学中，围绕"预测"这个语文要素，笔者一步步用图表的形式呈现出来：首先从题目出发，让学生看着题目，预测一下可能发生了什么，并说说自己预测的依据；其次让学生预测，并说说他们预测的依据是什么；最后形成表格（表5-5-1）。

表5-5-1

预测依据			预测的内容
故事里的内容	生活经验和生活常识	→	有人修理老屋了
总也倒不了的老屋	房子老旧就要修理		老屋总也倒不了，是被施了魔法吗？
	读过的魔法书里有类似的情节		

最后教师小结预测的方法：除了文章的题目、插图、文章的内容可以帮助我们预测，我们还可以根据自己的生活经验、生活常识、积累的知识预测故事下一个情节的内容。预测内容上，我们可以对故事里的角色会说些什么、想些什么、做些什么进行预测。

这样，在教师的层层点拨下，预测这个语文要素就被表格一层层地展露开来；预测什么，怎样预测，学生的语用有理有据，言语的表述就有了内涵。

2. 主问题式支架

语言文字运用的关键是进行语言的积累、内化，并通过一定的语言形式进行表述运用。图表式支架是把方法进行提取、概括，如何运用方法进行语言文字的运用则是语用表现的又一难题。为此，在进行语言文字运用时，教师要通过一个主问题把语言的表述进行罗列，给学生搭一个语用的架子——主问题式支架，这也是"生本阅读"教学中常见的一个训练学生语言文字运用的方法。笔者在《总也倒不了的老屋》一文的教学中，为了让学生深入文本进行预测，就设计了如下主问题：

在阅读童话的过程中，当我读到_____时，我就从_____（说、想、做）预测到_____，我的依据是_____，由此我想到_____。

让学生从文中找出句子，从角色讲的话、想的内容或做的动作猜想、预测内容，并从联系上下文、生活经验以及生活常识等方面分析预测的依据。在汇报交流"蜘蛛求助老屋"时，学生就有了各自不同的预测，有的学生模仿老屋老态龙钟的声音说："当我读到蜘蛛求助老屋时，我就预测到老屋会说'不行，我太老了，撑不住了'，因为老屋已经破烂不堪了。"有的学生肯定地说："当我读到蜘蛛求助老屋时，我就预测到老屋会想'这些小蜘蛛真可怜，我就再帮帮它们吧，迟点倒下也无所谓'，因为老屋有一颗善良的心。"有的学生响亮地说："当我读到蜘蛛求助老屋时，我就预测到老屋二话不说，让小蜘蛛快进来，还告诉小蜘蛛哪里的小飞虫最多，因为从前面老屋帮助小猫和老母鸡就知道，老屋乐于助人。"通过一个个精彩的回答，最后学生明白了：我们可以从说的、想的、做的这些方面去预测；预测一定要有依据，可以根据自己的生活经验、生活常识、积累的知识、文章的上下文，去预测故事下一个情节的内容；预测只要有依据，无论与课文一样还是不一样，都无关紧要。

从以上案例可见，主问题式支架避免了问题的琐碎、教师的牵引、学生的被动接受。学生在语言的表述上有了主问题式支架的支撑，实际上就有了语用方法的指引，学生在运用语言文字上就变得有深度，不会泛泛而谈。

三、品读句子，为语言文字训练立意

品读句子就是根据教学目标，围绕教学点，落实"扣点"环节，把听、说、读、写的训练巧妙地融入其中，或推敲关键词句，或进行比较阅读，或角色体验，或想象说话，或读写结合，做到读中悟、悟中读。品读句子可以按总分总的结构去训练：总——整体把握句子意思（讲什么），如从这句话你知道了什么？从这句话你知道他是怎么样的人？这句话告诉我们什么？分——进行语言训练：领悟、概括、理解、品悟语言，落实训练，体会写法。总——升华、拓展。

案例1

在《盘古开天地》的教学中，笔者围绕本课的语文要素——"感受神话中鲜明的人物形象"，在让学生围绕主问题进行充分的交流汇报后，重点对以下两个句子进行了品读：

（1）盘古这个巍峨的巨人就像一根柱子，撑在天和地之间，不让它们重新合拢。

（2）他呼出的气息……他的汗水变成了滋润万物的雨露……

笔者做了如下处理。

一、字词推敲，教读——方法习得

教读就是教给学生在读中感悟，在读中习得语言规律的方法，常用到的读的方式有自读（默读、快速浏览读、轻声读）、引读、评读、演读、分角色读、互读等。这些读的方式并不是割裂的，它们时而融合，时而分开，目的都是在读中教，在教中读。通常在品读第一个句子时，教读占的比重是最大的。品读"盘古这个巍峨的巨人就像一根柱子，撑在天和地之间，不让它们重新合拢"，笔者是这样"教读"的。

师：同学们，用自己喜欢的方式读一读，从这个句子你们知道盘古是一个怎样的人呢？你们是从哪些词语中体会到的？

学生自读，自主思考。

生：我是从"巍峨""撑"这两个词语中体会到的。

师："巍峨"通常是形容山的，这里说盘古"巍峨"，那说明什么呢？

生：说明盘古像山一样高大。

师：请你读出盘古的高大。

生读。

师：听了你的朗读，我感觉盘古只有一座小山那么高，谁能读出他的高大。

生读。

师：谁来评评这位同学的朗读？

生：我觉得他读出的盘古只长到半山腰那么高，我来读读。

生读。

师：我觉得你读出了盘古长到高山顶峰那么高，你是怎样读的？

生：我把"巍峨"二字读大声，并且拖长声音。

师：这真是一个好办法，大家还可以怎样读？

生1：可以配上动作读。

生2：可以同桌互读。

师：好，我们就用这样的方式自己练读。

……

上述的教读，笔者把多种读的方式灵活地运用，自然而然地引导学生在读中理解，在读中得法，在读中感悟语言的精准，对于学生而言，感悟盘古这一人物形象的语文要素就"不攻而破"了。

二、追问比对，赏读——审美成形

赏读就是以读去感悟词语、词组、短语、句子的节奏美、意蕴美、声色美，在读中感悟语言文字的美，体会语言文字的魅力，常用的读的方式有连读、比较读、想象画面读、角色体验读、创设情境读、指名读、小组读等。赏读在处理上更多运用的是反复追问比对着读，让学生的理解、体会在层层深入的追问与读的融合中递进、加深，语言文字的运用就成了学生一场享受美、分享美的"旅途"。

在引导学生体会盘古的力量强大时，笔者抓住"撑"这个字让学生细细体会，做了如下赏读。

师：盘古像一位巨人把天撑起来，你仿佛听到了什么？看到了什么？

生：我仿佛听到盘古在大声说："为了人类，什么也阻挡不了我。"我看到了盘古两手使劲地把天撑起来，他力大无穷。

师：请你读出盘古的力大无穷。

生读。

师：刚才你是怎样读出盘古的力大无穷的？

生：我把声音变得低沉，因为要读出盘古撑天时的画面。

师：是呀，读书只要有画面感，就能读出字里行间所透出的语言美。那盘古是怎样把天撑起来的？他的手……

生：他的手满是茧子，手指都变形了，满是血丝。

师：盘古怕吗？他有退缩吗？

生：没有，他无比坚定、坚强、勇敢。

师：那就请你们读出盘古的坚定、坚强、勇敢来。

连续指名学生读。

师：那盘古是怎样把天撑起来的？他的脚……

生：他的脚死死地踩着地，像磁铁一样，稳稳地，一动也不动，任凭风吹雨打，任凭日晒雨淋。

师：这样的盘古让人敬佩，抓住"撑"字读第一句话，还应该读出什么？

生：读出对盘古的敬意。

师：请读出你对盘古的敬意。

生读。

师：你是怎样读出对盘古的敬意的？

生：我一边读一边想象盘古就在我的面前。

师：是呀，读书只要有对象感，就能读出文字所蕴含的思想美。请"开火车"读。

学生连续读。

……

就这样，笔者依着词语、依着句子，通过层层追问比对，把文字变成一个个画面，学生在读中赏析，读出文字背后的意蕴与思想，这是语文教学所追求的一种境界，更是把语文要素转化为有声读的"实践场"。

三、补白填充，创读——个性张扬

创读就是对语言文字进行创意理解、感悟朗读，常用的读的方式有填词扩读、替换词读、结构仿说读、句子变式读。笔者把第二个句子变成诗歌的形式让学生美美地读。

> 他呼出的气息变成了四季的风和飘动的云；
>
> 他发出的声音化作了隆隆的雷声；
>
> 他的左眼变成了太阳，照耀大地，他的右眼变成了月亮，给夜晚带来光明；
>
> 他的肌肤变成了辽阔的大地；
>
> 他的四肢和躯干变成了大地的四极和五方的名山；
>
> 他的血液变成了奔流不息的江河；
>
> 他的汗毛变成了茂盛的花草树木；
>
> 他的汗水变成了滋润万物的雨露……
>
> 他的_____变成了_____。

这样，笔者把第二个句子变成诗歌的形式，并进行补白读"他的_____变成了_____"，学生就能读出个性，读出内涵，做到在读中思考，在读中创新，在读中提升。

案例2

教学三年级上册《大青树下的小学》一文时，在品读句子的环节，笔者分两步走。

一、以主问题牵领重点句子

1. 出示主问题。

这所学校特别的地方是_____，我是从句子_____中的_____词语，体会到_____。

2. 学生自学。

3. 小组交流。

4. 全班汇报。

5. 教师小结：刚才同学们都说得很不错，找到的句子和词语让我们感受到学校很特别。那究竟这些词语和句子有什么特点呢？（板书：新鲜感）我们再走进课文感受这些具有新鲜感的词句。

二、以阅读鉴赏品读重点句子

1. 品读句子1：这时候，窗外十分安静，树枝不摇了，鸟儿不叫了，蝴蝶停在花朵上，好像都在听同学们读课文。

（1）提出问题：大家看看，为什么说这是一个有新鲜感的句子呢？

（2）互动交流。（读悟结合，落实语用）

（预设交流情境）

生1：因为这个句子运用了拟人的手法，把句子写得更加形象、具体。

师：你的意思是说运用拟人的修辞手法能把事物写得更加具体、形象，所以就觉得它有新鲜感，你真会思考！那么你能读出这种新鲜感吗？

生1：朗读句子。（读后可以叫其他学生点评，然后朗读，鼓励个性朗读）

（3）点拨拓展。

① 导语：现在，我们知道：运用了拟人修辞手法的句子是有新鲜感的句子，那么，如果运用了比喻、夸张、排比等修辞手法的句子是不是也会有新鲜感呢？请大家在课文中找找这些句子，读读，想想。

② 读文画句：学生默读课文，画出运用了修辞手法的句子，然后自己朗读，感受。

③ 汇报交流：同学们，谁来说说这些句子是不是有新鲜感的句子。

（4）回读联想。

汇报句式：读了这个句子，我想到了学习生活中的_____（一个词、一句话、一个人、一个场景），因为_____。

（5）教师小结：根据我们的体会，知道运用了修辞手法的句子。大多是有新鲜感的。（板书"运用了修辞手法的句子"）

2. 品读句子2：那鲜艳的服装，把学校打扮得绚丽多彩。

（1）提出问题：课文中除了句子有新鲜感，还有很多词语也具有新鲜感，读读这个句子，哪些词语是有新鲜感的呢？

（2）互动交流。（四字词、形容词都是有新鲜感的词语）

（3）点拨拓展：请你在课文中再找一找具有新鲜感的词语。

（4）回读句子。

四、以读为本，为语言文字训练立情

以读为本是落实语言文字训练的根本保证。以读为本有以下要求：①"读"分为有声读和无声读。有声读是检测是否读得准确，是否读得有感情的标准；无声读则是检测不同年级读的方式的逐渐推进，有默读、边读边批注、有速度地读、跳读。②一年级上学期要点读，培养学生的注意力，下学期后半段可捧着书本读。③读要体现四个性：目标性、层次性、多样性、个性。④读要注意几个结合：读与品结合、读与评结合、读与练结合、读与情结合。

案例1

在教学《少年闰土》第二课时，笔者在品读文中的重点句子时，对"读"进行了以下的训练。

品读句子："月亮地下，你听，啦啦地响了，猹在咬瓜了。你便捏了胡叉，轻轻地走去……""有胡叉呢。走到了，看见猹了，你便刺。"

1. 这几句话主要抓住闰土的什么来写？

2. 从"轻轻地走"你体会到什么？请你做一做"轻轻地走"的动作。谁再来做一做？

3. 读评结合："月亮地下，你听，啦啦地响了，猹在咬瓜了。你便捏了胡叉，轻轻地走去……"

（1）好，我们一边读一边配上动作读读这句话，大家自由练一练。

（2）指名读——你为什么把"轻轻地"读得这么短？还可以拖长读吗？

（3）"啦啦地响了"可以怎么读？

（4）全体起立配上动作读好这句话。

4. 我们来看看这个句子，你从中看出一个怎样的闰土？

5. 这句话抓住人物的什么来描写？

6. 指导学生读好"有胡叉呢。走到了，看见猹了，你便刺"这句话。

7. 分角色朗读对话。

案例2

教学《狼牙山五壮士》一课时，为了更好地感悟五壮士的精神，笔者以"感情品读，感受壮行"为主题，在品读重点句子时，采用了多种读的形式。笔者把"以读为本"的思想贯彻到底，是这样进行"读"的指导的。

一、学习文段一：接受任务

1. 教师导入：今天我们先来学习文章的前三个部分，也就是课文的第1~3自然段。

2. 出示任务：现在同学们请快速地默读课文的第1自然段，也就是接受任务部分，想想五壮士接受了什么任务。课文哪句话告诉了我们？从这段话你感受到五位战士的英勇了吗？（预设评价语：你的语言感悟能力真强，学习语文就应该这样，透过字面，理解它的深层意义。）

3. 小结：只有五个战士，却要阻止大举进犯的敌人，任务是多么艰巨，可见五壮士是多么勇敢，那么，在痛击敌人、将敌人引上绝路的故事情节中，从哪些句子又可以看出五壮士是英勇的、视死如归的呢？请快速地默读课文的第2~3自然段，用横线画出这样的句子。

二、学习文段二：痛击敌人

1. 提出问题：我们先来看看痛击敌人部分，哪些句子体现了五壮士的英勇？

2. 品读句子1：班长马宝玉沉着地指挥战斗，让敌人走近了，才下命令狠狠地打。

（1）这句话抓住了人物的什么来描写？用三角形点出这个词。

（2）谁来抓住这个词读读这句话？读出他的英勇。

（3）体会憎恨的情感：同学们请想想马宝玉为什么要下命令"狠狠地打"。谁来读读这句话，读出情感？

（4）引读：

带着对敌人的仇恨，班长下命令——

为了痛击敌人，班长下命令——

为了给死难的人民报仇，班长命令——

3. 小结：这句话我们抓住了描写班长马宝玉的神态和动作的词语，体会到了班长作战的英勇和对敌人的仇恨。现在请你按照刚才的阅读方法，抓住重点词语，自由地读读下面的句子，读出情感。

4. 品读句子2：副班长葛振林打一枪就大吼一声，好像细小的枪口喷不完他的满腔怒火。战士宋学义扔手榴弹总要把胳膊抡一个圈，好使出浑身的力气。胡德林和胡福才这两个小战士把脸绷得紧紧的，全神贯注地瞄准敌人射击。

（1）自由读。

（2）抽三个学生读，引读：

第一个读后采访：副班长葛振林你为什么每打一枪就大吼一声？是呀，这吼声包含着多少的怒火与仇恨，副班长葛振林——（齐读）

第二个读后采访：宋学义你为什么扔手榴弹总要把胳膊抡圆了？请女生做动作，男生读句子。

第三个：谁来读读最后一句？从这句话中你感受到了什么？

（3）引读全句：每一个动作，每一个神情，都显示出战士们的英勇，以及对敌人的仇恨，班长马宝玉——

三、学习文段三：引上绝路

1. 导语：五位战士痛击了敌人，胜利地完成了掩护任务，准备转移。面前有两条路：一条是_____，另一条是_____，通往主力方向的对五壮士来说是一条——（活路），走棋盘陀就是一条——（死路）。

2. 采访：马宝玉班长，我们走那条路？为什么？——（你顾全大局，真是个负责任的好班长。）

葛振林副班长，这道走向棋盘陀是一条死路吗？你就不怕死吗？你舍得你的家人吗？（舍生取义乃真英雄。）

胡福才小战士，你是5个人中最小的一个了，才18岁，之前部队就劝你们回家、不要参军，可是你们偏不，一定要上前线打鬼子，你瞧，要面临绝路了。你想过会牺牲吗？后悔吗？（视死如归，不愧为壮士。）

3. 导语：听了大家的想法，班长马宝玉斩钉截铁地说了一声"走"！

4. 品读句子：班长马宝玉斩钉截铁地说了一声"走"！

（1）对这句话你有什么想法吗？理解"斩钉截铁"是什么意思？可以换成什么词？

（2）换词——带入词读，个性读。

（3）班长为什么要下这样的命令？谁来联系上下文说说。

（4）引读：

为了不让敌人发现群众和连队主力，班长马宝玉……

面对绝路，班长马宝玉……

英勇的、视死如归的班长马宝玉……

（5）出示句子：为了不让敌人发现群众和连队主力，班长马宝玉斩钉截铁地说了一声"走！"带头向棋盘陀走去。战士们热血沸腾，紧跟在班长后面。他们知道班长要把敌人引上绝路。

（6）引读：带头向棋盘陀走去。战士们……

纵观上述的教学案例，整个句子的品悟都做到了"以读为本"，体现了读的目标性、层次性、多样性、个性；体现了读与品结合、读与评结合、读与练结合、读与情结合。

五、读写结合，为语言文字训练立调

《义务教育语文课程标准（2011年版）》指出："语文课程致力于培养学生的语言文字运用能力，提升学生的综合素养，为学好其他课程打下基础。"因此，在"生本阅读"教学中，我们在课尾都会进行读写迁移，设计一个读写结合的点进行训练，如仿写、写颁奖词，其目的就是让学生习得文本的写法后，进行迁移运用。

案例1

教学《两茎灯草》一文时，笔者引导学生抓住严监生的神态、动作去体会他的爱财如命的性格特点后，设计了下面的写话训练。

作家让无法开口的严监生通过动作和神态吐露了心声，也让我们更加深切地感受到了他爱财如命的特点。现在，请你仿照这种写法，抓住生活中的一件小事写一写自己身边的一个鲜活的人物。

学生在感受了人物描写的方法后，学生A这样写道：余灵凌一丝不苟地做着作业。她的左手按住作业本，右手臂平放在桌面上，只有纤细的手指握住笔。她的眼睛盯着作业本，脸上没有任何表情，波澜不惊，只是眼睛偶尔眨一下。这时，纸上娟秀的字停止出现了——她遇到了一个不会写的字。她平静如初，冷静地在书包里找字典。找到了！她轻轻地拿起字典，用手指滑动书页，寻找页码。终于,她翻到了要找的页码,手指在小小的字下移动,然后轻轻地点了一下。这道难题就这样被解决了。

学生B是这样写的:他飞快地运着球,目不转睛地盯着球门,脸上流着汗,嘴张着,急喘着气。他向前迈一步,右脚踢向球,"呼"一声,球进了。

从学生的仿写可见,学生的语言组织能力和表达能力都有了一个质的提升——利用人物的神态、语言等描写方法,让笔下的形象变得栩栩如生。

案例2

除了仿写,还可以改编诗歌、写颁奖词等。例如,学了《将相和》一文后,笔者让学生给文中的人物写颁奖词,他们是这样表述的。

学生A:我想给蔺相如颁"智勇双全"奖,蔺相如用智慧和勇气一次又一次打败了秦王,为自己的国家争了口气,维护了国家尊严,所以我要给他颁"智勇双全"奖。

学生B:我想给廉颇颁"知错能改"奖,廉颇因为蔺相如官职比他高就妒忌,后来他负荆请罪,蔺相如原谅了他,这充分体现了廉颇知错能改的精神,所以我给廉颇颁发"知错能改"奖。

从上面的教学案例可以看出,以文本为依托,多角度挖掘读写点,让"生本阅读"教学得以深化,拓宽了阅读的深度。

六、拓展运用,为语言文字训练立能

结合课外资料,围绕某一个主题进行理解阅读,把课外资料与文章内容进行整合,深化对课文的理解。这是"生本阅读"教学中推进阅读深度常用的一种做法。它围绕一个研究主题,利用各种资源尝试主题式的阅读。学生在写法迁移的支撑下,进行拓展运用,学习从多个角度阅读、理解。

案例1

在学习《狼牙山五壮士》时,学完课文后,陈老师小结学法后,让学生学以致用,阅读《董存瑞》片段,思考问题,体会运用人物描写的方法来表现人物精神品质的妙处。陈老师设计了如下主题拓展阅读。

用本课学到的方法，阅读短文片段，回答下面的问题：

董存瑞看看四周。这座桥有一人多高，两边是光滑的斜坡，炸药包放在哪儿呢？他想把炸药包放到河沿上，试了两次，都滑了下来。要是把炸药包放在河床上，又炸不毁暗堡。就在这时，嘹亮的冲锋号响了，惊天动地的喊杀声由远而近。在这万分紧急的关头，董存瑞昂首挺胸，站在桥底中央，左手托起炸药包，顶住桥底，右手猛地一拉导火索。导火索"咝咝"地冒着白烟，闪着火花。火光照亮了他那钢铸一般的脸。一秒钟、两秒钟……他像巨人一样挺立着，两眼放射着坚毅的光芒。他抬头眺望远方，用尽力气高喊着："同志们，为了新中国，冲啊！"

读了片段，董存瑞的_____精神感动了我，我从_____（词句、人物描写等）体会到的，因为_____。

这一教学案例其实就是围绕《狼牙山五壮士》一课中的教学主题——运用人物描写的方法来表现人物的精神品质，在学生掌握用动作、语言等描写方法感受狼牙山五壮士的品质后，迁移运用，感受其他英雄人物的精神，达到围绕主题，以一篇带多篇的学习目的，再一次深化了阅读的深度。

案例2

在《两茎灯草》拓展延伸的环节，李老师安排了群文阅读，具体的设计如下。

1. 教师过渡：课文只是节选了《儒林外史》中对严监生描写的其中一个部分，作家吴敬梓还写了其他内容，自由读一读，思考：严监生给你留下了怎样的印象？（PPT出示原文选段）

（1）他哥哥犯了事逃了，差人来抓，"随即留差人吃了酒饭，拿两千钱打发去了"。之后，"严二老官连在衙门使费，共用去了十几两银子，官司已了"。

（2）为了治好妻子王氏的病，"每日四五个医生用药，都是人参、附子"。王氏去世，他"自此修斋、理七、开丧、出殡，用了四五千两银子，闹了半年"。

（3）他自己生了病，"过了灯节后，就叫心口疼痛"。初时撑着，每晚算账，直算到三更鼓。后来就渐渐饮食少进，骨瘦如柴，又舍不得银子吃人参。

2. 设疑激趣。为什么严监生的表现如此矛盾？书中的其他"怪人"又有着怎样的人生？作家是如何传神地刻画这些人物形象的？

3. 学生阅读，完成练习。

4. 交流汇报。

5. 小结。如果想进一步了解严监生的形象，就一定要走进《儒林外史》原著，感受作家吴敬梓的绝妙之笔。

这一案例很好地丰富了严监生的形象，群文阅读不仅让学生进一步了解了严监生，更激发了学生对原文的兴趣、对阅读名著的兴趣。

案例3

在教《王戎不取道旁李》一文时，温老师为了让学生认识更丰满的王戎，让学生感受文中的王戎后，就跳出文本，拓展了两个小故事，让学生认识别人眼中的王戎，具体拓展阅读设计如下。

1. 教师过渡：刚刚同学们从文中的故事认识了一个聪明、机智、爱动脑筋、善于思考、有智慧的王戎，那别人眼中的王戎又是怎样的呢？我们来读读下面两个小故事，看看你又读出了一个怎样的王戎？注意用好"注释"这个"法宝"。

2. PPT出示两个小故事：

王戎有好李，卖之，恐人得其种，恒钻其核。

注释：

【恐】害怕。

【恒】经常。

【钻】挖空。

王戎俭吝，其从子婚，与一单衣，后更责之。

注释：

【俭吝（lìn）】小气，吝啬。

【从子】侄子。

【与】送给。

【责】要。

3. 你读懂了哪一个故事？请你借助注释，选一个故事讲给大家听，注意讲完整、讲生动。

4. 学生汇报。

5. 请说说你又从这两个故事中了解到了怎样的王戎？

这一案例中呈现的两个小故事让学生认识了一个自私、小气的王戎。学生把文中的故事与这两个小故事进行对比学习，从中受到"人无完人，一个人有优点也会有缺点"的启发，这就是大语文观的观点：依归文本，跳出文本，才能开阔学生的视野，提高学生的阅读能力。

第六章

课外阅读是推进"生本阅读"的深化

温儒敏提出"建构'教读—自读—课外阅读'组成的'三位一体'的阅读体系是部编本的创新特色之一"的论断。在此基础上，多位学者及一线教师提出了基于新教材，有效推进部编本语文"三位一体"阅读教学的建议。例如，于洪建提出了"三位一体"教学模式应遵循系统性、主动性、趣味性原则。王晓怡提出，基于策略学习的教读自读联动阅读教学，以学生语文素养为出发点，重在落实学生阅读策略、方法的学得与习得。翁其六提出用思维导图串联起"三位一体"阅读教学的建议。也有部分学者和教师较为重视阅读评价体系的建设，如余昆仑提出要建立科学、有效的阅读测评体系，检测学生的阅读质量和水平，更好地助力部编本语文"三位一体"阅读体系。

生本阅读的课外推进就是开展"三位一体"理念的主题阅读，其侧重以单元的读书吧为抓手，以读书为点，促成一个单元的"三位一体"的主题阅读的开展，并形成一定的范式。

第一节 基于"生本理念"的课外主题阅读推进课范式

"生本阅读"的课外阅读推进课由"一导四活一评"构成主要的教学模块。在具体的实施过程中,"活动"的内容可以根据学段学习目标、学段学生特点和具体的教学内容(或体裁)进行相应的调整或改变。

课外主题阅读推进课范式框架流程如图6-1-1所示。

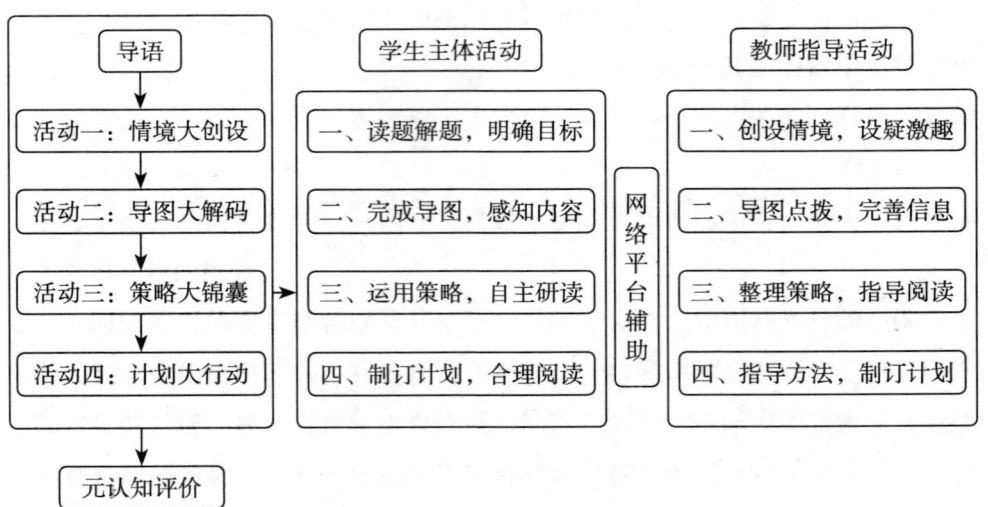

图6-1-1

第二节 基于"生本理念"的课外主题阅读推进课范式概述

"生本阅读"的课外主题阅读推进课范式是"三位一体"教学理念的最好体现,以立足学生的发展,提升学生的阅读素养为根本;以单元主题阅读为线,围绕单元主题,课堂以精读课文、略读课文为范本习得阅读方法,课外以单元阅读链接、读书吧为切入点,引领学生运用方法进行新层次的阅读,从而把阅读策略的掌握内化为阅读能力;以学生作为学习的主体,通过学生交流、互评、互改、质疑、解难等形式来实现学习的目标。

在"情境大创设"环节,教师用生动的语言描述图片、有趣的游戏、设置悬念进行猜想、质疑解疑、播放视频等丰富多彩的形式,营造宽松民主的教学氛围,揭示学习主题,激发学生的学习兴趣,与学生进行朋友式的交流,让学生乐于参与、敢于参与、积极参与。"导图大解码"环节,教师利用思维导图引导学生对推荐书目的封面、封底、目录、作者简介、内容、章节、情节、人物等概貌做全方位的了解,以师生合作完成概貌其中一个内容的介绍,其余的由小组合作完成,实现由扶到放的教学策略;学生通过小组合作完成思维导图,必须群策群力,进行"分析问题、提炼信息、归纳概括、发散思维、批判对比"等高阶思维活动,通过互动、合作、交流等方式提升自主阅读能力的同时,发展高阶思维。在"策略大锦囊"环节,教师要充分体现"三位一体"的教学理念,首先引导学生回顾以往课堂学习中掌握的阅读策略,然后通过选择、判断等方式辨别这些阅读策略的作用,接着引导学生运用阅读策略对推荐书目进行片段赏析;学生通过阅读策略对片段进行分析思考、整合归纳、联想推断,实现以法导读,以法引导,从课内到课外,实现一篇带一本、一本带一类的阅读实效。在"计划大行动"环节,小组合作把阅读策略迁移到课外更广阔的阅读空间，制订切实可行的阅读计划，学生从课堂教师的引读到课外的自主研读，把"生本阅读"彰显的"大阅读"以及"三位一体"的理念深化、延伸，促进学生的发展。这样的范式体现了"生本阅读""大情境、大思维、大策略、大阅读、大积累"的课堂特征。

第三节 教学案例

案例1
统编教材四年级语文下册第二单元的快乐读书吧。

《十万个为什么》教学设计

【教材分析】

本册快乐读书吧的主题是"十万个为什么",属于科普小品文。这是本单元"科普"的拓展和延伸,通过引导学生阅读科普作品,让学生了解更多的科学知识,从而产生探索科学世界的兴趣。

教材由四个部分组成,分别是"导语""你读过吗""小贴士"和"相信你可以读更多"。导语是对生活中常见的几个现象设置问题,唤起学生的好奇心和探索欲望,激发学生阅读科普作品的兴趣。教师可以利用日常生活现象,借助科普作品片段、插图、趣味活动等激发学生阅读的兴趣。

小贴士是对阅读方法的提示,提示了本次读书活动的阅读要素:一是提示学生用学过的方法理解文中难懂的专业术语,如第三站中提到的"过滤、静置、二氧化碳"等词语;二是提示学生读后查一查书中谈到的科学问题,甚至是找找现在有什么新的研究成果,这是对本册教材"科普"单元语文要素的延伸和巩固。

"你读过吗"和"相信你可以读更多"通过简要介绍作品内容、展示精彩片段,引导学生阅读苏联作家米·伊林的《十万个为什么》、中国的《十万个为什么》,以及以李四光的《看看我们的地球》、高士其的《灰尘的旅行》和贾兰坡的《人类起源的演化过程》等为代表的优秀科普作品。

苏联作家米·伊林的《十万个为什么》带着读者进行了一次屋内旅行，对自来水水龙头、炉子、餐桌和炉灶、厨房锅架、碗柜、衣柜这六个站点提出了许多看似简单，却不那么容易回答的问题。本次快乐读书吧引导学生丰富自己的科学知识，提高自己的科学素养。

【学情分析】

四年级下册的快乐读书吧对于学生来说并不陌生，前面三个年级学生已接触过，也掌握了"预测""做批注""提问"等阅读策略。本次安排的读书活动属于科普作品，部分科学术语也难以理解，同时需要学生在课外自主完成，所以有一定的难度，需要教师进行有针对性的指导。

【教学目标】

1. 使学生产生阅读苏联作家米·伊林的《十万个为什么》等科普作品的兴趣。

2. 使学生在阅读科普作品时提出不懂的问题，并运用多种方法来解决这些问题。

3. 使学生感受阅读的快乐，自主规划阅读，制定阅读计划表。

【教学重难点】

使学生产生阅读苏联作家米·伊林的《十万个为什么》等科普作品的兴趣。

【教学课时】

1课时。

【教学准备】

PPT、学习单、实验道具、书籍。

【教学过程】

导语：同学们，通过这一课的学习，你们将能：

1. 产生阅读苏联作家米·伊林的《十万个为什么》等科普作品的兴趣。

2. 在阅读科普作品时提出不懂的问题，并运用多种方法来解决这些问题。

3. 感受阅读的快乐，自主规划阅读，制定阅读计划表。

活动一：情境大创设

1. 激趣：马铃薯浮沉实验，猜想马铃薯为什么能浮于水面？

2. 提问：在生活中，我们可以提许多问题，如"为什么铁会生锈？为什么面包放久了会发硬？为什么水能带走脏东西？……"

3. 揭题：这些问题的答案就藏在苏联作家米·伊琳的《十万个为什么》里，他将带领我们进行一次屋内旅行。究竟这本书隐藏了什么大秘密呢？让我们一起快乐读书吧。

活动二：导图大解码

1. 导图识名著：

（1）对比不同版本的《十万个为什么》。

（2）推荐阅读董纯才翻译的《十万个为什么》。

（3）完成半开放的思维导图，了解书籍概貌。

2. 小组交流：学生组内交流，了解《十万个为什么》的基本信息。

3. 全班交流。

活动三：策略大锦囊

1. 复习阅读策略：我们阅读书籍时可以运用哪些策略？（预测、提问、做批注……）

2. 检测：

（1）选择题。

① 下列不属于阅读策略的一项是（　　）。

A. 做批注

B. 提问

C. 朗读

D. 预测

② 运用"提问策略"进行阅读，提出问题的角度可以是（　　）。

A. 联系生活实际

B. 表达方法

C. 课文内容

D. 以上都是

③ 运用"提问策略"进行阅读，提出问题后，不属于解决问题的方法有（　　）。

A. 联系上下文

B. 查资料

C. 请教别人

D. 摘抄笔记

（2）完成学习单。

精彩片段赏析（图6-3-1）。

> 　　你们家里每天总有人生炉子，煮马铃薯。也许你自己就很会生炉子或者煮马铃薯。可是请你解释一下：为什么炉子里的柴会毕剥作响？为什么烟会走烟筒出去，而不向屋里冒？煤油燃烧的时候，从哪里来的烟？为什么烘烤的马铃薯有一层硬皮，煮的却没有？恐怕你不能解释明白吧。或者问你：水为什么能灭火？我的一位熟人回答说："水能灭火，因为它又湿又冷。"可是煤油也又湿又冷，你倒是试试用煤油来灭火吧！不，你还是不试为好，一试就得报火警了。你看，问题挺简单，可是要回答它却不那么容易。我再给你猜十二个关于最简单事物的谜，你愿意不愿意？
>
> ——选自苏联米·伊林的《十万个为什么》，董纯才、邹信然、祝修恒译，有改动

图6-3-1

① 自由读上面的片段，选择你喜欢的一种阅读策略进行阅读。

策略一：提问

我的问题	提问的角度	解决的办法

策略二：预测

当我读到_____的时候，我预测到_____

_____。

策略三：做批注，请你直接在以上片段写上批注。

② 小组交流：

我会用_____的阅读策略（提问、预测、做批注……）读上面的片段。请看——（展示上面自由阅读的学习成果）

③ 全班汇报。

3. 小贴士：

阅读科普作品的时候，可能会遇到一些不理解的科技术语，这时可以怎么

解决？（出示小贴士1）

当书中谈到一些科学问题的时候，我们就可以用"查一查"的方法来了解一些最新的研究成果。（举例，再出示小贴士2）

4. 小结方法：

刚才我们运用了提问、预测、做批注的方法进行阅读，课后同学们可以运用以上方法继续深度阅读《十万个为什么》。

活动四：计划大行动

1. 明确要求：同学们，要科学合理地制订阅读计划，我们要关注哪些方面？（定时间、定内容、会提问、会解决）出示计划范例让学生观察。

2. 小组合作：小组合作把阅读计划做在学习单上，自评。

3. 推荐阅读：中国的《十万个为什么》、李四光的《看看我们的地球》、高士其的《灰尘的旅行》、贾兰坡的《人类起源的演化过程》。

> 👍 元认知评价
>
> 我掌握了阅读策略，能得（　　）颗星。
>
> 1. 掌握1种阅读策略得一颗☆
>
> 2. 掌握2种以上阅读策略得两颗☆
>
> 我能制订阅读计划阅读科普作品，能得（　　）颗星。
>
> 1. 准备制作得一颗☆
>
> 2. 已经制作得两颗☆
>
> 以上各题，我一共得到（　　）颗星。

【板书设计】

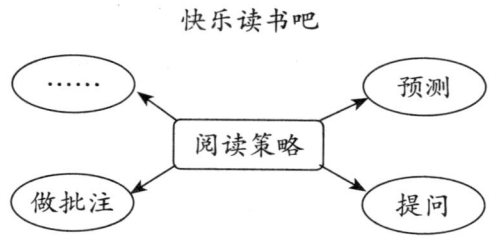

遇见
"生本阅读"，还原学生本真

附：

快乐读书吧学习单

班级：_____ 姓名：_____

一、导图大解码

```
[         ]   [         ]
                            书名 [         ]

[         ]   出版社
                            作者 [         ]
```

从封面，我知道了这本书_____。

二、片段大赏析（图6-3-2）

> 　　你们家里每天总有人生炉子，煮马铃薯。也许你自己就很会生炉子或者煮马铃薯。可是请你解释一下：为什么炉子里的柴会毕剥作响？为什么烟会走烟筒出去，而不向屋里冒？煤油燃烧的时候，从哪里来的烟？为什么烘烤的马铃薯有一层硬皮，煮的却没有？恐怕你不能解释明白吧。或者问你：水为什么能灭火？我的一位熟人回答说："水能灭火，因为它又湿又冷。"可是煤油也又湿又冷，你倒是试试用煤油来灭火吧！不，你还是不试为好，一试就得报火警了。你看，问题挺简单，可是要回答它却不那么容易。我再给你猜十二个关于最简单事物的谜，你愿意不愿意？
>
> ——选自苏联米·伊林的《十万个为什么》，董纯才、邹信然、祝修恒译，有改动

图6-3-2

① 自由读上面的片段，选择你喜欢的一种阅读策略进行阅读。

策略一：提问

我的问题	提问的角度	解决的办法

策略二：预测

当我读到_____的时候，我预测到_____。

策略三：做批注，请你直接在以上片段写上批注。

② 小组交流：

我会用_____的阅读策略（提问、预测、做批注……）读上面的片段。请看——（展示上面自由阅读的学习成果）

③ 全班汇报。

> 计划大行动

组名_____

请小组合作选择喜欢的方式商量制订阅读计划，要注意分工合作哦！

案例2

统编教材四年级语文下册第四单元的快乐读书吧。

《神话故事》教学设计

导语： 同学们，通过这一课的学习，你们将能：

1. 产生阅读中国神话和世界经典神话的兴趣，自主阅读相关作品，了解故事内容。

2. 边读边想象，感受神话的神奇。

3. 感受阅读神话故事的快乐，乐于与大家分享课外阅读的成果。

活动一：情境大创设

1. 激趣：同学们，大家都读过哪些神话故事呢？指名说。你们能把它们的名字写在黑板上吗？（学生在黑板上写名字）

2. 提问：知道这么多神话故事，同学们真了不起！在这些神话人物中，你们最喜欢谁？为什么？（引导学生说出人物形象、特征、性格特点等）

根据学生的回答相机板书。（本领大、呼风唤雨、乐于助人、与自然做斗争、不怕困难、坚持不懈、为民造福……）

3. 揭题：其实啊，刚刚大家说到的故事，有的已经走进我们的语文课本。我们的语文课本中每一册都有神话故事。除此之外，我们的课外书中还有很多神话故事。中国神话哪里有？不仅我们手里的《中国古代神话》有，《诗经》《左传》《国语》《庄子》《山海经》《楚辞》，乃至于唐诗宋词里都有，神话故事太多了，不仅中国有，外国也有。我们读过的神话仅仅是神话世界中的一滴水呀！让我们一起快乐读书吧。

活动二：导图大解码

1. 导图识故事：

（1）对比《中国神话传说》与《世界经典神话与传说故事》。

（2）推荐阅读董纯才翻译的《中国神话传说》。

（3）完成半开放的思维导图，了解神话中的人物关系图。

2. 小组交流：学生组内交流，了解神话中的人物基本信息。

3. 全班交流。

活动三：策略大锦囊

1. 复习阅读策略

我们阅读书籍时可以运用哪些策略？（预测、提问、做批注……）

2. 检测：

（1）填空：我知道运用"提问策略"进行阅读，可以从_____、_____等角度去提问。

（2）判断题。

① 做批注、提问、预测等属于阅读策略。（　　）

② 《中国神话传说》《普罗米修斯》《精卫填海》《牛和鹅》属于神话故事。（　　）

3. 精彩片段赏析（图6-3-3）。

　　古时候，人们饱受疾病之苦。为了治病救人，炎帝亲自试吃各种植物，以确定它们的药性。据说他的身体是透明的，吃了植物之后，可以看到植物在他身体里的反应。他试吃的植物太多了，经常中毒，最多的时候，一天之内中毒竟达七十次。幸亏他有神性，才不致死亡。后来，他获得了一根神奇的红色鞭子，无论什么植物，只要用这根鞭子一抽，立刻就能够显示出它的性质。炎帝根据植物的药性，用它们来治疗人们的各种疾病。最后，他总结经验，写出了中国第一部药学著作《本草经》，因此炎帝又被称为医药之神。

图6-3-3

（1）自由读上面的片段，选择你喜欢的一种阅读策略进行阅读。

① 策略一：提问

我的问题	提问的角度	解决的办法

② 策略二：预测

当我读到_____的时候，我预测到_____。

③ 策略三：做批注：请你直接在以上片段写上批注。

（2）小组交流：

我会用_____的阅读策略（提问、预测、做批注……）读上面的片段。请看——（展示上面自由阅读的学习成果）

（3）全班汇报。

4.小结方法

刚才我们运用了提问、预测、做批注的方法进行阅读，在阅读时要全面地看待神话中的人物形象，可通过动作、语言、神态等去体会。课后同学们可以运用以上方法继续深度阅读《中国神话传说》。

活动四：计划大行动

1.明确要求：同学们，要科学合理地制订阅读计划，我们要关注哪些方面？（定时间、定内容、会提问、会解决）出示计划范例让学生观察。

2.小组合作：小组合作把阅读计划做在学习单上，自评。

3.推荐阅读：《世界经典神话与传说故事》《奥丁的子女》《霍桑的希腊神话》。

遇见
"生本阅读"，还原学生本真

👍 元认知评价

我掌握了阅读策略，能得（　　）颗星。

1. 掌握1种阅读策略得一颗 ☆

2. 掌握2种以上阅读策略得两颗 ☆

我能制订阅读计划阅读神话故事，能得（　　）颗星。

1. 准备制作得一颗 ☆

2. 已经制作得两颗 ☆

以上各题，我一共得到（　　）颗星。

【板书设计】

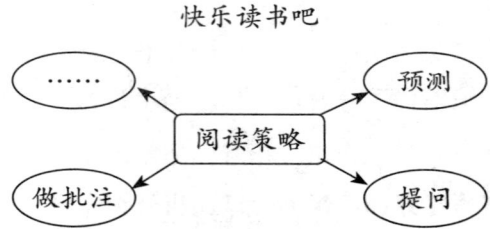

参考文献

［1］常华锋.生本教学论［M］.北京：首都师范大学出版社，2012.

［2］郭思乐.教育走向生本［M］.北京：人民教育出版社，2001.

［3］乔治·M.雅各布斯，威利·A.利奈达雅，迈克尔·帕瓦.简明生本学习策略［M］.徐丽雯，周婷，译.宁波：宁波出版社，2017.

［4］雷婷.幸福语文视角下的体验式教学探索［J］.试题与研究（高考版）2018（9）.

［5］李丽金.激扬生本课堂，实施有效的小组合作学习［J］.新课程（小学版），2018（10）.

［6］江伟英.思维导图画出好作文［M］.北京：北京时代华文书局，2019.

［7］中华人民共和国教育部.义务教育语文课程标准（2011年版）［S］.北京：北京师范大学出版社，2012.

后 记

"教育就是一棵树摇动另一棵树，一朵云推动另一朵云，一个灵魂唤醒另一个灵魂，一个团体牵动另一个团体。"这是钟燕霞老师在实践"生本阅读"教学中秉承的信念，她乐意当"生本阅读"教学的引领者、传播者，把"生本阅读"教学的种子撒向更广阔的天地，使它们在贫瘠的土地上也能开花结果。

她率先垂范，让"生本阅读"教学引领学科发展。她亲自带领流溪小学的全体语文教师实践"生本阅读"教学；她先行尝试，承担了区级的三节公开课，然后与教师反复研磨，构建了"生本阅读"教学的实施流程，建立了"生本阅读"教学的评价体系；她无怨无悔地指导、引领流溪小学的"生本阅读"教学，全校31位语文教师中，有21位教师承担了区级的"生本阅读"公开课；她作为主要负责人承担了广州市从化区首届"'生本阅读'现场会"与从化区第二届"阅读文化节"这两项重要任务，牺牲了周末的休息时间，加班加点，出色地完成了任务。平时，她认真、沉稳地对待每一项工作，指导教师撰写课题、帮教师修改论文等工作从来都是有求必应、一丝不苟。因此，她指导的课题有15个获得广州市从化区立项，指导教师撰写的论文、教学设计40多篇获得广州市从化区教育教学论文（教学设计）一等奖。

她无私无悔，让"生本阅读"教学牵动区域改革。作为广州市从化区"生本阅读"教学实验组的组长，她努力做好传帮带的工作，先后在从化区"'生本阅读'研讨会"中做了15次讲座，为更多的教师指点迷津；作为广州市名教师工作室主持人，她带领工作室成员先后到向阳小学、禾仓小学、联星小学、西宁小学、雅居乐小学、岭南小学、鳌头水西小学、广外附小、良口善施小学、吕田中心小学进行"生本阅读"送教活动，为从化区的"生本阅读"教学添砖加瓦。

她蹲下身子，让"生本阅读"教学培育学生素质。她在课堂中贯彻"简简单单用生本，快快乐乐学语文"的理念，倡导自主合作探究的学习方式，让学生变得自信、博学、大气。她带领工作室的成员深入良口善施小学、吕田中心小学与学生进行"'生本阅读'教学"环节的研磨，把正能量带给学生，让他们勇于表达，变得能言善辩。

　　她努力前行，让"生本阅读"教学铸造自身格局。她在语文教学的路上实践，实践，再实践，力求让"生本阅读"的花蕾绽放，力求让语文的核心素养在学生身上扎根，力求让自己成为具有大格局的人。她努力前行，不断提升自己。她是小学语文高级教师、全国优秀教师、广东省南粤优秀教师、广州市名教师、广州市名教师工作室主持人、广州市优秀教师、从化区小学语文学科带头人、从化区科研指导专家。她撰写的40多篇教学论文在广州市级以上论文评选中获奖，20篇教学论文在广州市级以上教育专业刊物上发表。她主持过广州市级以上课题8个，其中《古诗"主题化"教学研究实验》获广州市第九届教学成果三等奖，所写的结题报告两篇获广东省科研成果二、三等奖，11篇科研行动研究案例获广州市从化区一等奖。她出版了专著《教育从蹲下来开始》。

　　她无怨无悔，让"生本阅读"教学带动师生变化。回忆"生本阅读"历程中的点点滴滴，真是有喜有忧，有泪有笑。它记载了她和同伴一起开展"生本阅读"的真实感受，诠释了"生本阅读"带给教师、学生、课堂的变化，带给家长、同行对我们实践"生本阅读"印象的改观，下面截取教师、学生、家长的感言。

一、教师感言

　　生本教育的教学流程更加科学。"先学后教，以学定教"，这一点更接近"因材施教"的理想。生本教育的预习是十分重要的一环，教师布置"先学小研究"，学生在家先学，这是第一遍学习；课堂上小组内部还有分工，小组讨论，互学互启，这是第二遍学习；小组代表在全班汇报，加上辩论和点评，这是第三遍学习。三遍学习，虽有重复，但各有趣味。教师最后针对这三遍学习中学生仍未掌握的内容加以讲解。如果学生自学效果好，教师最后讲的就少；如果学生自学效果差，教师需要讲授的内容就多，因此更接近"因材施教"的理想。师本教育下也有预习，但没有把预习跟课堂流程整合起来，预习的结果没有在课堂上展现出来，教师并不知道学生在预习中学会了多少，上课时还是照本宣科。有对比才能看出效果。

二、学生感言

以前的课堂，基本上是教师讲，我们听，教师问，我们答的机械方式。可生本教育很不一样，一节课40分钟基本上都是我们讲、我们问，我们自己解决问题，而教师只是"导火线"。在我们自己讲的过程中，不仅自己懂了，也让别人懂了。我认为上课就该这样才对，它真正让我们发挥了自己的水平，让每个同学都能在自己的水平上得到提高，同时挖掘了我们自身的潜能。

讲台不再只是教师自己的舞台，也是我们学生的舞台。

我们就好比一只只放飞的雄鹰，尽情享受着蓝天、白云、自由。

我们更轻松地学习，我们学到了更多更多……

我更有信心了。

真诚地说声——谢谢你！"生本教育"。

三、家长感言

自从女儿接受"生本阅读"学习以后，我真的感觉她进步了。一学年下来，我发现生本教育的理念与培养学生的学科素养是不谋而合的，注重培养孩子运用学科知识去解决问题的能力。我很庆幸孩子能在这样的环境中学习和成长，对于孩子取得的进步，我感到由衷的高兴。现从以下几个方面谈谈我对生本教育的体会。

（1）孩子放学后，能主动、积极地认真完成作业。老师每天布置的作业不多，更多的时候，是结合课文的"先学小研究"，让孩子自己查阅相关资料，大量地阅读课外书籍，从阅读中得到感悟。

（2）培养了孩子学习的兴趣。记得低年级的时候，每一天的语文作业至少3种，大多是机械重复的抄写、连线、听写等，孩子手都抄软了，她还能喜欢学习吗？但现在这种情况改善多了，她的语文作业不再让我担心，我只需要签名确认完成就可以了，而且她越来越喜欢语文了。

（3）孩子越来越自信了。"五分钟演讲""小组学习合作"等方式增强了孩子的自信心，让她勇于运用老师课堂上教的朗读方法在亲戚朋友面前自信地朗诵。此外，生本教育也增进了学生之间的友谊，使他们懂得了交际。

虽是一岁重阳一岁景，一场秋雨一场霜，但且看金风玉露繁花相送，橙黄橘绿百舸争流。"生本阅读"教学的秋天永不萧条，激情正燃。这是很好的遇见，这样的遇见水到渠成地还原了课堂的本真。

在本书的策划、编撰、提炼过程中，要鸣谢马水莲、吴丽银、黄雪晶、陈淑萍、纪雅萍、叶惠珍、李凤苗、卢莉茹、欧阳惠梅、邹菊花、骆艳霞、钟丽玲、陈志昌，是他们给予了大力配合和支持。在此特表谢意！